前 言

2017年，在以习近平同志为核心的党中央坚强领导下，电子信息产业积极贯彻落实党中央各项决策部署，以推进产业供给侧结构性改革为重点，加快推动产业转型升级，产业继续保持稳步增长，收入与利润增速显著。全年规模以上电子信息制造业增加值同比增长13.8%，比上年提高3.8个百分点，快于同期规模以上工业制造业增加值增速6.6个百分点。主营业务收入10.55万亿元，实现利润5440亿元，分别同比增长13.2%和22.9%。

重点行业领域延续快速增长态势。2017年，集成电路产量达1564.6亿块，同比增长18.7%；销售额达5433.1亿元，同比增长24.8%。锂离子电池产量111.13亿只，同比增长31.3%。光电子器件产量11770.7亿只，同比增长16.9%。多晶硅产量达23.8万吨，同比增长22.6%；硅片和光伏组件产量达88GW和71GW，分别同比增长38.5%和31.9%。

结构优化成效显著。新兴产业领域持续快速增长，全年新型显示领域出货面积约6900万平方米，同比增长19%，全球占比达34.5%，已经成为全球第二大显示器件生产地区。我国市场超高清电视销量2859万台，同比增长16.4%，超高清电视渗透率占比超过60%，高于35%的全球平均水平。虚拟现实产业、智能硬件产业、智能可穿戴设备市场规模分别达160.5亿元、1945.4亿元和350.2亿元，分别同比增长164%、87.1%和34%。

创新能力继续提升。高端芯片方面，采用国产超算CPU的"神威—太湖之光"超级计算机再登全球超算500强榜首；3D NAND闪存芯片研发取得重要突破；华为、寒武纪、地平线等企业发布人工智能芯片。新型显示方面，我国第一条6代柔性AMOLED生产线在成都京东方量产；国内多家企业陆续推出各种规格的全面屏，打破了国外企业的市场垄断。智能手机方面，年产量达13亿台，华为、OPPO、小米、vivo跻身全球智能手机出货量前六名。新一代移动通信方面，5G发展继续提速，技术研发完成第二阶段试验，中频段频谱使用规划率先发布，国内通信设备企业已推出端到端5G预商用系统。

融合带动作用进一步增强。以人工智能、虚拟现实、5G等为代表的新一代信息技术产业加速酝酿新的增长点，为传统产业赋能。融合创新产品和服务进一步提质升级，北斗高精度快速定位芯片模块研发获得突破，网络辅助北斗/GPS位置服务平台实现在多领域的商用。电子信息产业在金融、交通、农业、电力、公安等领域的融合应用进一步深化，信息技术对制造强国、网络强国建设的支撑能力逐步提升。

二

当前，全球新一轮科技和产业革命孕育兴起，我国经济结构调整和新旧动能转换进入关键时期，信息技术和电子信息产业的作用地位更加突出。面对内外部形势的剧烈变化，应加强对产业竞争格局、热点领域和发展趋势的研判，找准制约产业转型升级的核心问题，准确把握产业发展面临的机遇和挑战。

第一，全球信息技术创新进入密集发生期。信息技术创新的集成化特征更趋突出，跨领域创新密集涌现。以交叉融合为特征的集成化创新渐成主流，云计算、大数据、虚拟现实、人工智能等加速发展，融合计算技术、通信技术、网络技术、感知技术、显示技术等多种技术的创新成果不断涌现。以渗透辐射为特征的跨领域创新日益凸显，信息技术与制造、材料、能源、生物等技术的交叉渗透日益深化，在推动传统产业改造提升的同时，培育大量新模式新业态新产业，为产业持续升级注入新动能。

第二，全球电子信息产业新一轮变革蓬勃兴起。世界各国特别是主要发达国家和地区对信息技术产业高度重视，综合运用经济、政治、外交各方面的手段和资源，强化自身竞争优势，积极构建信息技术产业竞争新优势，抢占未来发展制高点。美国、日本、欧洲等围绕人工智能、物联网等新一代信息技术出台了一系列国家发展战略和规划，欧盟积极推动“单一数字市场”，日本进一步强化其在核心电子材料、关键电子元器件和专用设备方面的优势地位。同时，美国、德国、日本、英国等都努力促使国际资本调整布局，吸引高端制造业“回流”。印度、巴西等新兴市场国家也积极发展信息技术产业，规模和全球竞争力不断提升。这使得当今世界围绕信息技术创新的竞争空前激烈，我国电子信息产业“赶超”压力愈发艰巨。

第三，国家重大战略实施为电子信息产业发展提供坚实支撑。党的十九大报告指出，中国特色社会主义进入了新时代。这指明了党和国家事业的前进方向，对我国经济社会发展做出了全面部署，也为我国信息技术产业发展提出了新的要求，要求加快信息技术产业核心技术发展、深化信息技术在各领域融合应用、强化电子信息产品与服务的供给能力、重视发挥数字经济的引领和带动作用、加快培育世界级信息技术产业集群。党中央、国务院的系列部署和要求将为我国信息技术产业发展提供坚定指引和发展动力。与此同时，信息技术产业新兴领域的发展也越发受到关注，并获得地方政府的高度支持。以人工智能为例，2017 年，我国密集出台《新一代人工智能发展规划》《促进新一代人工智能产业发展三年行动计划（2018—2020 年）》等政策措施，确立了“三步走”目标，将“人工智能 2.0”纳入“科技创新 2030 重大项目”，大力推动人工智能产业发展。先进地区持续性发力，北京、上海、浙江、安徽、武汉等地相继发布人工智能产业规划政策。总体来看，人工智能政策正在从中央传导至地方，将为产业发展提供充沛的动力支持。

与此同时，我国电子信息产业发展也需要认真应对多方面挑战：

一是电子信息产业面临空前严峻的国际政经环境。国际金融危机后，美国、欧盟、日本等发达经济体纷纷做出战略部署，积极强化电子信息领域的优势地位，全球高端制造领域竞争不断加剧，产业竞争空前激烈，我国电子信息产业发展正面临更大压力。此外，国际间贸易摩擦急遽升级、“逆全球化”思潮和单边保护主义抬头，我国遭遇的阻截甚至遏制愈发明显，产业发展的外部环境明显恶化。

二是基础研发能力依然薄弱。产业自主研发能力仍待提升，底层技术专利储备较少，缺乏原始创新，造成核心芯片、关键元器件、基础软件领域等产业链重要环节严重依赖进口。2017 年集成电路进口额高达 2601 亿美元，同比增长 14.6%，成为最大宗的单一进口产品。国产通用 CPU、基础软件在单品性能、兼容性、稳定性等方面与国外存在较大差距，且软硬件相互间适配较差，产业链融合创新和集成配套能力明显不足。

三是企业创新能力仍待加强。产业的创新要素积累明显不足，在技术、产品发展路径以及商业模式创新方面对国外企业存在严重的依赖性和跟随性，这也导致了国内领军骨干企业数量匮乏，企业小、散、弱的现象十分明显，企业长期处于被动跟随、同质化竞争、低附加值的发展阶段。从创新体系建设来看，我国核心信息技术装备产业尚未形成有效整合的产业生态体系和创新模式。我国缺乏类似谷歌、苹果等可以高效整合产业链硬件、软件和应用服务各环节的超强企业，产业链协作能力较弱，未能形成有国际竞争力的产业生态系统。

四是创新体系建设仍需完善。从政府与市场的协同看，科研和产业投入条块分割，投入模式滞后于产业创新需求，未形成竞争力强的完备的创新体系，从而使得技术成果产业化转化水平不高，产业链条不健全，在多个重要环节力量薄弱，"补短板"任务繁重。

二

2018 年是全面贯彻党的十九大精神的开局之年，也是制造强国和网络强国建设在新时代、新起点上实现新突破的关键之年。我们要深入学习贯彻党的十九大精神和中央经济工作会议精神，以习近平新时代中国特色社会主义思想为指导，围绕集成电路、超高清视频、5G 高频器件、汽车电子、新型显示等重点领域，推动电子信息产业高质量发展。

第一，提升自主研发能力，加紧夯实产业基础。将创新作为引领发展的第一动力，瞄准世界电子信息科技前沿，编制核心技术发展路线图，积极建设智能传感器、集成电路先进工艺等创新中心，推动信息光电子、印刷及柔性显示制造业创新中心建设。强化基础研究和应用基础研究，突破高端芯片、第五代移动通信（5G）、高端存储设备、高端传感器等核心关键技术。支持集成电路先进工艺生产线项目建设，推进 CPU、FPGA 等高端通用芯片领域实现破局性整合，推动安全存储产业链发展。深入实施工业强基工程，解决动力电池、智能传感器等关键技术瓶颈。提升产品能效和中高端供给能力，发展面向消费升级的超高清视频、智能家居、智能服务机器人、智慧健康养老、无人机等新型产品。

第二，加快新兴领域发展，助推供给体系升级。以新型信息消费需求为导向，着力推动软硬融合、制造与服务融合、网络与产品融合，加快虚拟现实产业发展，建设完善超高清视频产业链，推动构建汽车智能计算架构，完善5G产业链布局，开发新一代智能终端、智慧家庭、智能车载终端、智能机器人等新产品，培育共享经济、智慧交通、智慧健康养老等新业态，推动打造面向医疗、交通、金融等生活典型需求的系统解决方案，满足人民日益增长的美好生活需要。

第三，强化产业生态构建，打造先进产业集群。深化供给侧结构性改革，把提高电子信息产品和服务的供给质量作为主攻方向，鼓励和引导产业链各环节配套发展和产业链横向整合，强化基础产品、整机和服务之间的能力配套，大力培育智能硬件、物联网等新增长动能。优化产业区域合理布局，推动产业组织形式协调发展。聚焦区域特色优势，联合基础条件较好的地区，率先在新型显示、数字视听、通信设备、太阳能光伏等优势较为突出的细分领域，探索建设世界级电子信息制造业集群。

第四，发挥示范引领效能，提升智能制造水平。聚焦光伏、通信等重点领域，引导企业加强智能制造关键技术开发与应用，支持创新性强、应用效果好的产品和应用项目，形成可复制、可推广的行业智能制造典型模式，以点带面，推进全行业智能制造水平提升。研究制定电子信息行业智能制造（智慧工厂）共性、关键技术标准和规范，促进智能制造技术成果有效推广普及。开展典型经验交流研讨，整合各方资源，推动形成系统集成商、装备制造商、科研机构、用户单位协同推进智能制造的良好氛围。

第五，深化对外开放合作，拓展国际市场空间。在当前全球化进程受阻、贸易保护主义抬头的形势下，更坚定开放发展的信心，坚持扩大开放，坚持互利共赢，以高水平开放推动高质量发展。强化国际化研发合作，鼓励企业全球化配置和利用创新资源，建立全球研发创新网络，形成国内外创新有机互动的良好机制。鼓励企业开展国际化投资并购，完善与国际接轨的电子信息产业营商规则，对接全球贸易投资规则新变化。紧抓“一带一路”建设机遇，拓展电子信息领域贸易多元化新空间，强化智能终端、5G、智能制造等领域国际合作；结合海外重大项目建设推动通信、光伏等优势产能“走出去”。

三

基于此，赛迪智库研究编撰了《2017—2018 年中国电子信息产业发展蓝皮书》。本书对我国电子信息制造业发展的特点与问题进行了全面分析，并在产业发展情况剖析的基础上，对产业整体运行、重点行业特点、重点区域发展、特色园区发展和重点企业近况等内容进行了全面阐述与展望。全书分为综合篇、行业篇、区域篇、园区篇、企业篇、政策篇、热点篇和展望篇共 8 个部分。

综合篇，对 2017 年全球电子信息产业的发展情况和发展特点，及我国电子信息制造业发展情况和发展特点等进行分析。

行业篇，对计算机、通信设备、消费电子、集成电路、新型显示、太阳能光伏、半导体照明、电子材料、元器件及专用设备等重点行业及细分领域进行了专题分析，并对 2017 年各行业的发展情况进行了总结，并对 2017 年各行业的发展特点展开分析。

区域篇，按照我国电子信息制造业空间发展布局，对长三角、珠三角、环渤海、福厦沿海、中西部等国内重点新兴增长区域的整体发展情况、产业发展特点、主要行业发展情况和重点省市发展情况展开分析。

园区篇，结合已有的国家级电子信息制造业园区和电子信息类新型工业化产业示范基地，在全国范围选取了中关村国家自主创新示范区、深圳市高新技术产业园区、苏州工业园区、武汉东湖新技术开发区等 15 个重点电子信息制造业园区，对园区发展历程、发展特点、发展情况及发展趋势进行分析。

企业篇，基于行业篇，选取各重点行业中经营规模、技术水平、企业影响力、核心竞争力达到较高水平或富有特色的数家企业展开研究，对企业在 2017 年的总体发展情况和企业发展策略进行介绍。

政策篇，对 2017 年电子信息制造业产业政策环境进行介绍，并对智慧健康养老、新一代人工智能发展规划等重点政策进行解读，分析政策出台背景、主要内容及影响等。

热点篇，对 2017 年电子信息制造业影响较为深远或具有较强代表性的 10 个热点事件进行介绍，按照热点事件发生背景、主要内容、影响或启示展开分析。

展望篇，对主要研究机构的预测性观点进行了总结和梳理，在此基础上，对我国电子信息制造业2018年整体运行情况、重点行业情况、重点区域情况进行展望。

习近平总书记强调，发展是第一要务，创新是第一动力。党的十九大报告提出，必须坚持质量第一、效益优先，以供给侧结构性改革为主线，推动经济发展质量变革、效率变革、动力变革。这为电子信息产业把握科技和产业革命带来的新机遇，培育新增长点、形成新动能指明了方向。面对全球竞争格局及政经环境的深刻变化带来的风险和挑战，以及产业长期以来累积形成的深层次的矛盾和问题，要坚定不移地继续加快电子信息产业高质量发展，在重点领域继续坚持自主创新发展道路，努力加快电子信息产业创新转型步伐，支撑制造强国和网络强国建设再上新台阶！

吴胜武

（工业和信息化部电子信息司副司长）

目　　录

综　合　篇

行　业　篇

区　域　篇

园 区 篇

企　业　篇

政　策　篇

热　点　篇

展望篇

综 合 篇

第一章　2017 年全球电子信息产业发展状况

第一节　发展情况

2017 年，受全球经济回暖复苏等利好因素影响，全球电子信息产业宏观环境延续企稳回暖态势，与 2016 年相比，除美国电子市场出货量略有衰退外，其他各国均呈现不同程度增势。美国市场计算机及电子产品月均出货量 26990.82 亿美元，较 2016 年（27003.25 亿美元）小幅下降 0.05%，但从规模来看，仍占据全球电子信息市场的主导地位。欧洲市场整体保持增长趋势，但英国脱欧带来的不确定性风险犹存；据德国电子技术和电子工业中央协会估算，2017 年德国电子行业生产增长率为 1.5%；法国计算机和光电产品制造指数达到 114，较 2016 年（97.96）增长 16.4%。2017 年，韩国电子元件、无线电、电视机和通信器材制造业月均生产指数 121.9，同比增长 2.9%。印度计算机、电子和光学产品的制造 WPI 月均值 109.63，微幅增长 1.7%。日本电子产业月均产值 982819.20 百万日元，较 2016 年（935445.17 百万日元）增长 5.1%。2017 年，美国、日本、欧盟等发达经济体仍处于世界电子信息产业格局的核心领导地位，中国、印度等新兴经济体在电子信息领域的技术实力与产业规模不断提升，在全球电子信息产业格局中的地位不断增强。

一、计算机领域发展情况

全球销量降中趋稳，集中度维持高位。2017 年全球个人计算机销售量超过 2.625 亿台，较 2016 年 2.7 亿台下滑 2.9%。行业市场集中度依然保持高位，在全球 PC 出货量排名前五的厂商中，前四大厂商占据 2017 年全球 PC 出货量64%（与2016年64.4%持平，远远高于2011年的45%），其中位居一、二位的联想和惠普PC销售量均超过5000万台。至2017年第四季度，全球PC季度销量已连续13个季度呈现下降趋势，也是年出货量出现下滑的第六个年头。

重点区域略有增幅，消费商用需求有异。一、二季度，由于DRAM、SSD和液晶面板等零部件与需求不振等因素，PC出货量比上年同期分别下降2.4%与4.3%，全球前五大供应商中仅惠普与戴尔PC出货量实现增长；至三、四季度PC出货量降幅分别3.6%与2%，虽然下半年PC在欧洲、日本、拉丁美洲、亚太等关键区域出货量趋于稳定乃至略有增幅，但因美国市场需求疲软，整体仍呈现下滑。消费级需求疲软，但受Windows 10升级等因素驱动，商用PC需求保持稳定。

表1-1　2016—2017年全球PC厂商单位出货量估值　（单位：千台）

企业	2016年出货量	2016年市场占有率（%）	2017年出货量	2017年市场占有率（%）	2016—2017年增长率（%）
惠普	52734	19.5	55162	21.0	4.6
联想	55951	20.7	54714	20.8	-2.2
戴尔	39421	14.6	39871	15.2	1.1
苹果	18546	6.9	19299	7.4	4.1
华硕	20496	7.6	17967	6.8	-12.3
宏碁	18274	6.8	17088	6.5	-6.5
其他	64683	23.9	58435	22.3	-9.7
总计	270106	100	262537	100	-2.8

（资料来源：Gartner，2018.1，以上数据包含台式机、笔记本电脑与顶级ultramobile机型，但不包括Chromebook和iPad。所有数值均根据初步研究结果所推算出，最终估计值可能有所变动。本统计数据依据销售至渠道的出货量而得出。部分数值因四舍五入并未计入总数。）

二、通信设备领域发展情况

国内厂商表现亮眼，印度市场跃居第二。据IDC数据，2017年全球智能手机出货量14.62亿台，较上年（14.7亿台）下滑0.5%。三星以21.6%出货量稳居第一，苹果以14.7%出货量保持第二，华为以10.4%出货量紧随其后，OPPO、小米分别位列四、五位。印度智能手机市场迅速复苏，2017年总出货量超过1.24亿台，同比增长14%，在全球手机市场需求不振对比下增速亮眼，或将超过美国成为仅次于中国的世界第二大智能手机市场。

产品升级助推盈利释放，强化高端趋势凸显。据 Canaccord Genuity 数据，2017 年苹果在智能机行业的利润份额占到 87%；Counterpoint 数据显示，中国品牌智能机利润率占比达到 12%，并首次在利润额上突破 15 亿美元。在苹果和国产品牌强劲表现的推动下，2017 年全球智能机利润同比增长 13%。由于制造工艺提升与材料升级，以苹果为代表的智能手机制造成本逐年上涨已成趋势。按 Statista 数据，iPhone X制造成本已将近 iPhone 4S 制造成本两倍，达 370.25 美元（人民币约 2451 元）。随着智能机市场从增量向存量的转变以及行业集中度逐步提升，上调价格、强化高端成为风向所指，追求性价比的时代已然过去。

三、消费电子行业发展情况

全年电视出货微有降幅，超高清市场攀岩式增长。2017 年全球品牌液晶电视出货量 2.11 亿台，同比下降 4.1%。出货排名居首的三星改采弃量保利策略，产品逐步趋向高分辨率与大尺寸等中高端。TCL 将品牌业务进行有效垂直整合，2017 年出货量上扬 6.7 个百分点。乐金电子与索尼源于在 OLED 高端产品的成功布局，全年出货量有望与 2016 年相比小幅成长。4K 方面，据 Futuresource Consulting 在《4K 超高清消费者市场追踪》发布的数据，4K 超高清电视占 2017 年全球电视出货量 35%，全球 4K 电视覆盖率已达 8%。

表 1－2　电视品牌 2017 年及 2018 年出货量预估

品牌厂	2017 年		2018 年		预估增速
	排名	出货量（fcst）	排名	出货量（fcst）	
三星电子	1	42.95	1	42.50	－1.0%
乐金电子	2	28.30	2	28.50	0.7%
TCL	3	14.34	3	15.30	6.7%
海信	4	12.80	4	14.00	9.4%
索尼	5	12.25	5	12.30	0.4%
夏普	7	9.40	6	12.10	28.7%
其他	90.59		94.10		3.9%
出货总量（百万台）	210.63		218.8		3.9%

（资料来源：WitsView，2017 年 12 月。）

基础可穿戴与智能可穿戴均现增势，VR 高端设备成长释放可期。根据 IDC 数据，2017 年全球可穿戴设备出货量 1.154 亿台，较 2016 年（1.046 亿台）增幅 10.3%，基础可穿戴与智能可穿戴均呈现增长趋势。苹果手表以 1770 万台的出货量稳居第一，占据可穿戴设备市场的 15.3%。以基础可穿戴产品为代表的小米、Fitbit 分别以 13.6%、13.3% 的市占率位居二、三名。2018 年 CES、Oculus、HTC 均带来升级款 VR 设备，小米和联想也通过 Mirage Solo 和小米 VR 正式加入高端 VR 设备市场。无线通信与智能语音助手助推虚拟现实增强沉浸感，以多领域多维度创新融合提升用户体验。

四、集成电路行业发展情况

存储拉高整体市场展望，三星受惠晋阶榜首。Gartner 数据表明，2017 年全球半导体市场增幅为 9.4%，全球半导体销售额涨幅 22.2%，其中存储器市场增势迅猛，营收成长 64%。供需不均引发的价格上涨成为推动存储芯片收入增长的关键动力，2017 年 NAND 闪存芯片价格实现历史上首次同比增长，增幅 17%；DRAM 内存芯片价格增长 44%。IC Insights 发布的 2017 年全球半导体厂商营收排行中，三星受惠内存价格上涨，带动营收同步成长，推升市占率攀升，取代英特尔位居第一。由于内存和人工智能势力崛起，联发科被挤出十名。

集成电路深层动能转变，深度学习物联网芯片受瞩目。2017 年，集成电路行业的成长驱动力已经产生根本变化，从以往的主要由智能手机带动的行业增长，转变为人工智能、汽车电子、消费电子、物联网等新领域新应用而驱动的增长动能。据 IC Insights 最新报告预估，2016—2021 年间车用与物联网芯片的销售金额成长将比整体芯片市场要快 70%。车用 IC 与物联网 IC 芯片销售额的复合年增率将分别为 13.4% 与 13.2%，同期整体芯片市场的 CAGR 则仅有 7.9%。此外在应用领域，快速崛起的深度学习处理器到 2022 年将成长至 160 亿美元市场规模。

半导体领域创新增速显著，存储器、薄膜及混合电路驱前引领。科睿唯安（Clarivate Analytics）发布的《2017 全球创新报告》指出，全球创新活动仍呈现上升趋势，其中半导体等领域创新最为活跃。以半导体材料及工艺、存储器、薄膜及混合电路、集成电路、分立器件这四个子领域的创新活动来看，存储器、薄膜及混合电路增幅最高达到19%；位于第二位的集成电路创新增幅达到5%；分立器件与半导体材料及工艺的创新活动增幅分别是2%和1%。

五、新型显示行业发展情况

屏幕大尺寸化与高UHD占比成为产业发展新动力。全球新型显示电视面板市场稳步增长，屏幕以大尺寸化、高清化为发展趋势。按HIS数据，AMOLED电视面板出货量从2017年开始将以42%的复合年增长率保持增长，到2023年出货量将超过1000万片。据群智咨询和IHS预测，2017年和2018年全球4K液晶电视面板渗透率预计提升至31%和39%。同时根据产品分辨率发展历史来看，4K超高清显示技术会是未来6—7年的主流显示技术。

AMOLED在中小尺寸产品市场的渗透率快速提升。市场调研机构Sigmaintell数据显示，2017年全球智能手机全面屏快速增长，出货量约2.3亿片。三星显示器（SDC）受益于苹果新机iPhone X的拉货备料，带动三星显示面板出货量约1.06亿，较上年同期增长6%。随着越来越多的手机使用OLED屏幕，2020年智能手机OLED渗透率预计将达53%。随着iPhone X引入OLED屏幕，未来OLED市场增长速度将继续加快，全球各大厂商也加快OLED产业布局。

六、太阳能光伏行业发展情况

2017年全球电力需求仍然强劲，行业从高量产进入高性能阶段。上半年全球光伏产能扩张公告进行了重大修订，调高了计划数值，变得更加温和。“硅基组件超级联盟”（SMSL）继续执行此前宣布的计划并伴随最新动态做了一些调整。类似土耳其和印度这样的新兴市场保留了宏伟的铭牌产能目标，但是初始量产仍然很少。产业链方面，上中游硅片、电池、组件等生产竞争激烈，下游分布式光伏进入实质发展阶段。成本方面，随着技术发展，光伏系统成本持续下降，未来发电成本接近煤电、核电和燃气轮机联合循环发电。

七、半导体照明（LED）行业发展情况

2017 年由于各领域对节能照明需求量增加、各国节能项目如能源之星（ENERGY STAR certification）、DLC 与 Lighting Design Lab certification 推广效应增强、2018 年足球世界杯等国际事件和基础建设推动等多种因素叠加助推全球 LED 市场景气向好。Techavio 预测，2017—2021 年全球 LED 市场的复合年增长率（CAGR）将大于 18%，亚太地区 CAGR 将达 20.56%，产值从 2016 年 185.1 亿美元升到 2021 年的 431.8 亿美元，2021 年传统照明将占 77.37% 市场份额。

第二节 发展特点

一、发达国家政策引导力度强，抢滩新领域进行前瞻布局

出台相关政策与战略规划，新领域部署及配套加速推进。全球发达国家在新领域纷纷加紧部署，并出台相关政策与战略规划助推本国产业发展。例如无人驾驶领域，2017 年 9 月，美国众议院一致通过了一揽子立法提案，以加速全自动无人驾驶汽车的部署。5 月，日本政府的新经济增长战略明确提出“加快引进卡车的无人驾驶等尖端技术”。6 月，日本警方正式批准无人驾驶远程控制汽车公路试跑试验许可。美国科罗拉多州已开始启用自动驾驶车辆来承担防缓冲车这类危险工作。这些自动驾驶汽车会跟随在装配了高分辨率 GPS 的车辆后，通过智能算法将其与前车之间的距离误差减小。与此同时，俄亥俄州等州也纷纷开始兴建与智能汽车相匹配的智能公路，通过传感装置与专用短程通信技术及时向无人驾驶汽车反馈路况信息。

抢滩布局行业标准规范，占据产业发展新高地。日本出台全球首例无人驾驶道路许可标准，适用于无人驾驶的试验车辆在日本公用道路上进行测试的审批，该标准使无人驾驶试验车辆在远程操控、不承载人员的情况下进行路测成为可能。德国发布《自动和联网驾驶》报告，提出全球首套自动驾驶

汽车伦理规则。美国计算机协会下设的美国公共政策委员会发布了关于算法透明和可责性的七条原则，分别涵盖主体意识、算法决策、责任制、程序解释、数据来源、可审查性、验证和测试七个方面。欧盟议会通过人工智能与机器人相关决议，决议涵盖监管机构、登记制度、电子人格、责任规则、伦理原则、AI 智力成果的知识产权保护等层面。

二、发挥合作领域深厚优势，开创行业互利共赢新局面

全球跨行业投资研发与合作创新频现。自动驾驶领域，日本丰田与通信运营商 NTT 将利用 5G 技术，围绕汽车超高速无线通信展开合作，共同研发 5G 车联网技术与大数据、人工智能等自动驾驶技术，推动自动驾驶安全化实用化。德国西门子公司与荷兰自动驾驶软件公司 Tass International 强强联手研发自动驾驶解决方案，将 Tass 的软件与 Mentor 的 EDA 解决方案相结合，以便承载公司 ADAS 和自动驾驶系统的检验和验证。人工智能领域，百度与高通宣布在人工智能语音方面展开战略合作，双方将在高通骁龙移动平台包括骁龙 845 上，深度支持并联合优化 DuerOS 在手机上的人工智能解决方案。智能物联网领域，美国高通公司携手中科创达在渝设立智能物联网联合创新中心、智能网联汽车协同创新联合实验室，以物联网为主要方向，为符合条件的双创企业提供技术评估、初期研发指导及实验性测试，加快企业在智能终端及物联网相关领域的发展。

各国行业内部企业间合作创新愈加频繁。智能手机领域，高通和小米、OPPO、vivo 签署了非约束性采购意向备忘录，高通将在今后三年向这三家手机制造商销售零部件，这次合作有利于稳固高通在中国市场的竞争地位与获取高额的利润，对三家手机厂商而言，其新机以后国内首发高通重磅处理器可能性大大增加，这对于其自身产品的发展有很强的促进作用。人脸识别领域，高性能传感器解决方案供应商艾迈斯半导体（ams）宣布与宁波舜宇光电达成合作，双方将针对全球原始设备制造商开发和销售用于移动设备和汽车应用的 3D 传感影像解决方案，共同为 3D 传感应用研发影像解决方案，并提供相关的软件和算法，充分发挥自身领先研发优势共享合作成果。

三、创新浪潮持续涌现，尖端技术加速突破

2017 年，纳米级 LED 突破芯片间传输速率限制、半导体工艺突破 1nm 制程以及全球首款 72 层 3D NAND 问世等系列颠覆性技术层出不穷。集成电路领域，SK 海力士推出世界首款基于 TLC 阵列的 72 层 256Gb 3D NAND 闪存，相比 48 层 3D NAND 芯片，72 层芯片将单元数量提升 1. 5 倍，生产效率上浮 30%，运行速度提高一倍，读写性能大幅增加 20%；新型显示领域，石墨烯打造 OLED 电极获重大突破，拥有高画质、柔性超薄、高对比、低能耗特性的石墨烯，被用来打造导电优秀、硬度优良、超级透明、柔性触控的优质触控面板材料，为石墨烯在 OLED 领域的发展奠定基础；汽车电子领域，苹果发布最新专利，通过传感器技术扫描车辆周边环境与数据传输，实现汽车之间的相互通信；5G 领域，高通宣布推出首款面向移动终端的 5G 调制解调器芯片组骁龙 X50NR，支持 28GHz mmWave（毫米波）规范，通过多个 100MHz 5G 载波实现每秒千兆下载速度；新材料领域，剑桥与华威大学研究人员将电线缩小到单原子串宽度，成功制造出全球最薄纳米线；量子通信领域，技术迎来重大突破，从首次实现千公里量级的量子纠缠，到世界首条量子保密通信干线正式开通，利用量子加密技术进行洲际保密通信，中国量子通信取得全球瞩目成就。

四、新一轮产业革命加速，全球电子信息产业布局调整

美国税改可能吸引部分技术密集型制造业回流。由于技术密集型的产业链环节重置成本较低，因此在全球产业链的分工上，美国此次减税更有望吸引类似新能源汽车、人工智能、精密仪器、高级医疗器械等技术密集型制造业流向美国。发展中国家承接产业转移程度出现分化。中国和印度作为新兴后发国家的代表，均具备众多优势区位要素，成为发达国家制造业转移的主要受益方。不同于已在电子信息产业众多领域站稳脚跟的中国，印度受限于本国条件，多选择承接服务业中下游，2017 年下半年制造业综合 PMI 指数从 6 月的 52. 7 暴跌至 7 月的 46。全球贸易复苏呈现活跃加速态势。全球经济回暖与贸易条件改善等因素拉动全球贸易回暖。据 WTO 数据，2017 年美国进出

口增速 6.9%，同期增速，欧盟进出口增速升至 8% 以上，以电子信息产品为主要代表的韩国进出口同比增长 16.7%，创下同期历年新高。综上可见，大部分国家已走出 2016 年进出口情势低迷的外贸局面。

第二章 2017年中国电子信息产业发展状况

2017年，电子信息产业深入贯彻落实中央各项战略部署，坚持创新驱动，加快结构调整，推动转型升级，培育产业新动能，深化与传统领域融合发展，产业总体持续稳健增长。宏观环境延续稳中向好趋势，外需复苏利好产业出口，内部动能提振产业景气度，产业分领域投融资加速，规模、效益均有所提升。集成电路、新型显示等分领域即将强势发力，通信设备智慧化变革拓展增量空间，新兴领域蓄力打造产业势能递增阶梯。新时代我国电子信息产业正站在高质量发展引领和新领域动能释放的历史拐点。

第一节 发展情况

一、产业整体发展情况

（一）电子信息制造业整体稳健增长，行业盈利持续改善

2017年，我国电子信息产业继续加快技术攻关、优化供给能力、培育新兴业态。2017年，我国电子信息产业保持快速增长趋势，规模以上电子信息制造业增加值同比增长13.8%，增速高于全国全部规模以上工业增速7.2个百分点，与一季度相比小幅回落1个百分点，和上半年与三季度相比基本持平。行业收入和利润继续呈现快速增长态势。2017年电子信息制造业主营业务收入同比增长13.2%。利润增速22.9%，产业整体利润增速高于营收增速，利润率持续改善，企业亏损面延续收窄趋势。

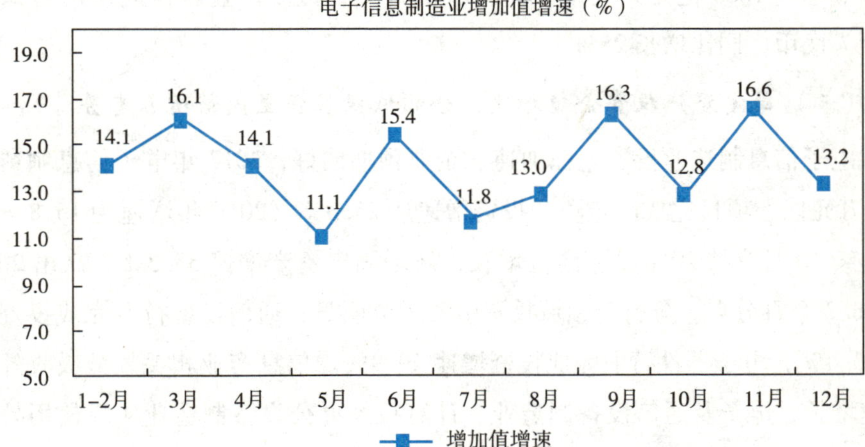

图 2-1　2017 年电子信息制造业增加值分月增速

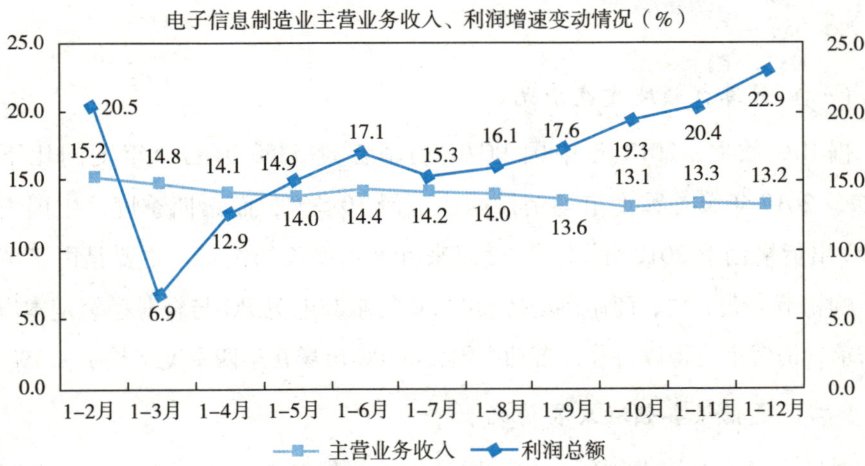

图 2-2　2017 年电子信息制造业主营业务收入、利润增速变动情况

（二）重点领域释放产业发展动能，集成电路、新型显示增速遥遥领先

在计算机制造业整体生产放缓、通信设备行业缺乏根本性提振因素、家用视听行业传统产品需求乏力的情况下，集成电路领域产业规模继续增长，平板显示行业企业经营持续向好。集成电路领域，由 DRAM、NAND Flash 等存储器产品领军，2017 年我国集成电路市场规模达 5411 亿元，产量达 1564.9 亿块，同比增长 18.2%，规模、增速均居全球前列。新型显示领域，显示产业产能规模继续增长，全年出货面积达到 7700 万平方米，同比增长 33%，出

货金额达到1680亿元人民币，同比增长20%，显示产业整体规模达到2660亿元人民币，同比增长25%。

（三）固定资产投资企稳加速，分领域投融资呈良好增长态势

电子信息制造业投资企稳加速、企业预期向好，2017年电子信息制造业500万元以上项目完成固定资产投资增速达25.3%（2016年增速为15.8%），已连续10月维持20%以上高位增长，新增固定资产增速35.3%，高出2016年46.2个百分点。分行业领域投资引资增势明显，通信设备行业完成投资增速46.4%，电子器件行业完成投资增速29.9%。信息产业相关领域吸收外资迅速增长，电子及通信设备制造业、计算机及办公设备制造业实际使用外资同比分别增长7.9%、71.1%。

二、分领域发展情况

（一）计算机领域发展情况

据IDC数据，2017年中国PC市场销售量5360万台，年度同比下降4.1%。2017年第二季度市场销量同比下滑10.6%，而第四季度，中国大陆的PC出货量创下2012年第一季度以来首度正增长的纪录，主要是由于“双11”购物节大获成功、商用市场持续的PC需求与电竞PC与轻薄型笔记本电脑的需求，消费市场得以持稳，带动中国大陆PC市场在第四季度增长了1.1%。

（二）通信设备领域发展情况

通信设备行业技术创新迭代，增量空间触发产业增长新动能。在全球手机行业进入存量时代背景下，我国通信设备行业增速放缓。2017年，手机产量19亿部，增速1.6%，其中智能手机产量14亿部，比上年增长0.7%。核心部件方面，国产手机CPU、核心芯片、操作系统等重点领域技术不断突破，自主研发能力大幅提升，屏幕、拍照（双摄、激光对焦）、快充、识别（红外、虹膜）等功能技术稳步推进，产品外观性能显著增强。国内市场方面，产业集中度日益提升，以“小米+HOV”为主的手机市场新格局愈见清晰。国际市场方面，通信设备企业积极开拓海外市场，高端手机市占率不断提升，全球出货量排名前五的手机厂商，国内企业占据三席，小米、OPPO、vivo等

国产手机品牌厂商正凭借其高质量和高性价比继续领跑全球市场。

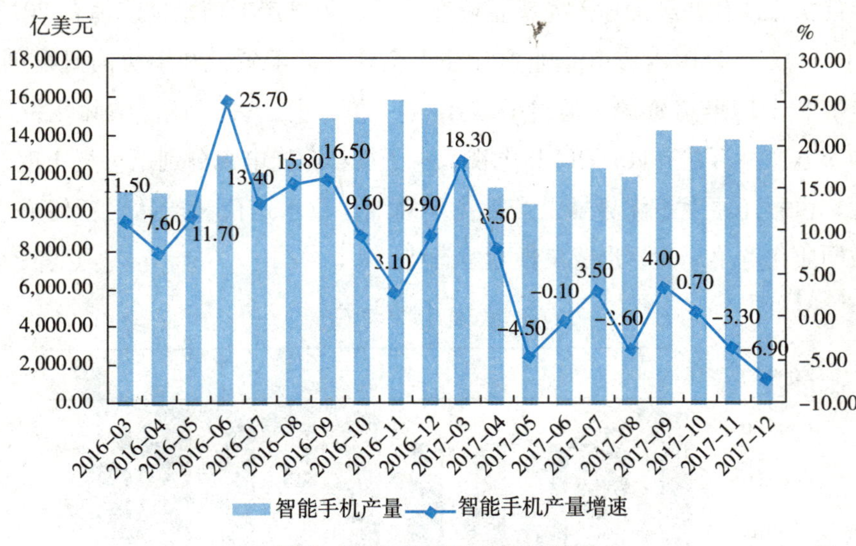

图 2－3　智能手机产量与增速

智能手机产业链智慧化变革，技术迭代迎来国产机崛起拐点。在供给侧改革持续深入下，国产品牌高端手机与国外差距持续缩小，技术不断创新迭代。AI 助力通信设备领域跨越边际创新瓶颈，华为 Mate10 搭载的麒麟 970 首度集成 NPU 硬件处理单元，以 AI 运算大幅提升图像识别、语音交互、智能拍照等方面性能。创新驱动元素将进一步助推产业链智慧化变革。双摄带动摄像头需求进入高速成长期，图像从二维到三维转变可能成为未来发展方向。玻璃壳与 PMA、A4WP 无线充电标准合并推动无线充电提速。此外，OLED + 全面屏、玻璃后盖、3D 体感、A11 仿生处理器、Face ID 等驱动因素有望进一步助推产业链优化变革。据中商产业研究院数据，预计 2018 年中国手机产量仍将实现稳步增长，累计产量将达 26. 29 亿台。

（三）家用视听行业发展情况

彩电大屏化高端化加速趋势显著，销量稳居全球第一。2017 年，受消费者需求疲软、液晶电视面板价格上涨、零售价格下滑速度放缓等因素的影响，国内彩电产量 17233 万台，同比增长 1. 6%，增速较 2016 年下降 7. 1 个百分点。受面板成本与汇率影响，彩电行业盈利能力有所下降，厂商能否扭亏为盈有待时间考证。为赢得生存和发展空间，国内龙头企业发力国外市场，海外市场份额实现大幅增长，品牌战略不断优化，在北美、欧洲、日韩等国家和地区扩张步伐持续加速。龙头企业海外并购彰显产业新动能。海信 2017 年 11 月收购东芝，国内彩电企业愈加注重全球资源配置，利用协同研发创新、供应链和全球渠道资源，通过“走出去”和“走上去”赢得国际化发展空间。彩电产品百花齐放，OLED 电视、量子点和激光电视分别以可视角度、稳定性、色彩还原度等优势攀上产品竞争高地。技术迭代和产品更新促成产业突破同质化竞争局面，形成良性竞争态势。

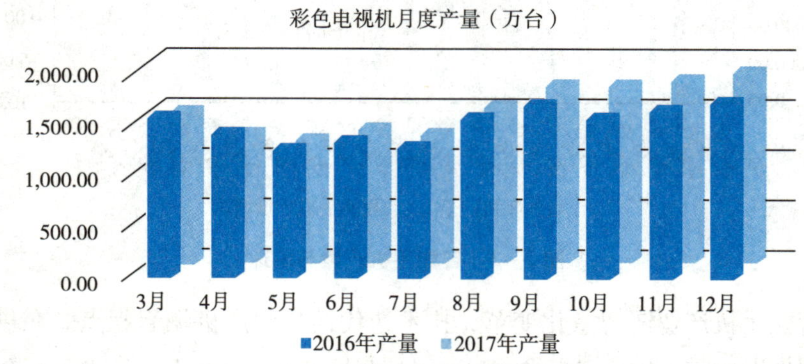

图 2－4　2017 年彩色电视机月度产量

智能化、高清化、8k 在路上。2017 年，智能电视产量 10931 万台，比上年增长 6.9%，智能电视占彩电产量比为 63.4%，智能化普及率远超世界平均。HDR 和广色域电视增长强劲，GfK 在 IFA 2017 发布的《全球电视市场研究报告》显示，中国超高清电视零售量占比达 58%，已成为超高清电视市场的主要驱动力。OLED 市场表现初露锋芒，2017 年中国 OLED 电视的市场规模 11.3 万台，增速高达 92%，龙头企业与各大互联网品牌纷纷布局人工智能电视，通过软硬结合手段提升用户体验。业内分析人士认为，中高端市场未来仍将具有较大发展潜力和较强盈利能力，中高端竞争助推彩电业形成新格局。

（四）重点器件领域发展情况

重点器件领域砥砺前行，实现跨越式发展。集成电路等基础和新兴领域增长遥遥领先。集成电路、单晶硅、锂离子电池、平板显示产量增速均超过 20%。由 DRAM、NAND Flash 等存储器产品领军，上半年我国集成电路市场规模达614亿美元，同比26.3%，全球规模、增速均居首位。新型显示领域，产业投资明显向好，京东方福州8.5代线，群创路竹、惠科巴南、中电咸阳8.6代线陆续达量产水平。

政策、资金、技术、供需、产能五力齐发推动产业强势崛起。根据IC Sights预测，2018年中国IC市场自给率为16%，供需缺口为1135亿美元，成长潜力巨大。伴随国家大基金二期投资进入酝酿期，龙头企业14nm Finfet制程进度加速与Foundry国际化差距缩小，12英寸晶圆产线投产，存储器国产化替代加速，在供需关系持续催化下，集成电路将迎来十年黄金成长期。新型显示领域，高世代线新增产能爬坡释放，将有效增加面板供应。近年来国内以高世代TFT－LCD面板与OLED面板为代表的生产线建设进入高峰。目前国内已公告建设尚未投产的面板生产线共17条，计划投建生产线1条，总投资达到5667亿元，合计设计产能128.3万片/月，约合年产9616.7万平方米。伴随在建产线逐步投产，国内面板产能占比将进一步提升。受益于面板行业高景气度，硬性需求的带动与国内项目的牵引作用，叠加政策资金双重支撑，预计2018年新型显示领域仍将处于高位增长区间。

（五）应用电子领域发展情况

1. 汽车电子稳定快速发展，未来成长性亮眼

国家和政府积极推动国产汽车产品技术，将使得中国汽车电子市场进入稳定、快速发展时期，在全球汽车电子产业当中的地位进一步提高。受益于电子信息技术与汽车电动化快速发展，机电一体化技术变革持续加速，汽车电子行业目前已成为汽车发展的重要趋势与应用电子发展的重点领域之一。随着消费市场对汽车功能追求从传统机械性能提升转向安全、娱乐、互联、高级驾驶辅助等更多元化需求，汽车电子占整车成本比例呈现逐年增长态势。德勤发布的汽车电子细分市场技术成熟度和市场热度分析显示，汽车辅助系统（ADAS）、胎压监测系统（TPMS）、车载信息系统（Telematics）等汽车电子细分市场正处于高速成长期。

我国汽车电子市场有望持续扩大。根据Strategy Analysis的测算分析，2018年全球汽车电子总销售量有望达到2890亿美元。前瞻研究院发布的《汽车电子行业分析报告》显示，我国汽车电子市场规模已从2010年的328亿美

元增长至2016年的741亿美元，到2020年我国汽车电子市场规模有望超过1058亿美元。未来随着自诊断系统、电子稳定系统（ESP）、胎压监测（TPMS）、新型HID等汽车电子功能模块不断创新迭代，以及新能源车行业发展等因素的持续驱动，未来汽车电子比重有望继续提升。据市场调研机构IC Insights预测，至2021年汽车电子系统销售额年复合增长率约为5.4%，在电子系统市场中成长性居榜首，2018年增速将达16%。

2. 金融电子保持增长，智能产品引领市场

随着银行卡渗透率提高，居民消费习惯越加依赖金融终端交易，商业银行利益推动、较大的潜在特约商户规模以及金融终端存量更换需求都推动着金融电子持续增长。根据中国人民银行发布的数据，2012年以来我国联网POS机数量始终保持较快增长率，2017年国内联网POS机数达3118.86万台，同比增长27.1%。随着移动互联网和移动支付的发展，线下商业和线上商业逐渐融合构成闭环商业生态，金融电子逐渐向能够支持市场主体管理升级、配置智能操作系统与聚合支付方式的硬件设备方向发展。

随着社会消费品零售总额连年保持高速增长，新增市场主体规模持续扩大，金融电子发展的场景基础不断深化。此外网联明确接入时间表、Visa提交清算机构设立申请，有望对新一轮银行卡收单网络建设产生带动作用，滋生对上游金融电子终端的需求。未来随着产品服务融合、互联网和网点连接进程加速，智能POS机对传统POS机的替代效应逐步增长，金融电子行业融合店铺管理等增值服务、大数据分析支撑等专业化行业解决方案或将成为发展方向。

三、新兴领域发展情况

（一）虚拟现实/增强现实领域蓄力孕育产业变革递增阶梯

虚拟现实/增强现实领域，产品层出不穷，企业布局加速。在经历资本热潮后，VR行业进入相对平稳发展期。2017年互联网巨头、制造企业、手机生产商、泛娱乐产业纷纷加速投资布局VR/AR领域，谷歌、索尼、HTC、微软、Facebook等国际巨头纷纷构建自身的VR生态系统，加快了行业发展速度。

VR/VR 行业蓄势待发，增长潜力巨大。国内 VR 市场则尚处于起步阶段，市场规模总体体量相对较小，但增速加快潜力巨大。艾瑞咨询联合 Greenlight-Insights 发布的 2017 年《中国虚拟现实（VR）行业研究报告——市场数据篇》显示中国 VR 市场规模为 34.6 亿元，目前市场规模较小，但增长速度较快，预计 2018 年中国 VR 市场将突破百亿元大关。未来五年中，VR 市场的年复合增长率将超过 80%。预计到 2021 年，中国会成为全球最大的 VR 市场，行业整体规模将达到 790.2 亿元。

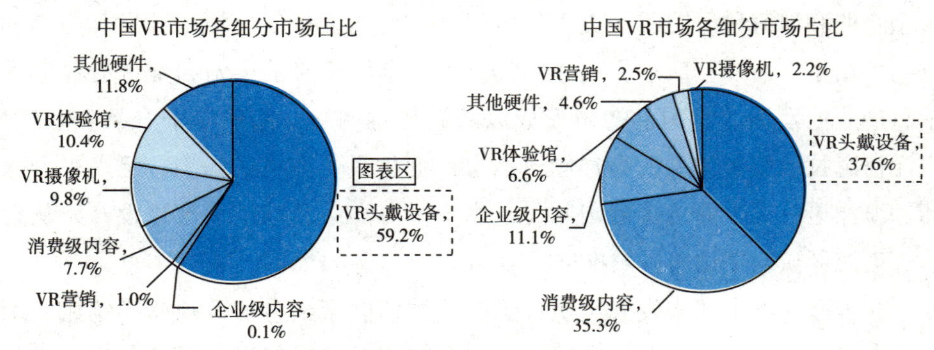

图 2-5 中国 VR 细分市场规模

（资料来源：艾瑞咨询《中国虚拟现实（VR）行业研究报告——市场数据篇》）

（二）人工智能领域脉动频现，新兴技术成熟度日益增强

新兴领域驱动力接续显现，应用场景持续催生。人工智能领域，AI 催生无人零售"新零售"。智能技术将成为新零售的支撑层，驱动整个零售系统的资金、商品和信息流动不断优化，在供应端降本增效，在需求端实现体验升级。AI 促进汽车出行领域变革。谷歌、特斯拉、百度等公司都在无人驾驶上进行了布局和投入。政策频出助推 AI 与制造业加速融合。发展智能制造是《中国制造 2025》战略的主攻方向，与之相关的政策规划不断出台，并推动制造业逐步向智能化、绿色化等方向转型升级，而人工智能与制造业融合创新，将加快制造业的智能化进程，进一步推动智能制造发展。

人工智能新兴技术成熟度日益增强，有望成为经济增长新势能。在我国人口红利逐渐消失，制造业提质增效以及政策鼓励下，智能制造产业发展进程有望加快。2017 年 7 月，Gartner 公司发布了 2017 年度新兴技术成熟度曲线，提出情感计算、自然语言问答、智能数字挖掘、虚拟个人助理等已经脱离曲线，走向成熟。此外，2017 年智能制造标准体系将初步建立，智能制造产业发展的基础逐步夯实。埃森哲预测，人工智能将使 12 个发达经济体年度经济增长率提高一倍，有潜力拉动中国经济增长率上升 1.6 个百分点。到 2035 年人工智能可以给批发零售业带来超 2 万亿美元的额外增长，即额外增长 36%。

（三）海洋电子发展基础初备，发展潜力有望持续挖掘

在政策和资金的持续推动与支持下，我国海洋电子发展初具基础，智慧海洋、国家海底科学观测网等一批大型国家项目已开始落地，一批重点央企、大型企业和涉海科研院所等成立了专门从事海洋电子信息技术开发和应用的部门，山东、浙江、广东、福建、天津等省市已经着手规划和推进海洋电子信息产业的发展。我国已初步形成以海洋传感网络、船舶电子产品和系统、海洋信息技术服务为主的海洋电子信息产业体系，在雷达探测、定点平台探测、海洋遥感等方面已接近国际先进水平，海洋信息基础设施建设开始从近岸、近海区域向中远海区域推进。

我国海洋电子迎来发展契机。美国等发达国家虽愈加重视海洋领域特别是海洋经济的发展，但总体来看，尚未有国家对发展海洋电子信息产业进行顶层设计与统筹推进，海洋电子信息产业的发展主要依靠不多的企业、科研机构在推进，较为零散。相比陆地信息技术产业以及数字经济如火如荼地发展，海洋信息技术和产业以及海洋经济发展刚刚起步，这为我国实现抢位发展提供了难得机遇。随着海洋经济的发展、近海雷达监测网的逐步完善和海洋数据的逐渐丰富，充分开发海洋数据的应用价值，打造海洋立体监测网与海洋数据应用综合服务平台，推动海洋信息化建设，实现海洋领域从海底到海面的空间监测能力，推动海洋电子由近海向远海、数字化向智能化转化有望成为未来发展方向。

第二节　发展特点

一、新兴技术领域突破，应用场景百花齐放

电子信息产业技术生态创新圈不断完善，以人工智能为代表的新兴领域

创新成果日渐丰硕。2017 年 12 月的第四届世界互联网大会上，评选出的 18 项全球年度最具代表性的领先科技成果中，有 11 项来自中国，其中大部分与电子信息领域密切相关，如微软人工智能小冰、“神威·太湖之光”超算系统、光量子计算机、腾讯人工智能开放平台、华为 3GPP 5G 预商用系统等技术突破。中国人工智能学会与罗兰贝格联合发布《中国人工智能创新应用白皮书》指出，中国人工智能企业在人工智能第三次发展浪潮中具有良好的创新和发展势头，中国的人工智能企业数量、专利申请数量及融资规模位于全球第二位，仅次于美国。

新兴产业领域迅猛蓬勃发展，在零售、安防、教育、交通等领域应用场景逐渐成熟。AI 催生无人零售“新零售”。深圳首家无人便利店“Well GO”正式开业。新零售有助于解决市场上碎片化消费需求，改变传统便利店成本结构，提高营运效率。AI 推动信息处理领域进展。第五代微软小冰在北京正式发布，微软宣布小冰逐步进入完成态，并进入高级感官阶段，新增功能涵盖全双工语音、实时流媒体视觉等高级感官功能。AI 促进汽车出行领域变革。谷歌、特斯拉、百度等公司都在无人驾驶上进行了布局和投入。8 月 21 日，北汽发布首款人工智能电动汽车 LITE。龙头企业加速 VR/AR 布局。2017 年互联网巨头、制造企业、手机生产商、泛娱乐产业纷纷加速投资布局 VR/AR 领域。小米、华为等公司均与 VR/AR 企业在手机增强现实领域展开广泛深入合作。未来随着新兴领域技术的应用与普及，市场将进一步被激活。

二、重点领域势能增强，释放经济发展新动能

部分重点和新兴领域保持快速增长态势，集成电路和新型显示产业蓄势待发。中商产业研究院数据库显示，2017 年集成电路产量累计增长 18.2%，据 AVC 数据，2017 年 OLED 电视的市场零售量规模同步增长 92%；这些重点和新兴领域产品产量增速都远远超出传统产品产量，2018 年有望进一步发力。人工智能领域，埃森哲分析认为，AI 作为全新的生产要素，有望补充和提升现有劳动与资本效率，助力中国经济开辟新的增长空间。

电子信息产业对新动能的支撑作用增强。投资结构方面，2017 年上半年计算机、通信和其他电子设备制造业投资增速为 27.4%，远远超过同期制造

业增速（5.5%）。在实际使用外资的投向领域方面，上半年我国高技术制造业实际使用的外资达到349.7亿元，同比增速高于上半年我国实际使用外资增速（-0.1%）11.2个百分点，其中，计算机及办公设备制造业实际使用外资同比增长达到178.9%，仍保持稳健快速增长，说明产业结构不断升级。新动能仍保持快速增长。1—11月规模以上电子信息制造业增加值增速13.9%，领先规模以上工业增加值增速7.3%。可见，2017年电子信息制造业增速均明显高于规模以上工业增速。电子信息领域对实体经济与新动能的支撑作用逐步强化。

三、政策引领持续推进，标准体系逐步完善

创新规划政策引领，助力新兴领域走向稳步发展阶段。2017年7月，国家发布《新一代人工智能发展规划》，在战略目标、技术研发、产业生态构建、人才供给、资源配置、保障措施等层面对人工智能发展进行前瞻布局。2017年12月，工业和信息化部印发了《促进新一代人工智能产业发展三年行动计划（2018—2020年）》，推动人工智能和实体经济深度融合，加快制造强国和网络强国建设。2017年12月，北京出台《自动驾驶车辆道路测试细则》，对自动驾驶技术的合法地位进行初步确立并对其道路测试进行规范。

标准化工作持续突破，有效发挥对产业的引领规范作用。2017年12月，工业和信息化部贯彻标准化改革要求，正式出台了《培育发展工业通信业团体标准的实施意见》，开展“百项团体标准应用示范项目”的评选，加快工业通信业标准体系构建。2017年，《电子信息领域“十三五”技术标准体系建设方案》《两化融合“十三五”技术标准体系建设方案》的编制工作完成，主要围绕人工智能、VR/AR、大数据、云计算、智慧家庭、智慧城市等重点领域制定亟须的标准。2017年5月，工信部印发《太阳能光伏产业综合标准化技术体系》，聚焦基础通用、光伏制造设备、光伏电池和组件、光伏材料、光伏应用等7大方向，对光伏标准化技术体系建设的思路、目标与重点进行规范和指导。2017年电子信息领域国际标准化工作亦取得丰硕成果，11项由我国主导制定的国际标准正式发布，新立项国际标准达26项，我国产业地位与国际影响力不断提升。

四、外贸形势严峻依旧，不确定性风险因素犹存

当前对外贸易面临的风险和不确定因素仍然较多，中外贸易争端频现，可能对产业发展升级造成一定影响。据商务部数据，2017 年我国共遭遇 75 起贸易救济调查案件，这些调研案件来自 21 个不同的国家和地区，涉案金额总计 110 亿美元，与 2016 年相比有所下降，但仍处于高位。例如光伏领域，2017 年 3 月，欧委会不顾欧盟内部多个成员国和业界以及中国业界的反对，宣布将对华光伏反倾销反补贴措施延长实施 18 个月。印度是目前新兴市场中增长最快的市场，2017 年新增光伏装机量有望突破 10GW，而印度政府 7 月开启了对中国进口的光伏电池及组件的反倾销调查。贸易保护主义产生的主要原因，除了地缘政治因素外，也与我国电子信息产业竞争力不断发展壮大，市场份额持续增长有一定关联性。未来电子信息领域贸易摩擦压力加剧升级的不确定性隐忧依然存在。

行 业 篇

第三章　计算机行业

第一节　发展情况

一、产业规模

计算机行业生产保持平稳增长。2017 年计算机行业生产、出口情况明显好转。2017 年，生产微型计算机设备 30678 万台，比上年增长 6.8%（2016 年为下降 9.6%），其中笔记本电脑 17244 万台，比上年增长 7.0%；平板电脑 8628 万台，比上年增长 4.4%。实现出口交货值比上年增长 9.7%（2016 年为下降 5.4%）。

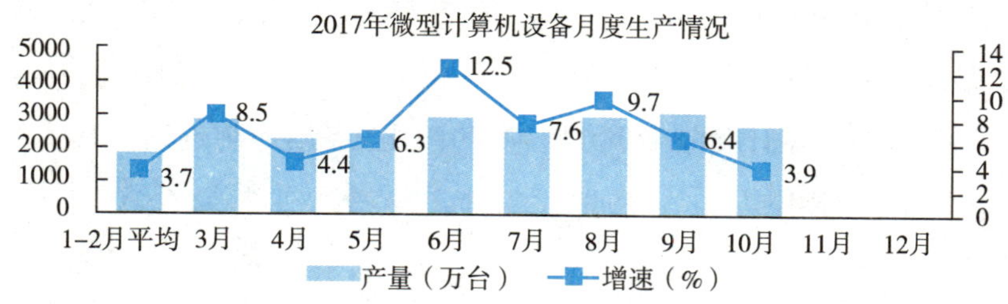

图 3－1　2017 年微型计算机设备月度生产情况

固定资产投资小幅下降。电子计算机行业完成投资比上年下降 2.3%，是全行业中少数投资下降的领域。

二、产业结构

全球 PC 市场仍未止跌。2017 年以来，由于市场需求疲软，全球 PC 出货量继续保持下滑态势。据市场研究机构 Gartner 数据显示，2017 年全球 PC 出货量超过了2.625亿台，较2016年的2.7亿台下滑2.8%。惠普重新超过联想成为全球PC出货量最大的厂商，其全年出货量为5516万台，同比增长了4.6%，市场份额由19.5%增加到了21%。联想2017年PC出货量为5471万台，同比下滑2.2%，市场份额略有增加，从2016年的20.7%增加到了20.8%，其出货量和市场份额排名均下滑到了第2位。出货量排在第3是戴尔，为3987万台，较2016年同比增长1.1%，市场份额由14.6%增加到了15.2%。排名第4位的为苹果，苹果Mac系列2017年出货量接近1930万台，同比增长4.1%，市场份额由此前一年的6.9%上升到了7.4%。华硕由第4下滑到第5，出货量为1797万台，同比下滑了12.3%，市场份额也由7.6%缩水到了6.8%。宏碁排在第6位，出货量为1709万台，同比下滑6.5%，市场份额由6.8%缩水到了6.5%。除上述6大厂商之外的其他PC厂商，2017年的出货量为5844万台，同比明显减少了9.7%，市场份额由23.9%缩水到了22.3%。

国产服务器品牌主导局面得以延续。从全球市场来看，IDC的2017年Q3全球服务器市场数据中，戴尔和HPE并列出货量第一，联想、浪潮、超微和华为四家并列第三。中国服务器厂商已经占据了全球TOP5出货的多个席位。从中国市场来看，2017年第3季度，排名前三的厂商分别是浪潮、戴尔、华为。浪潮服务器出货量131322台，销售额5.93亿美元，位居出货量、销售额的市场头名，在国际三大开放计算组织（OCP、ODCC、OPEN19）中，在多节点云服务器领域累计贡献专利118项。中国服务器品牌逐渐实现了从技术跟随到技术引领的跨越。

三、产业创新

中国超算蝉联榜首。中国“神威—太湖之光”超级计算机（无锡）以93.01petaflops的峰值计算能力再次蝉联第一名，实现四连冠，“天河二号”超算系统（广州）以33.86petaflops的峰值计算能力位居第二名。上榜数量中，中国以202台位居世界榜首，实现了对美国（143套）的大幅超越。企业榜单中，联想以87套的成绩位居榜首。

光量子计算机研发取得突破。2017年5月3日，中国科学院在上海举办新闻发布会，宣布世界上第一台超越早期经典计算机的光量子计算机诞生。我国科学家利用国产自主研发的综合性能国际最优的量子点单光子源，并通过电控可编程的光量子线路，构建了针对多光子“玻色取样”任务的光量子计算原型机。实验测试表明，该原型机的取样速度比国际同行类似的实验加快至少24000倍，也比人类历史上第一台电子管计算机（ENIAC）和第一台晶体管计算机（TRADIC）运行速度快10到100倍。

第二节　发展特点

一、互联网化的云服务器成为主流，数字经济应用为增长主因

ZDC统计数据显示，在2017年中国服务器市场关注度方面，戴尔再次蝉联x86最受关注品牌服务器，联想位列第二。随着2017年联想企业级产品的整合，联想x86服务器品牌也开始进行更迭，由原来联想自身的ThinkServer和从IBM收购继承而来的System系列变为现在统一的ThinkSystem系列。近年来，随着x86服务器成为主流，机架式服务器架构越来越普及，同时塔式和刀片式架构开始崛起。从ZDC 2017年数据中可看出，机架式服务器适用范围依然最广，获得了44.25%的关注度比例。刀片式服务器因关键业务的需求而成长为28.76%，更受中小企业青睐的塔式服务器关注度为26.99%。互联网采购改变了服务器的产品形态，更多地采用整机柜形态以及一体化的交付模式。互联网化的云服务器将成为未来全球服务器市场增长的主要驱动力。得益于中国蓬勃发展的数字经济和以云计算、大数据、移动互联网、智能终端、物联网为代表的新一代信息技术普及速度不断加快，服务器市场的需求将被充分挖掘。

二、全球PC市场面临衰退，人工智能发展成为新的突破口

PC作为一种更专用的、目的驱动的设备，短期内尚不会在家庭和办公中消失，但其生活娱乐属性正越来越被移动智能终端所代替，未来仍将维持一

个长期萎缩衰退趋势。与此同时，近年来数字经济快速发展，人工智能的崛起将为后互联网时代的计算机产业指明发展路径和方向。全球从芯片到终端再到互联网，几乎所有的行业巨头都正在把重心转向 AI。据 IDC 报告，全球在认知系统和人工智能两方面的收入将从 2016 年的近 80 亿美元提升至 2020 年的 470 多亿美元，复合年均增长率将达到 55.1%。Forrester 也预测，到 2020 年使用人工智能、大数据等技术开展新业务的企业，每年是不使用这些技术的同行收入同比增长速度的 3 倍以上。近年来，随着我国计算机行业创新能力不断提升，国内企业在人工智能方面持续发力，华为、寒武纪、地平线等企业相继发布人工智能芯片，在新兴产业格局中占据重要身位。

第四章　通信设备行业

2017 年，通信设备行业进入平稳发展阶段，主要通信产品产量仍保持增长，但销量和进出口出现明显下滑。产业结构方面，国内智能手机市场格局基本稳定，华为、OPPO、vivo、小米四大手机品牌厂商稳居第一梯队，行业集中度不断提升；通信设备企业海外拓展依然困难重重，美政府以安全为由拒绝了华为与 AT&T 手机销售合作，给国内手机厂商全球化布局造成不利影响。产业创新方面，光通信、网络通信和移动通信领域技术产品创新依然活跃。

第一节　发展情况

一、产业规模

主要通信设备生产仍保持增长。工业和信息化部运行局数据显示，2017 年，我国共生产手机 19 亿部，同比增长 1.6%；其中生产智能手机 14 亿部，同比增长 0.7%，占全部手机产量比重为 74.3%。实现出口交货值比上年增长 13.9%，增速比 2016 年加快 10.5 个百分点。通信设备行业投资较快增长，完成投资比上年增长 46.4%，同比加快 16.1 个百分点。国家统计局数据显示，1—12 月，我国生产程控交换机 1240.8 万线，同比下降 17.8%；生产移动通信基站设备 27233.4 万信道，同比下降 19.4%。

通信设备进出口量出现明显下滑。海关总署数据显示，2017 年 1—12 月，我国出口电话机 12.9 亿台，同比下降 5.1%，出口额 8599.3 亿元，同比增长 11%，其中手持或车载无线电话机出口 12.1 亿台，同比下降 4.8%，出口额

8503亿元，同比增长11.3%。进口方面，电话机进口599万部，同比下降60.3%，进口额52.7亿元，同比下降68.6%；数字式程控交换机或电报交换机进口4071台，同比下降29.9%，进口额8568万元，同比下降36%。

国内手机市场出货量出现下滑。据有关机构统计，2017年1—12月，国内市场手机出货量4.91亿部，同比下降12.3%。其中，4G手机出货量4.62亿部，同比下降11.0%。国产品牌手机出货量4.36亿部，同比下降12.4%，占同期国内手机出货量的88.8%。智能手机出货量为4.61亿部，同比下降11.6%，占同期国内手机出货量的93.9%，其中Android手机出货量3.83亿部。

二、产业结构

智能手机发展形势愈发严峻。自2010年以后，智能手机在我国迅速普及，市场规模连年扩大，市场需求趋于饱和。2017年我国市场智能手机出货量同比大幅下降12.3%，近年来首次出现同比2位数下滑。作为全球最大的智能手机市场，我国智能手机发展面临的形势越发严峻，亟须强化技术产品创新，不断满足民众多样化、个性化需求。

网络设备市场实现平稳快速增长。网络设备通常分为电信级网络设备和企业级网络设备。2017年，我国企业级网络设备市场规模达到306.1亿元，占据网络设备市场总规模的85%以上。随着物联网和三网融合不断增长，我国网络设备的市场规模持续增长，预计到2018年整体市场规模有望达到371亿元左右，年增长率达9%。其中，企业级网络设备市场到2018年有望迎来10%的年增长率，市场规模将破330亿元大关。

光通信设备产业短板亟须突破。目前，我国已成为全球最大的光通信市场，但产业大而不强、产业链发展不均衡的尴尬局面仍然存在。在光器件领域，光迅、海信等国内企业目前仅可以量产10G及以下的有源芯片，25G、100G高速光电子器件几乎全部依赖进口；而在速率更高的400G/1T领域，国外企业已有相应样品展出，但国内尚处于理论设计阶段。在高端产品上的“缺席”，暴露了我国光通信产业发展不平衡的局面，一旦遭受国外限制就可能会给整个产业带来严重的影响。

三、产业创新

（一）智能手机领域，呈现两大主要创新方向

一是双摄像头技术路线逐渐统一，由中高端市场向中低端转移。据统计，2017 年全球双摄像头手机出货量达 2.42 亿部，同比增长 223%，华为、vivo、小米等国产手机成为主要推动力。目前双摄存在多种技术路线，产品良率仍较低，其中共基板产品良率仅 40% 左右，共支架产品良率也仅为 70%。同时，由于当前应用方向较多，包括补光、背景虚化、3D 建模等，需配搭不同的软件解决方案，生产过程较为复杂。随着技术路线的统一和应用方向的明确，双摄将呈爆发式增长，渗透率和市场规模都将快速提升。二是 2017 年进入了全面屏发展阶段。目前来说，全面屏在行业内的标准是：屏幕尺寸由 16∶9 提升到 18∶9，屏占比达到 82% 以上。2017 年国产手机前四大品牌均加强全面屏布局，小米 MIX/MIX2、vivo X20、华为 Mate10 Pro、OPPO R11S 等均实现了全面屏。

（二）网络通信领域，产品创新成果丰富

中兴通讯推出 Carrier DevOps 云网一体解决方案，采用新型的定制化网络切片技术，满足复杂多样的、端到端灵活的网络开通需求。2017 年 10 月，该产品在荷兰海牙举办的 SDN/NFV 全球大会上，荣获 SDN/NFV 领域的“奥斯卡”奖——最佳新编排和控制奖。华为发布了支持 Cloud VR 业务的家庭融合网关样机，能显著降低 Cloud VR 进入家庭的使用成本，使用户在家即可畅享高品质 VR 业务；发布了全新一代面向 5G 的极简站型，包含新一代大容量 BBU5900、多频合一 RRU、大带宽大功率 C－band Massive MIMO AAU 及大功率配套机柜等最新解决方案，具有“极简站型”“极速体验”“极致演进”三个显著特性，有望成为 5G 时代的黄金站型。

（三）光通信领域，实现多个关键技术产品突破

2017 年，华为发布全新的 FDD 天线平台和 FDD/TDD 融合天线平台，聚焦全频段 4T4R 和 FDD/TDD 融合组网，支持面向 5G 的天面平滑演进。中兴通讯发布 5G Flexhaul 承载旗舰平台 ZXCTN 6700，最大可支持单槽位 T 级别业

务接入，拥有目前业界最大容量。海信宽带多媒体公司成功研发 XGS－PON/XG－PON/GPON 三模共存的 Combo OLT 光模块，可以覆盖 XGS－PON、XG－PON 和 GPON 等多种制式的混合接入应用场景，为 GPON 向 XG－PON 和 XGS－PON 的平滑升级，提供了模块级解决方案。

第二节 发展特点

一、手机行业两极分化日益明显

一方面，国产手机品牌厂商发展速度继续领跑全球市场，另一方面，国内市场的竞争仍然残酷而且激烈。从品牌上看，以华为为代表的国产手机品牌持续高速发展、不断缩小与领军企业的差距，尤其是三星和苹果在产品上的创新乏力，给中国手机厂商带来了巨大的市场机会和想象空间。从国内市场看，以华为、小米、OPPO、vivo 为主的新格局愈发稳固，而随着乐视、酷派的低迷，以及手机品牌化层级的逐渐清晰，二三线和中小品牌的日子愈发艰辛。从供应链看，随着手机品牌的集中化和发力高端的市场策略，手机 ODM 异常艰辛，几大手机 ODM 厂商竞争空前激烈。从核心部件看，全面屏的迅速发展让整个触控产业供应链意料未及，导致布局 3D 双曲面的厂商苦不堪言。

二、通信设备制造厂商逆势崛起

以华为、中兴、烽火和大唐等为代表的我国通信设备制造企业积极创新、攻坚克难，在标准制定、前沿技术研发和网络建设实践等领域全面发力，在全球通信设备制造业发展趋缓的大背景下实现了逆势崛起。研发投入方面，华为近十年的研发投入已超过 2481 亿元，进入全球前十行列。5G 方面，我国企业在多个国际标准组织扮演着重要角色，引领着 5G 的标准化发展，由华为等主导推动的 Polar 码（极化码）已被 3GPP 采纳为 5GeMBB 场景的控制信道编码。我国也在深入开展全球规模最大的 5G 外场试验，建成全球最大的

5G 试验网。在固网宽带技术创新领域，我国通信设备制造企业取得了多项重大突破。2017 年年初，烽火通信首次成功开展了 560Tb/s 超大容量波分复用及空分复用的光传输系统实验，3 年来第五次打破世界纪录。我国通信设备制造企业还积极将 SDN 和 NFV 等创新技术引入通信网络，在未来通信网络架构创新竞赛中抢占先机。

三、多重因素驱动光通信设备行业快速发展

在通信网络建设以及大数据、云计算、VR/AR、4K/8K 超高清视频带来数据流量爆发及数据中心大规模投资等因素的带动下，我国光通信行业的投资保持高位增长，光通信材料、光通信器件的市场需求也依然强劲。一是 4G 基站继续建设，我国三大运营商 2017 年新建 4G 基站约 67 万个，加上 5G 网络提速对现有传输介质提出更高要求，大幅拉动了对光纤光缆与光通信设备的需求。二是爱奇艺、腾讯视频等高清和超高清在线视频应用不断丰富，中国电信、广电部门大力推广 4K 超高清电视盒子，以及在线 VR 视频、游戏、社交的快速发展带动了流量激增，对光核心网络、接入网的扩建和升级构成强劲需求，光纤光缆、光器件和光通信设备在 2017 年呈现供不应求状况。

第五章　消费电子行业

2017年，我国消费电子行业的销售量稳定增长，技术和产品创新保持活跃。技术迭代加速，激光电视、量子点电视、人工智能电视等新的产品层出不穷。“互联网+”、人工智能、虚拟现实等新技术等融合应用，给彩电行业带来新的增长机遇。当前，随着信息技术产品智能化、网联化的快速发展，消费电子呈现技术架构趋同、跨界融合渗透加剧、个性化设计突出、底层软硬件平台化发展等显著趋势，以“产品+服务”构建产业生态成为竞争的主流，产品附加值、产业价值链不断提升。消费电子凭借领先的科技创新、丰富的产品形态和多元的应用场景，正不断激发民生消费需求，提升大众智能科技服务的获得感和体验感，引领信息消费潮流，成为我国制造强国和网络强国战略目标的重要组成部分和基础支撑。

第一节　发展情况

一、产业规模

2017年，中国彩电市场走势低迷，彩电销量降低但销售额上升。2017年彩电销量为4752万台，同比下降6.6%，受整机成本攀升导致彩电价格上涨，全年销售额为1630亿元，同比增长4.5%。2017年，中国彩电1—11月份出口量是7422万台，同比下降0.8%，出口额是128.3亿美元，同比上涨13.6%。

2017年，中国智能音箱国内市场突破170万台，智能音箱市场初具规模，用户认知度在显著提升，整个产业链呈现出蓬勃发展的状态，爆发背后是企业激进式的推动。

2017 年，据 DIGITIMES 预测数据，国内头戴式 VR 设备出货量约为 780 万台，产值 12 亿元，较 2016 年分别增长 44% 和 61%。据 IDC 预测数据，2017 年全球头戴式 AR 和 VR 设备出货量将达 1370 万台，至 2021 年将增长到 8120 万台，复合年增长率为 56.1%。

二、产业结构

2017 年彩电行业国际市场开拓成绩斐然。海信和 TCL 两大国际化领头品牌，海外市场规模基本可以超过 50%。彩电海外市场逐渐变成效益增长点和利润的主要来源。据调研 IHSMarkit 数据显示，2017 年第三季度，TCL 出售了 453 万台电视机，在全球电视机市场上占有 8.3% 的市场份额。TCL 集团 2017 年三季度报告显示，TCL 电视海外市场销量同比大幅提升 29.5%，其中北美市场销量同比大幅增长 97.4%。海信液晶电视 2017 年上半年在西欧、北美和日本等发达地区市场表现出色，平均尺寸 2017 年第二季度达到 47.9 英寸，超过三星、索尼跃居全球第一。2017 年下半年，海信更是拿下了东芝品牌 40 年运营权，以及整个东芝彩电业务部门和团队。

智能音箱的品牌格局方面，以京东、阿里巴巴、小米、腾讯、百度为代表的科技/互联网厂商占主导地位，份额高达 92%；传统音箱厂商份额为 4%，代表企业包括 Sonos、JBL、索尼、飞利浦等；以内容分享为主的内容服务商份额为 3%，如喜马拉雅、酷狗；技术提供商的市场份额为 1%，代表企业包括出门问问、若琪等。

2017 年中国市场 VR 实际用户超过 500 万，兴趣用户和潜在用户分别达到 2200 万和 3.44 亿。用户群由“科技宅”向精众化人群转移。消费者对 VR 和 AR 设备价格的容忍度提升，市场重心由低价产品向产品高端转移。从产品结构看，三星 Gear VR、索尼 PSVR、HTC Vive、谷歌 Daydream、Oculus Rift 五大产品占全球虚拟现实硬件产品总出货量的 98.7%，市场品牌度相对集中。

三、产业创新

2017 年，消费电子行业技术迭代加速和产品创新加快，4K 超高清产品、

OLED、量子点、HDR、曲面等新技术迅速发展。互联网+、大数据服务、智慧家庭、人工智能等新业务和技术和彩电行业的融合发展，给行业带来新的增长机遇。消费电子行业的自主创新能力不断提升。海尔阿里电视是海尔电视与阿里巴巴强强联手的产品，具备人工智能千人千面、全过程语音、物联网大数据、4K影视VIP、智能模块化等六大智能引擎。海尔阿里电视可实现全过程语音控制，看剧、选集、快进、全屏等功能均能语音操控，让用户真正从遥控器中解放出来，操作更轻松。另外，基于人工智能大数据物联网，海尔电视可以轻松操控其他的家电设备，在行业内首次实现了智能家电的互联互通，通过电视查看和控制家中其他的智能家电，让用户真正享受人工智能给生活带来的便利。

2017年，中国虚拟现实行业创新应用遍地开花。在制造领域，虚拟现实技术已进入我国航天、航空、汽车等高端制造领域，成为促进中国制造创新转型升级的新工具。在教育培训领域，新东方、泛美教育、巧克互动、智课网等教育公司纷纷引入VR技术到教育教学中。

第二节　发展特点

一、消费电子产业快速增长，规模稳居世界第一

我国已成为全球面板生产基地、整机生产基地以及彩电出货大国，电视、计算机、手机等主要电子消费产品产量均位居全球第一，占全球出货量的比重均超过一半以上。消费电子市场成长空间最大，我国拥有全球最庞大的消费人口基数，随着手机、电脑等主要电子产品更新换代速度加快，庞大的用户群体更换消费电子产品的需求又进一步延展了消费电子市场成长空间。我国已经成为全球消费电子产品的主要出口国。电视、手机和笔记本电脑作为消费电子产业的主要产品，出口量始终稳居电子信息产品前列。

二、消费电子产品门类众多，产业链配套齐全

2017年，在新技术的推动下，我国消费电子产品的深度与广度持续扩展，

涵盖了手机、计算机、电视机、服务型机器人、智慧健康可穿戴、VR/AR 可穿戴、消费级无人机、无人驾驶汽车等在内的产品门类，各细分领域新技术新产品不断涌现，催生多样化的新兴消费热点。我国已经在消费电子领域形成较为完整的产业链布局，芯片、面板等自主配套能力显著提升，海思、晶晨等国内厂商研发的智能电视 SoC 芯片已量产，并在海信、创维、长虹等智能电视产品中实现规模应用。

三、消费电子龙头企业强势崛起，全球影响力不断增强

随着我国消费电子产品制造领域国际化和优势品牌成为行业领导者，龙头企业的国际竞争力快速提升，品牌影响力稳步扩大。华为、OPPO、小米等中国智能手机厂商已经成为全球智能手机市场的中流砥柱；海信、TCL、创维、海尔等国内彩电品牌占据全球十大品牌的半壁江山；大疆无人机仅用 4 年时间就已占据全球消费级无人机市场的绝对领先地位。消费电子领域龙头企业的快速崛起将带动整个产业进入全新发展时期。

四、消费电子产业创新实力稳增，与发达国家同台竞技

2017 年，在国家科技重大专项支持下，消费电子产业创新能力不断增强，同步参与国际竞争。手机、计算机、电视机等传统消费电子领域企业创新能力不断提升，知识产权意识显著增强，发明专利授权量大幅增加。可穿戴设备、人工智能、虚拟现实等新兴领域创新活跃，在研发、设计、应用等环节引领全球。近三五年间，当全球科技巨头涌入 VR/AR 领域时，我国创业企业表现活跃，在部分参数和轻薄设计方面都已走在世界前列。消费电子领域创新能力的稳步增强将为我国消费电子产品转型升级提供广阔空间。

五、技术产品迭代加速，标准支撑作用增强

2017 年，全球消费电子行业技术迭代和产品创新加速，超高清、OLED、量子点、HDR、曲面等新技术、新产品迅速发展，新业务与产业的融合不断加快，我国始终快步跟随，在互联网 +、智慧家庭、人工智能、虚拟现实等领域不断取得创新突破，创新型企业和创业团队快速跟进，引领全球市场。

标准支撑作用增强，引领产品通达世界。技术标准支撑消费电子产业发展的作用进一步增强。我国政府、科研机构、企业围绕3C融合积极参与标准工作，在数字电视、数字音视频等领域制定了一系列的技术标准，如AVS是基于我国创新技术的自主标准，我国数字电视地面标准DTMB成为继美、欧、日之后的第四个数字电视国际标准。这些标准面向全球市场，代表了业界广泛的利益，反映了技术的发展方向，同时也有力地支撑了消费电子产业的快速发展，推动产品“走出去”。

第六章　集成电路行业

第一节　发展情况

一、产业规模

2017 年，我国集成电路产业保持持续高速增长的势头，产业规模进一步扩大。中国半导体行业协会统计数据显示，2017 年我国集成电路产业合计销售 5411.3 亿元，同比增长 24.8%，如图 6－1 所示。展望 2018 年，随着各地集成电路投资基金的成效显现以及多条生产线的建设和扩产，我国集成电路产业面临着前所未有的发展机遇。

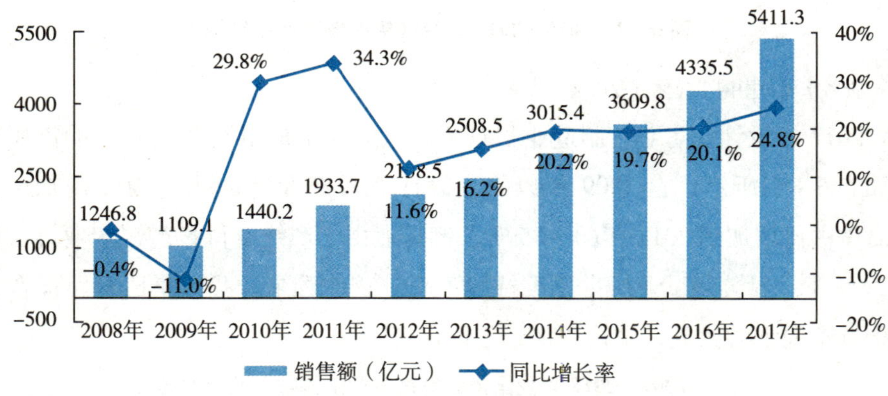

图 6－1　2008—2017 年我国集成电路产业销售规模及增长率

资料来源：中国半导体行业协会，2018 年 3 月。

二、产业结构

（一）产业链结构

2015—2017 年，我国集成电路产业链各环节都保持了快速增长的态势，图 6－2 所示为集成电路设计业、制造业和封装测试业的销售规模及增长率情况。2017 年，设计业在传统芯片供不应求，价格上涨和人工智能、区块链等新兴领域相关芯片需求的带动下，全年实现销售收入 2073.5 亿元，同比增长 26.1%。芯片设计订单的增长以及制造业扩产，为下游制造和封测提供了增长动力，芯片制造业和封装测试业分别实现销售收入 1448.1 亿元和 1889.7 亿元，增速分别为 28.5% 和 20.8%。

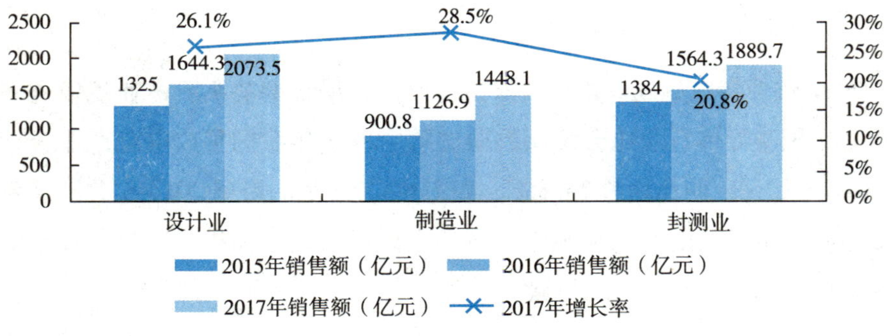

图 6－2　2015—2017 年我国集成电路产业结构

资料来源：中国半导体行业协会，2018 年 3 月。

2017 年设计业、芯片制造业和封装测试业在集成电路产业整体的占比情况如表 6－1 所示。自 2009 年以来，设计业占产业链的比重稳步增加，从 24.3% 占比增加到 2017 年的 38.3%。制造业由于产线有待投产，产业链占比为 26.8%。封装测试业所占比重持续下降。总体看来，我国集成电路产业链结构逐渐向上游扩展，结构更加趋于优化。

表 6－1　2009—2017 年我国集成电路三业销售收入及产业链占比

（单位：亿元）

年份		2009	2010	2011	2012	2013	2014	2015	2016	2017
设计业	销售额	269.9	363.9	526.9	621.7	808.8	1047.4	1325	1644.3	2073.5
	占比	24.3%	25.3%	27.2%	28.8%	32.2%	34.7%	38.3%	37.9%	38.3%

续表

年份		2009	2010	2011	2012	2013	2014	2015	2016	2017
制造业	销售额	341.1	447.1	535.6	590.2	600.9	712.1	900.8	1126.9	1448.1
	占比	30.8%	31.1%	27.7%	27.3%	24.0%	23.6%	25.0%	26.0%	26.8%
封测业	销售额	498.2	629.2	871.7	946.5	1098.8	1255.9	1384	1564.3	1889.7
	占比	44.9%	43.6%	45.1%	43.9%	43.8%	41.7%	36.7%	36.1%	34.9%
合计销售额		1109.0	1440.0	1933.0	2158.5	2508.5	3015.4	3609.8	4335.5	5411.3

资料来源：中国半导体行业协会，赛迪智库整理，2018 年 3 月。

（二）区域分布

我国集成电路产业规模最大的是长三角地区。该区域涵盖了江苏省和上海市，这两个我国最大的集成电路重镇。其次珠三角地区，以深圳市为代表的设计业发展迅速。以武汉、西安、合肥、成都等中心城市地区为主的中西部地区，近两年在武汉长江存储、西安三星、合肥睿力等多条生产线建设/扩产的带动下集成电路产业得到快速发展。京津环渤海湾地区以北京市和天津市为代表，以芯片设计业为主。从区域分布总体来看，我国集成电路产业在长三角较为集中，其他地区正在向着比较均衡的方向发展。

三、产业创新

2017 年，我国在集成电路设计、制造、封装测试、装备、材料等方面取得了一系列新的进展，在技术方面与世界先进水平的差距正逐步缩小。

（一）设计业技术发展情况

随着 SoC 设计技术和制造工艺的发展，企业设计时间和设计成本逐步缩短，进一步缩小了我国和世界先进水平的差距。目前国内在逻辑集成电路采用的设计制程上发展迅速，2017 年采用台积电 10nm FinFET 工艺的华为 970 正式上市，与高通骁龙 835、三星 Exynos 8895、联发科 Helio X30 等保持同等竞争水平；相较于逻辑集成电路，模拟集成电路更需要成熟的工艺，对先进制程工艺的要求不高，从而得到更好的品质控制，因此国内设计制程主要集中在 0.18—0.13 微米；在混合集成电路设计采用的制程上，仍主要集中在 0.13 微米设计制程上，占比约 30% 左右。在应用领域，关键芯片技术在新兴应用的布局稳步推进。国内已经完成5G第一阶段关键技术验证，华为、中兴等加快5G终端、基础设施相关芯片技术研发，华为海思自研5G基带芯片预计2019年实现预商用，预计2020年前我国将成为5G通信技术、标准、产业、服务与应用的领先国家之一。

（二）制造业技术发展情况

2017年我国依然保持了先进工艺与特色工艺同步发展的战略，一方面继续遵循摩尔定律进展，加大研发力度，紧跟世界集成电路先进制程的发展趋势，向16/14nm工艺迈进；另一方面推动特色工艺技术发展，建设化合物半导体、MEMS等生产线，加大在电源管理、功率器件、图像传感器等多种应用的工艺研发，不断满足设计企业的代工需求。

在制程节点方面，国内已经覆盖从0.35微米到16纳米的制程技术。在先进制程方面，中芯按照三个阶段的规划蓝图推进28纳米制程。第一阶段的polySion制程已经量产，第二阶段是第一代的HKMG制程（中芯国际称HKC）已经在2017第2季度开始产出，目标是28纳米突破10%营收，而第三阶段是第二代的HKC制程，预计在2018年底量产。长江存储在2017年年底提供32层3D NAND闪存芯片的样品，并开始研发64层工艺。从装机产能来看，65nm以上制程仍在国内占据主导位置，占比约48%，但随着国内先进制程产线的建设和投产，65nm以上制程市场占有率将逐步下降。

（三）封装测试业技术发展情况

2017年，中国集成电路封装测试业企业继续在开发先进封装测试技术方面不断取得突破。国内封测业龙头企业通过积极开发晶圆级封装、SiP系统级封装等先进封装技术，已经实现技术能力基本达到国际先进水平。在SiP系统级封装方面，长电科技投资4亿美元在韩国设立的SiP项目已经在2017年实现盈利，公司在SiP封装领域具备了同日月光直接竞争的能力；华天科技开发的SiP+TSV指纹识别芯片封装技术被指纹识别芯片龙头企业汇顶科技和FPC使用，相关指纹识别芯片产品被使用在华为Mate系列和P系列手机中。晶圆级封装方面，长电科技已经成为全球最大的扇出型晶圆级封装技术（FoWLP）应用厂商之一，累计出货量超过15亿颗；华天科技的FoWLP技术研发自2015年起步以来取得重大突破，埋入硅基板FoWLP工艺已经进入小批量试产阶段，预计 2018 年将形成规模化生产。在移动智能终端、无线网络设备、MEMS 器件和新型功率器件等产品迅猛发展的背景下，我国先进封测技术的应用比例持续上升，中高端先进封装技术的总体使用率达到 30%，本土龙头封测企业的先进封装占比达到 50%。

（四）装备业技术发展情况

我国集成电路装备业虽然以进口为主，在“极大规模集成电路制造装备及成套工艺（02 专项）”的大力支持下，部分集成电路关键装备已顺利通过验收并应用。目前，我国 12 英寸国产设备已经实现了从无到有的突破，总体水平达到 28nm，刻蚀机、离子注入机、PVD、CMP 等 16 种关键设备产品通过大生产线验证考核并实现销售，在光刻系统方面，90nm 节点曝光光学系统专项获得突破，2017 年 10 月曝光光学系统在整机环境下通过验收实验。此外，以北方华创、上海微电子、中国微电子和中电各研究所为代表的中国集成电路设备企业，借助国内庞大的市场需求和高速增长的投资需求，国产设备商得以在各生产线实现批量应用并不断完善。目前，部分国产 12 英寸设备已在生产线实现批量应用，其中刻蚀设备、PVD 设备等均有超过 50 台的采购量。在刻蚀和 PVD 等核心设备实现零突破的同时，国产集成电路设备正向 14nm 制程生产线进行突破，北方华创等企业在硅刻蚀、退火、清洗和 PVD 等领域均已进入实际验证。

（五）材料业技术发展情况

我国集成电路材料产业基础较薄弱，但经过多年的发展，在“02 专项”的支持下取得了长足的进步。前端制造材料方面，硅片、SOI 片、光刻胶、掩膜版、高纯化学试剂、电子气体、靶材、离子源、CMP 抛光液等材料均已实现重大突破；后端封装材料方面，引线框架、封装基板、键合丝、粘片胶等材料基本可以实现自给且产量规模不断提升。

第二节　发展特点

中国集成电路产业经过多年发展成长，已培育出相对完整的技术体系，包括对产业链的培育和布局。当前阶段发展关键点，一是要聚焦行业应用的业务整合，提供产品解决方案；二是要在继续做大做强设计/代工业务基础上，有针对性地解决几类大宗集成电路产品的国产化问题，下决心填补大型IDM的布局空白；三是应通过整机用户的参与，发挥中国市场优势，改变全球集成电路产业格局，最终成为全球集成电路产业的引领者；四是要自主创新，同时与国际合作寻求共赢。集成电路产业的高度国际化属性决定了，中国的半导体产业的发展路径必须是开放、合作的国际化路径，这是中国企业的长远发展方向。

一、技术和产业指标快速提升，龙头企业做大做强

我国集成电路产业链各环节所占比重持续优化，设计业与制造业增速明显，且所占比例逐年增加。与此同时，产业链各环节均在技术领域实现不同程度的突破。智能终端、网络通信等领域芯片设计水平普遍采用28纳米工艺，部分进入16/14纳米工艺；逻辑工艺制造技术28纳米工艺已实现量产，16/14纳米工艺正在攻关，缩小了与全球先进工艺的差距；先进封测产能规模不断提升，占比达到30%；介质刻蚀机、薄膜设备、封装光刻机、靶材等一批关键装备、核心材料实现量产，部分高端产品进入工程化验证。

截至2017年11月30日，大基金累计有效决策62个项目，涉及46家企业，累计有效承诺额1063亿元，实际出资794亿元，分别占首期总规模的77%和57%。大基金实际出资部分直接带动社会融资3500多亿元，实现近1:5的放大效应。基金先后推动设立并参股了北京市制造和装备子基金、上海市集成电路制造子基金、上海市设计和并购子基金等多支地方子基金，在此带动下，湖北、四川、陕西、深圳、安徽、江苏、福建、辽宁等地方政府纷纷提出或已成立子基金，合计总规模超过3000亿元。集成电路产业投融资瓶颈得到初步缓解，产业发展信心得到了极大提振。

目前，大基金在制造、设计、封测、装备材料等产业链各环节进行投资布局全覆盖，各环节承诺投资占总投资的比重分别为63%、20%、10%、7%。大基金充分发挥资本纽带作用，作为产业链各环节龙头公司的主要股东，推动上下游企业间战略合作。大基金积极引导紫光展锐、中兴微等设计

企业加强与中芯国际等芯片制造企业合作，中芯国际国内客户营收占比从2009年的不足20%上升至目前的约50%；大力促进中微半导体、北方华创、上海硅产业集团等装备材料企业的产品在国内生产线中应用，中微半导体的CCP等离子刻蚀机在中芯国际40纳米和28纳米生产线占有率分别达到50%和30%，在上海华力生产线达到35%，上海硅产业的12英寸硅片测试片已向中芯国际、华力和长江存储送样。

集成电路产业规模经济显著、全球化程度高。按照以市场化方式实现国家战略目标的总体定位，基于单一行业长期大额投资平台的自身特点，基金不断探索投资策略和投资路径，创新投融资体制机制，破解产业融资瓶颈。从实际效果看，基金投资显著增强了国内龙头企业的综合实力，推动企业加大了设备、研发、并购方面的投入，帮助企业改善了公司治理和规范内部管理，在关键技术和核心产品上取得了重要进展，进一步缩小了与国际先进企业的差距，也极大提振了行业投资信心。

经过三年的探索实践，基金投资成效显著：

——设计业主要龙头企业已经布局，紫光展锐等已开展5G通信核心芯片研发，先进设计水平达到16/14纳米。

——制造业先进工艺、存储器、特色工艺、化合物半导体等主要领域已经布局，中芯国际28纳米多晶硅栅极工艺产品良好率达到80%，长江存储32层3D NAND闪存芯片2017年年底将提供样品，64层工艺开始研发。

——封测业主要龙头企业均已布局，支持长电科技、通富微电开展国际并购，获得国际先进封装技术和产能，长电科技跃升为全球封测业第三位，中芯长电14纳米凸块封装已经量产。

——装备材料业中刻蚀机、12英寸硅片等主要核心领域已经布局。

大基金在产业链各环节前三位企业的投资占比达到70%以上，有力推动了龙头企业核心竞争力提升。大基金先后集中投资了长江存储、中芯国际、华力、三安光电、紫光展锐、长电科技等龙头骨干企业，每家都在50亿元至上百亿元左右。中芯国际已连续22个季度盈利，收入、毛利、利润皆创历史新高；长电科技、紫光展锐分别列全球封测业第3位、设计业第10位。同时，积极促进产业优势资源整合打造大型龙头集成电路企业，推动国内最大集成电路制造企业中芯国际和最大封测企业长电科技战略重组，2017年3月重组方案获得证监会批准后，已快速完成重组整合。积极推动七星电子和北方微电子整合、中微半导体与拓荆整合，打造南北两个装备企业集团（中微半导体和北方华创），促进国产装备系列化、成套化发展。

近几年我国集成电路产业规模一直保持20%左右增长。2017年上半年全行业销售额达2201.3亿元，同比增长19.1%。创新能力再上新台阶，芯片设计、制造、封装测试、装备与材料产业链各环节齐头并进，骨干企业实力显著增强，对外合作深化发展。展望“十三五”，中国特色社会主义进入新时代，中国集成电路产业发展也必将迎来重大机遇期。特别是制造强国、网络强国等国家战略的实施对我国集成电路产业的发展提出了新的要求，也为我国集成电路产业发展拓展了新的空间。业界预计，2017年中国集成电路设计业销售额将达1946亿元（人民币，下同），比2016年的1518亿元增长28.19%，是近年来增长最快的一年。

二、众多集成电路产品取得突破进展

2017年，中国在服务器CPU、嵌入式CPU、桌面计算机CPU、智能电视芯片、存储器芯片、智能终端芯片、多媒体芯片等领域进展显著。特别值得一提的是服务器CPU业绩涨势显著，是我国在高端通用芯片领域取得的重点突破。

人工智能迅猛发展背景下，中国集成电路企业积极研发新思路新产品。海思半导体采用了寒武纪研发的人工智能芯片作为IP核，由此华为手机进入人工智能新浪潮。由此可见，中国企业正通过对人工智能芯片领域的积极渗透不断缩小与国外企业的差距。

三、产业投资与技术攻关紧密结合

截至2017年11月，大基金累计决策涉及46家企业的62个项目，累计承诺额1063亿元，占首期总规模的76.6%。截至11月30日，大基金实际出资794亿元，占首期总规模57.2%，实际出资带动社会融资3500多亿元，放大效应达1:5。大基金的投资行动与核高基和集成电路装备等国家科技重大专项协同，集中体现了国家战略布局，起到了非常好的引领和标杆作用。

四、资金、人才短缺问题仍然突出

集成电路在资金、技术和人才资源环节上均属于密集型产业。人才是集成电路领域第一生产力。现阶段我国本土集成电路产业从业人员不超过 30 万人，预计 2020 年全产业销售可达 10000 亿元人民币，按照人均产值 140 万元计算，需要约 70 万人的规模。因此，目前的人员数量缺口极大。一方面急需引进国际化的领军人才及其团队，另一方面对基础性人才的本土化培育也亟待加强，以填补数量巨大的人才缺口。以芯片设计业为例，目前全行业从业人员的数量约 13 万人，到 2020 年，需要将从业人数增加到 28 万人，差距有 15 万人之多，要填补这个差距是一个十分艰巨的任务，毕竟我国高校每年培养的各类集成电路人才数量不足 2 万人。微电子学科在我国学科规划体系中被列为电子科学与技术的二级学科，不属于一级学科，因此每年招生人数和教育资源投入受到严格限制。要改变现在的局面就必须对我国这一领域的学科分类进行大的调整。

第七章　新型显示行业

当前新一代信息技术发展正日益加快，信息消费需求持续升级，作为信息显现载体和人机交互窗口，显示无处不在。随着新型智能终端产品不断涌现、VR/AR加快应用，特别是电子产品逐渐向智能化、柔性化、便携化方向发展，推动显示产业日新月异，新技术、新工艺、新产品层出不穷。党的十八大以来，我国新型显示产业进入了快速发展期，实现了跨越式发展。2017年，在显示面板产能不断增长、市场供需稳中偏紧、显示尺寸持续增大、新产品新技术应用领域加速拓展等利好条件影响下，我国显示产业取得了令人瞩目的良好成绩。多条高世代线点亮投产，面板企业盈利大幅提升，配套企业发展迅速，以AMOLED为代表的新兴显示技术取得明显进步，社会资本和地方政府对产业的关注度和投资热情依然高涨。

第一节　发展情况

一、产业规模

受电视平均尺寸增加，智能手机、公共显示和车载显示市场的不断扩大，近年来全球新型显示产业保持了持续增长态势。在显示面积不断增长和面板价格保持平稳的影响下，全球显示产业的市场需求继续保持增长态势，面板出货面积增长率继续高于面板出货金额增长率。2017年，全球面板面积出货量达到2.05亿平方米，同比增长6%；面板出货金额达到1100亿美元，同比增长3%。在面板增长的带动下，显示产业整体将保持稳健增长，产业规模达到2070亿美元，同比增长5%。

从出货规模看，2017 年，在京东方福清 8.5 代和重庆惠科 8.6 代液晶面板线等产线量产带动下，我国显示产业产能规模继续增长，全年出货面积达到 7700 万平方米，同比增长 33%，出货金额达到 1680 亿元人民币，同比增长 20%，显示产业整体规模达到 2660 亿元人民币，同比增长 25%。2017 年前三季度，京东方、华星光电和天马等三家骨干企业销售收入达到 1000 亿元，同比增长 36%。

从进出口规模看，2017 年，液晶面板进出口逆差继续缩窄。2017 年前 11 个月，液晶面板进口金额 276 亿美元，出口 234 亿美元，分别与上年同期持平和下降 3.1%，贸易逆差为 43 亿美元，同比减少 18.6%。

从应用市场看，2017 年，我国手机、计算机和彩电产量分别达到 19.2 亿部、3.1 亿台和 1.7 亿台，稳居全球第一。液晶面板自给率分别达到 66%、70% 和 60%。智能可穿戴设备、智能家居产品、虚拟现实设备等领域的新兴产品种类不断丰富。在虚拟现实/增强现实、无人驾驶、人工智能、无人机、智慧健康养老等新兴领域，国内涌现出一大批创新型企业，技术和应用在全球处于领先位置，快速发展的新兴市场为我国显示面板产业带来广阔的市场应用前景。

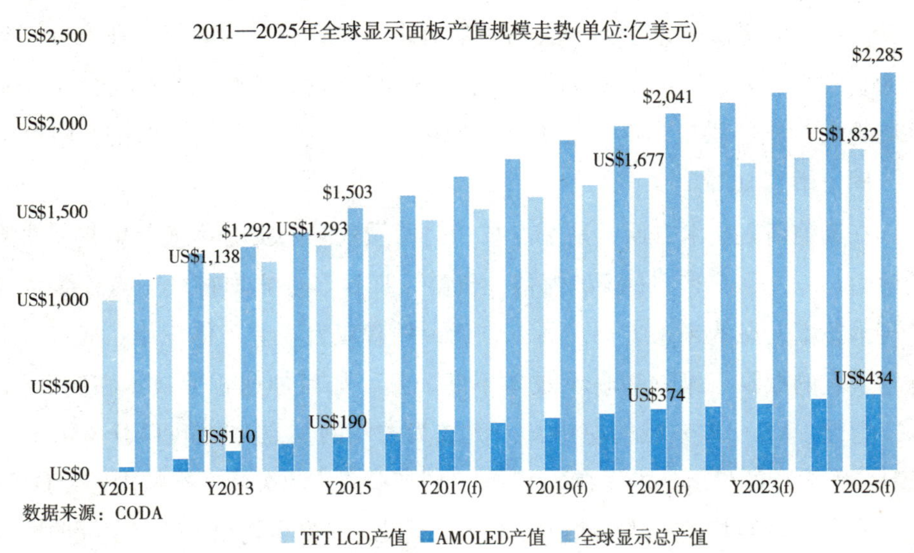

图 7－1　全球显示产业产值规模走势

资料来源：赛迪智库，2018 年 1 月。

二、产业结构

2017 年，液晶显示仍然是新型显示技术的主流。大尺寸方面，2017 年全球电视面板出货量为 2.64 亿片，同比增长 1.3%。电视机平均尺寸从 42 英寸增长为 43.8 英寸，增长幅度为 1.8 英寸。4K、8K 等超高清面板产量达到 1.2 亿片，渗透率提升至 38.2%，55 英寸及以上大尺寸面板市场，4K 面板的渗透率达到 95%。中等尺寸电视面板产品 4K 渗透率还将进一步提升，8K 将在 65 英寸及以上应用中不断增长。小尺寸方面，全面屏成为产业创新发展的重要热点，2017 年，全球全面屏手机面板出货量超过 2 亿片，其中国内面板企业京东方、天马等企业成绩良好，分别在全球全面屏手机面板出货量中占据第 2 和第 4 的位置。

2017 年，OLED 显示面板继续保持快速增长态势。全球市场对 AMOLED 面板的重视度不断加大，苹果采用 AMOLED 面板已成为产业发展的风向标，进一步加速了 AMOLED 在智能终端产品的应用。预计全球 AMOLED 面板出货量将达到 5 亿片，同比增长 40%，出货金额达到 230 亿美元，同比增长达到 57%。在内外部环境的共同推动下，我国显示产业不断加大研发投入，技术创新能力不断进步。京东方、天马、维信诺、和辉光电等多家企业实现了对华为、中兴、魅族、步步高等国产手机 AMOLED 面板供应，在部分终端企业已成功成为核心供应商。中国大陆 AMOLED 面板出货量预计将超过 1000 万片，同比增长 66%。

在其他新兴技术方面，量子点技术对画质效果的提升为液晶电视带来新的活力，三星、夏普、LGD、海信、长虹、TCL 等企业均将量子点作为大尺寸显示技术发展的未来方向。另一方面，随着双目视差、体三维、光场、全息为代表的裸眼三维立体显示技术不断成熟，如何加速相关技术在物联网、人工智能、VR/AR 领域的应用又一次成为关注的焦点。微距 LED（Micro - LED）作为新的显示技术，在 2017 年受到产业界广泛关注，谷歌投资 4500 万美元投向瑞典的 Glo 公司，加速相关产品研发，三星也传出 1.5 亿美元收购我国台湾地区的镎创科技的消息。

三、产业创新

2017年，我国显示产业通过推动新产品首发、加快知识产权布局、加强前瞻技术研发等方式不断强化自身创新能力的提升，在8K超高清、超薄、曲面显示、透明显示、AMOLED等领域取得明显进步。里约奥运会期间国产98英寸超高清显示电视实现全球首次8K实况转播，AMOLED面板实现小批量出货，多条10.5代TFT－LCD液晶面板生产线开工建设。2012—2016年全行业年均专利申请量达9000件，累积申请专利超过5万件。

2017年，为推动印刷显示产业的快速发展，国家印刷及柔性显示制造业创新中心正式成立，国内30余家企事业单位联合成立印刷显示技术创新联盟，依托平台公司广东聚华，推动产业整体快速发展，目前，4.5代印刷显示公共平台已成功搭建，设备进入调试阶段。依托创新中心，材料开发、生态链建设、成果转化以及人才引进等工作有序开展，并取得良好成果，成功吸引国内外印刷显示产业链上下游企业聚集，开发的可打印电子传输层材料已为华星光电、京东方和新视界、华南理工等单位采用。

第二节　发展特点

一、需求拉动产业规模快速增长，全球地位逐步凸显

我国已成为仅次于美国的全球第二大消费电子市场，并拥有世界最大的消费电子生产制造基地，彩电、计算机、手机产量连续多年位居世界首位，可穿戴设备、车载显示和公共显示市场正在快速发展，为我国新型显示产业发展提供了广阔市场空间。在市场拉动下，我国新型显示产业实现跨越式发展，已成为全球显示产业的重要力量。2017年，我国薄膜晶体管液晶面板（TFT－LCD）量产产线达到31条，有机发光二极管显示面板（AMOLED）产线5条，产能接近10000万平方米，另有在建产线9条。以面积计算，我国在世界液晶面板市场占有率达到36%。

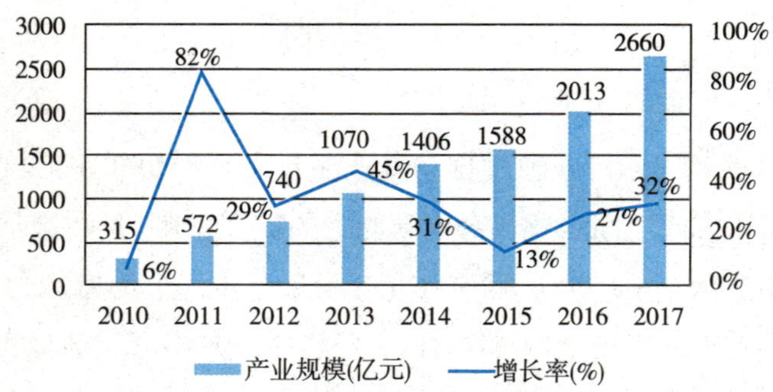

图 7－2　2010—2017 年我国大陆地区平板显示产业营收及增长率

资料来源：赛迪智库，2018 年 1 月。

二、区域集中度大幅提高，产业配套不断完善

经过“十二五”期间的建设，我国平板显示产业已初步形成环北京、长三角、珠三角、成渝鄂地区的产业区域布局。逐步建立起以大型骨干企业为核心、较为完整的玻璃基板、彩色滤光片、液晶材料、背光源组件等上游配套产业链和完善配套的手机、平板电脑、智能电视等下游整机应用产品及服务体系的产业集群。产业配套本土化率稳定提升，5 代线材料本地配套率从 2010 年的低于 15% 增长到 2016 年的 80%。其中玻璃基板国产化率达 80%，彩色滤光片达到 60%，偏光片达到 100%，液晶材料达到 70%。

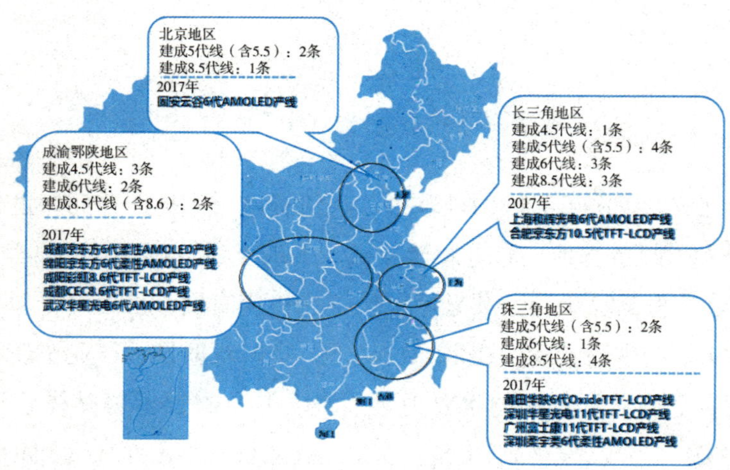

图 7－3　我国新型显示产业发展布局情况

资料来源：赛迪智库，2017 年 2 月。

三、AMOLED 显示取得突破，超高世代线成为投资热点

我国 AMOLED 产线建设不断取得突破，逐步由技术研发向规模化生产过渡，共有 2 条 4.5 代线、3 条 5.5 代线和 2 条 6 代 AMOLED 进入量产，2017 年中国大陆 AMOLED 面板出货量超过 1000 万片，京东方、和辉光电、国显光电等企业成功打入华为、小米、中兴等品牌的供应链。TFT－LCD 方面，由于 10 代以上面板生产线在生产 65 英寸以上大尺寸电视方面具有成本优势，因此成为近期产业发展重点。为抢占超大屏幕电视市场，各大面板企业将投资目标从 8.5 代转向了 10 代以上面板产线建设。

2017 年 10 月 26 日，京东方宣布位于成都的第 6 代柔性 AMOLED 生产线提前量产。该产线是全球第二条已量产的第 6 代柔性 AMOLED 生产线，应用全球最先进的蒸镀工艺，并采用柔性封装技术，可实现显示屏幕弯曲和折叠，将生产应用于移动终端产品及新型可穿戴智能设备等领域的显示产品。目前京东方向华为、OPPO、vivo、小米、中兴、努比亚等十余家客户交付了 AMOLED 柔性显示屏，为我国移动终端企业产品创新提供了更多选择和可能。

2017 年 12 月，京东方合肥第 10.5 代 TFT－LCD 生产线产品下线暨客户交付仪式在合肥举行。京东方分别向三星、LG、SONY、Vizio、创维、康佳、海信、长虹、TPV、小米、海尔等客户交付了 75 英寸 8K 60Hz、75 英寸 8K 120Hz 等大尺寸超高清显示屏；向海尔多媒体、微鲸等客户交付智慧系统及 IWB（电子白板）产品。京东方合肥第 10.5 代线 TFT－LCD 产线是目前全球最高世代线，项目总投资 458 亿元，主要生产 65 英寸及以上超大尺寸超高清液晶显示屏，设计产能为每月 12 万片玻璃基板。该项目将推动我国超高清显示产业链资源优化，成为加速推广 8K 应用，普及 4K 应用，开启全球显示领域新的里程碑，引领全球显示产业进入大尺寸超高清新时代。

2017 年 12 月，韩国产业通商资源部在首尔政府办公大楼召开产业技术保护委员会议，会议批准 LGD 在中国新建 OLED 面板工厂的计划。此次合资公司的总投资规模约 5 兆韩元（约合人民币 305 亿元），其中 LGD 持股 70%，中方持股 30%。该产线生产的面板将主要用于电视、电子广告牌等大尺寸屏幕。

表 7-1 我国在建 10 代以上产线情况

企业	地点	技术	投资（亿元）	设计产能	量产时间
京东方	合肥	10.5 代 TFT-LCD	458	120K/月	2018 年 Q1
	武汉	10.5 代 TFT-LCD	460	120K/月	2020 年 Q1
富士康	广州	10.5 代 TFT-LCD	610	90K/月	2019 年 Q2
华星	深圳	11 代 TFT-LCD	538	140K/月	2019 年 Q1

资料来源：赛迪智库，2017 年 7 月。

第八章　太阳能光伏行业

第一节　发展情况

一、产业规模

2017 年，我国多晶硅产能超过万吨的企业有 8 家，产能利用率保持在较高水平，产量为 24.2 万吨，同比增长 24.7%，占全球多晶硅产量的 56%。硅片、电池片、组件产量增长均超过 30%，占全球总产量比重都在 70%以上。

表 8－1　2017 年我国光伏产品产量及增长情况

	多晶硅	硅片	电池片	组件
产量	24.2 万吨	87GW	68GW	76GW
增长率	24.7%	34.3%	33.3%	41.5%

资料来源：赛迪智库，2018 年 3 月。

进出口规模看，2017 年 1—11 月，我国光伏产品出口总额为 131.1 亿美元，同比增长 1.4%；多晶硅进口量 14.4 万吨，同比增长 17.3%。受全球光伏市场继续扩大影响，我国光伏产品出口量快速增长，但产品出口价格持续下滑，墨西哥、巴西、印度等新兴市场增速提升，其中对印度出口跃居第一位。

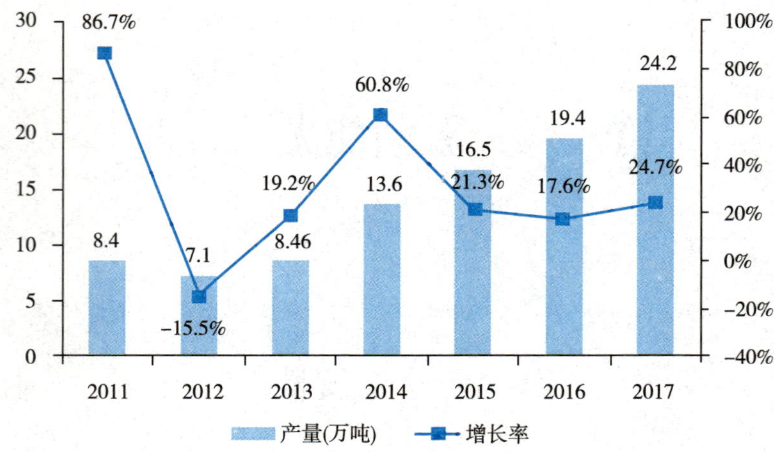

图 8－1　2011—2017 年我国多晶硅产量及增长率

资料来源：赛迪智库，2018 年 3 月。

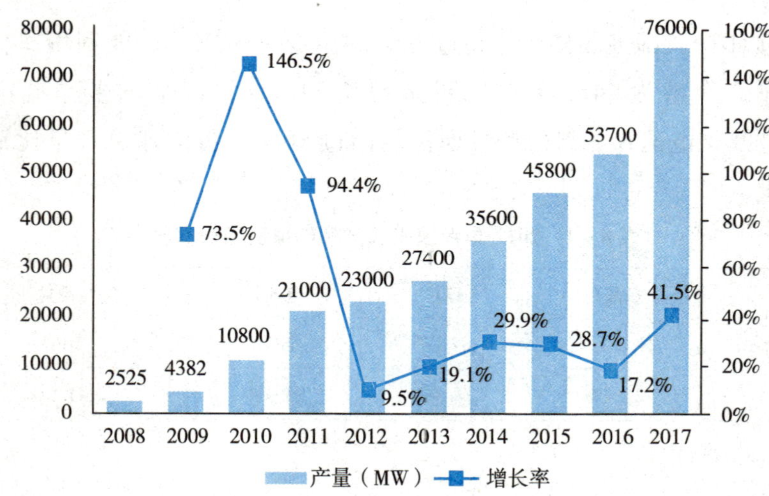

图 8－2　2008—2017 年我国光伏组件产量及增长率

资料来源：赛迪智库，2018 年 3 月。

从市场规模来看，2017 年我国新增光伏并网装机容量达到 53.06GW，同比增长 54%。累计光伏装机并网量达到 130.25GW，同比增长 69%。新增和累计装机容量均为全球第一。其中，光伏电站累计装机容量 100.59GW，分布式累计装机容量 29.66GW。全年光伏发电量 1182 亿千瓦时，占我国全年总发电量的 1.8%。

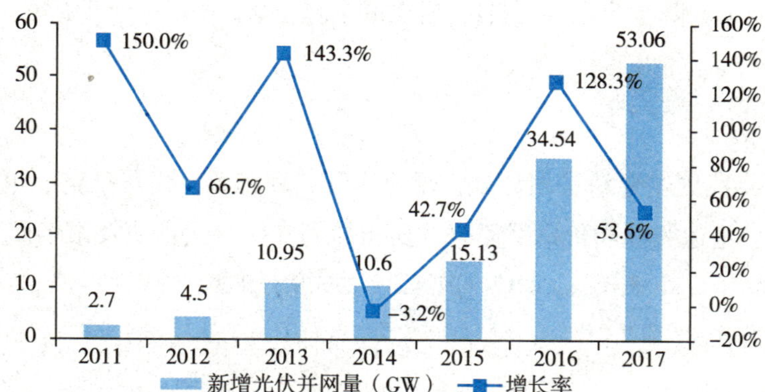

图 8－3　2011—2017 年我国光伏新增装机量及增长率

资料来源：赛迪智库，2018 年 3 月。

二、产业创新

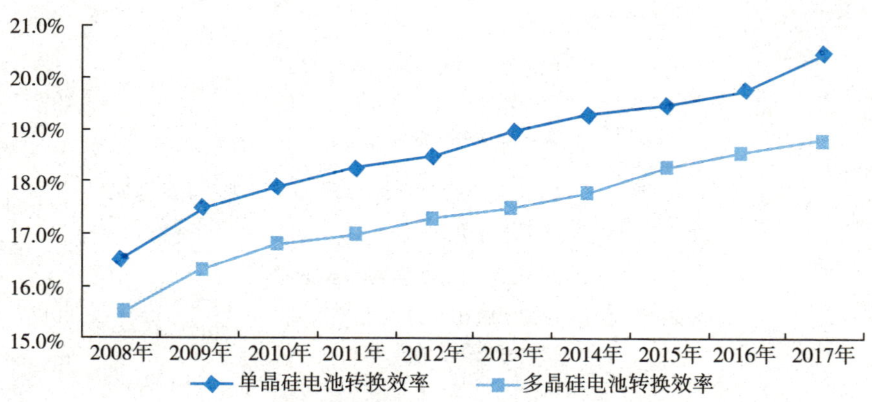

图 8－4　2008—2017 年我国太阳能电池转换效率变化

资料来源：CPIA、赛迪智库，2018 年 3 月。

2017 年，在内外部环境的共同推动下，我国光伏企业加大工艺技术研发力度，生产工艺水平不断进步。骨干企业多晶硅生产能耗继续下降，综合成本已降至 6 万元/吨，行业平均综合电耗已降至 70KWh/kg 以下；P 型单晶及多晶电池技术持续改进，常规产线平均转换效率分别达到 20.5% 和 18.8%，采用 PERC 和黑硅技术的先进生产线则分别达到 21.3% 和 19.2%，异质结（HJT）、IBC、N 型双面等技术路线加快发展；光伏组件封装及抗光致衰减技术不断改进，自动化、智能化改造也在加速，领先企业组件生产成本降至 2 元/瓦以下，光伏发电系统投资成本降至5元/瓦左右，度电成本降至0.5—0.7元/千瓦时。

三、产业政策

2017年我国主要从规划计划、规范监管、领跑者、光伏扶贫、电力消纳、市场推广、土地管理和价格财税等方面指导和支持光伏产业及市场发展。

表8－2　2017年我国出台的光伏行业相关政策

序号	文件类别	印发单位	文件名称	文号	印发时间
1	规划计划	国家能源局	关于可再生能源发展“十三五”规划实施的指导意见	国能发新能〔2017〕31号	2017. 7. 19
2	规范监管	国家能源局	关于2016年度全国可再生能源电力发展监测评价的通报	国能新能〔2017〕97号	2017. 4. 10
3		国家能源局 工业和信息化部 国家认监委	关于提高主要光伏产品技术指标并加强监管工作的通知	国能发新能〔2017〕32号	2017. 7. 18
4		国家能源局	国家能源局关于建立市场环境监测评价机制引导光伏产业健康有序发展的通知	国能发新能〔2017〕79号	2017. 12. 8
5		工业和信息化部	《光伏制造行业规范条件》企业名单（第六批）	工业和信息化部公告2017年第43号	2017. 10. 25
6	“领跑者”计划	国家能源局	关于推进光伏发电“领跑者”计划实施和2017年领跑基地建设有关要求的通知	国能发新能〔2017〕54号	2017. 9. 22
7		国家能源局	关于公布2017年光伏发电领跑基地名单及落实有关要求的通知	国能发新能〔2017〕78号	2017. 11. 30
8		国家能源局	关于2017年光伏发电领跑基地建设有关事项的通知	国能发新能〔2017〕88号	2017. 12. 29
9		国家能源局	关于2017年光伏发电领跑基地申报基本情况的公告	公告	2017. 11. 1
10		国家能源局	2017年光伏发电领跑基地优选结果公示	公告	2017. 11. 22

续表

序号	文件类别	印发单位	文件名称	文号	印发时间
11	光伏扶贫	国家能源局 国务院扶贫办	关于"十三五"光伏扶贫计划编制有关事项的通知	国能发新能〔2017〕39 号	2017. 8. 1
12		国家能源局 国务院扶贫办	关于下达"十三五"第一批光伏扶贫项目计划的通知	国能发新能〔2017〕91 号	2017. 12. 29
13		国务院扶贫办	国务院扶贫办关于印发《村级光伏扶贫电站收益分配管理办法》的通知	国开办发〔2017〕61 号	2017. 12. 11
14	电力消纳	国家发展改革委 国家能源局	解决弃水弃风弃光问题实施方案	发改能源〔2017〕1942 号	2017. 11. 8
15	市场推广	国家发展改革委 财政部 国家能源局	关于试行可再生能源绿色电力证书核发及自愿认购交易制度的通知	发改能源〔2017〕132 号	2017. 1. 18
16		国家发展改革委 国家能源局	关于开展分布式发电市场化交易试点的通知	发改能源〔2017〕1901 号	2017. 10. 31
17		国家发展改革委 国家能源局	关于开展分布式发电市场化交易试点的补充通知	发改办能源〔2017〕2150 号	2017. 12. 28
18	用地政策	国土资源部 国务院扶贫办 国家能源局	关于支持光伏扶贫和规范光伏发电产业用地的意见	国土资规〔2017〕8 号	2017. 9. 25
19	价格财税	国家发展改革委	国家发展改革委关于 2018 年光伏发电项目价格政策的通知	发改价格规〔2017〕2196 号	2017. 12. 22
20		财政部 国家发展改革委 工业和信息化部 海关总署 税务总局 国家能源局	关于调整重大技术装备进口税收政策有关目录的通知	财关税〔2017〕39 号	2017. 12. 22
21		工业和信息化部	关于《首台（套）重大技术装备推广应用指导目录》（2017 年版）的公示	公示版	2017. 12. 15

资料来源：赛迪智库，2018 年 3 月。

第二节　发展特点

一、分布式光伏呈现爆发式增长

2017 年，全国分布式光伏新增装机量达到 1944 万千瓦，同比增长 3.7 倍，远超前五年分布式光伏总装机量，在新增装机里占比达到 36.6%。而从累计光伏装机来看，分布式光伏占光伏装机的比重提高到 23%，同比增加 10 个百分点。其中，户用光伏更是风起云涌，初步统计，2017 年我国户用光伏装机已达到 2GW 以上，是 2016 年的 3 倍以上。浙、鲁、冀累计装机超 10 万户，全国 50 万户，装机量超过 2GW。

二、光伏产品出口结构进一步优化

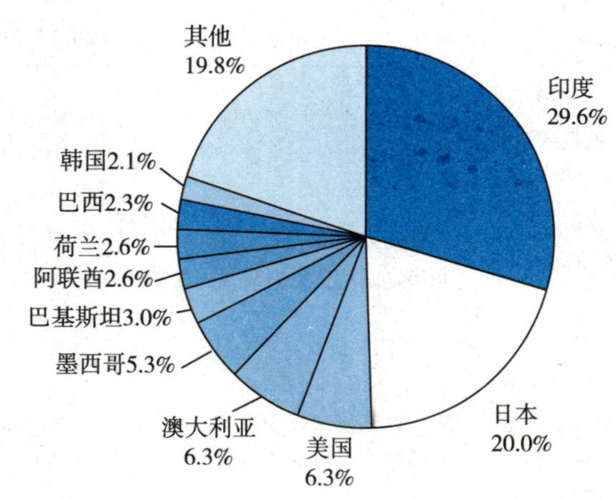

图 8－5　2017 年 1—11 月组件主要出口国家/地区占比

资料来源：赛迪智库，2018 年 3 月。

出口产品结构方面，由于我国多数骨干光伏企业均已经在海外建有电池组件工厂，并通过海外工厂供应欧美等对我国本土光伏产品出口征收“双反”税率的海外市场。因此，2017 年 1—11 月，我国硅片及电池片出口金额分别增长 18.7% 与 10.8%，以供应海外基地生产，而组件出口金额却下滑了

2.4%。出口区域结构方面，硅片出口市场主要集中在中国台湾、马来西亚、泰国、越南、韩国，对这5个国家和地区的硅片出口额占比超过90%；电池片出口市场主要集中在印度、巴西、韩国等国家；组件出口市场中，印度、墨西哥、巴西、阿联酋等新兴市场逐步扩大。

三、龙头企业相继在美股退市

由于光伏产业在发展之初的市场主要在国外，因此我国光伏制造企业在发展初期通过在海外上市不断获得融资支持和品牌知名度。但在2012年的光伏寒冬后，再加上随后欧美连续对我国光伏企业发动“双反”（反补贴反倾销），一些美股光伏企业业绩急剧下滑，股票价格跌至冰点，晶澳太阳能、大全新能源、英利、中电光伏等都曾因股价达不到1美元/股而相继遭到退市警告。即使目前光伏全面回暖后，我在美股市场的光伏企业股票仍未有明显回升，美股市场对我光伏企业估值太低，甚至已经丧失了基本的融资能力。而如果回归国内A股后，公司可以获得更好的估值，可以通过将股权质押给银行，获取更多的贷款，为公司提供稳定的资金支持。因此，2015年以后，不断有美股光伏企业收到私有化要约，而进入2017年，已经相继有三家企业正式开始或已经完成私有化进程。

2017年3月14日，在美国纽约证交所（NYSE）上市的中国大陆厂商天合光能宣布已经就私有化交易与Fortun Solar和Red Viburnum完成最终协定和并购计划。作为合并的结果，天合光能不再是一家上市公司，成为一家全资子公司，并将从NYSE下市。

2017年11月17日，晶澳太阳能宣布与买家团签订协议，将以3.62亿美元全现金代价私有化。

2017年12月11日，阿特斯公司宣布，董事会已收到了初步的非约束性建议函，董事长兼CEO瞿晓铧博士将以18.47美元/股的价格，收购公司所有不属于瞿晓铧和张含冰女士的在外普通股，这也标志着阿特斯公司将会从纳斯达克市场退市。

四、全球竞争地位进一步巩固

2017年国内国外光伏企业经历冰火两重天的局面。国外企业中，欧洲最大的光伏企业 SolarWorld、美国最大的组件企业之一 Suniva 相继宣布破产保护；全球技术领先的两家企业，Sunpower 裁员并关停部分菲律宾产线，松下也关闭部分电池片产线并重整光伏业务。另据日本经济新闻（Nikkei）报导，2017 年 1—6 月日本倒闭的光伏厂商数量达到 2016 年同期的 2.2 倍。反观我国光伏企业，全年产能利用率维持高位，毛利率稳步回升，主要企业普遍扩产，包括天合、晶科、晶澳等；部分中小型光伏企业正加速 IPO，募集资金继续投资光伏产业；部分外围企业也开始布局光伏产品制造。

五、贸易保护纷争不断

继欧美相继对我国光伏产品出口发动“双反”调查并出台较高税率以来，进入 2017 年，又不断有国家向我国光伏产品发动贸易调查。

4 月 1 日，土耳其经济部对华光伏组件反倾销案做出终裁决定，决定自即日起对中国产品征收为期 5 年的反倾销税，其中 16 家应诉企业税率为 20 美元/平方米，其他出口企业税率为 25 美元/平方米。2016 年，我国光伏组件产品对土耳其出口 2.8 亿美元，仅占出口总额的 2.7%，2017 年一季度仅占 0.9%，对我国光伏产品出口影响不大。

4 月 26 日，美国光伏企业 Suniva 公司向美国际贸易委员会（ITC）提起申请，要求对太阳能级光伏电池片和组件产品实施全球保障措施（以下简称“201 措施”）。美国商务部于 5 月 23 日发布公告称，将启动对全球光伏电池及组件发起保障措施调查。9 月 22 日，美国商务部作出损害认定，判定境外组件进口确实对美国光伏产业造成严重损害。2018 年 1 月 22 日，美国特朗普政府正式批准宣布对进口光伏电池片（2.5GW 以上）和组件征收 30% 关税，税率在此后 3 年逐年递减 5%，执行期为 4 年，如下表所示。

表 8－3　美国“201”措施批准关税

	2018 年	2019 年	2020 年	2021 年
进口组件	30%	25%	20%	15%
进口电池片高于配额征收关说	30%	25%	20%	15%
电池片免税配额	2.5GW	2.5GW	2.5GW	2.5GW

资料来源：赛迪智库，2018 年 3 月。

7 月 21 日，印度商工部发布公告，对我国光伏电池片和组件（包括薄膜）发动反倾销调查。12 月 19 日，申请人 Indian Solar Manufacturer's Association 代表印度国内的 5 家光伏企业，申请对进口的光伏电池实施保障关税。2018 年 1 月 5 日，印度保障措施总局做出印度光伏保障措施调查初裁，认为进口光伏产品的增加与印度光伏产业遭受的严重损害有直接关联。印度保障措施总局建议如下：1. 在最终结果确定前，对于进入印度的太阳能光伏产品（包括晶体硅电池及组件和薄膜电池及组件）征收 70% 的从价税作为临时保障措施关税，豁免国家为中国和马来西亚以外的发展中国家。2. 临时保障措施实施期限为 200 天。3. 除中国和马来西亚以外的发展中国家由于单独对印出口不超过印度总进口的 3%，合计对印出口不超过印度总进口的 9%，因此得以豁免。

第九章　半导体照明（LED）行业

第一节　发展情况

一、产业规模

从全球视角看，LED 产业处于稳健发展期。我国作为全球电子产业制造基地，在“国家半导体照明工程”计划的推动下，LED 产业发展迅速。从目前全球 LED 市场来看，我国已成为发展最快的区域，初步形成了包括 LED 外延片、芯片、封装以及应用在内的较为完整的产业链。

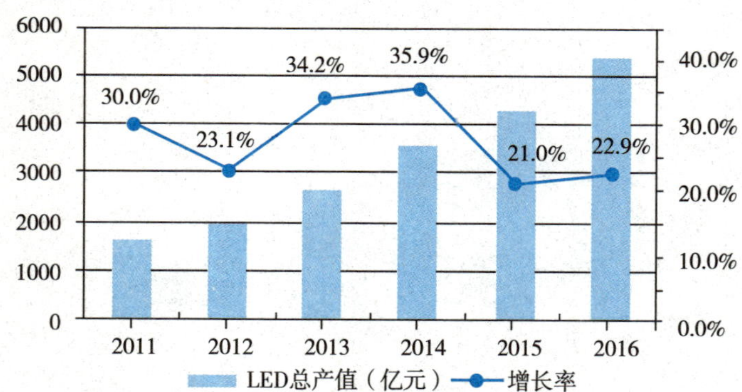

图 9－1　我国 2011—2016 年 LED 产业规模及增长率

资料来源：赛迪智库整理，2018 年 1 月。

2014—2016 年，我国 LED 产业规模由 3507 亿元增长至 5216 亿元，年均复合增长率为 21.96%。其中，2016 年，LED 外延芯片市场规模约 182 亿元，同比增长 20.5%；LED 封装市场规模 748 亿元，同比增长 21.6%；LED 应用市场规模 4286 亿元，同比增长 23.2%。2016 年 LED 照明的渗透率为

31.30%，预计 2017 年将达到 36.70%。

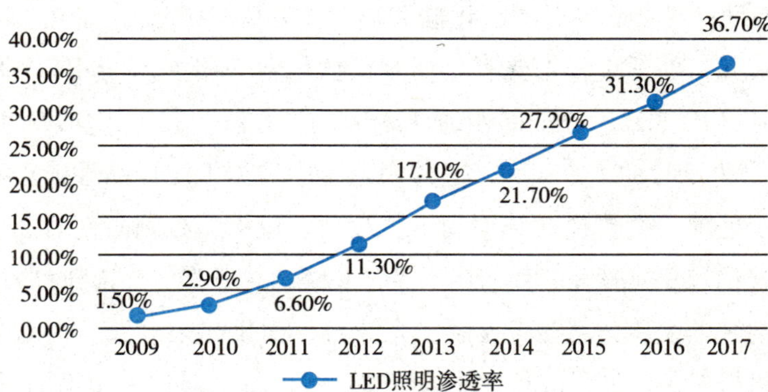

图 9－2　我国 LED 照明 2009—2017 年渗透率

资料来源：赛迪智库整理，2018 年 1 月。

二、产业结构

LED 产业一般将衬底、外延生长和芯片制造归为产业链的上游，封装归为中游，应用归为下游。我国 LED 产业链各环节从上到下参与企业数量呈金字塔型分布。上游具有技术和资本密集的特点，已形成较为成熟、集中的市场竞争格局，参与竞争的企业数量相对较少，资源比较集中，其中外延生长与芯片制造环节既是 LED 技术进步的瓶颈，也是 LED 全产业链的关键；中游与下游应用的进入门槛相对较低，参与其中的企业数量较多，利润率较低。

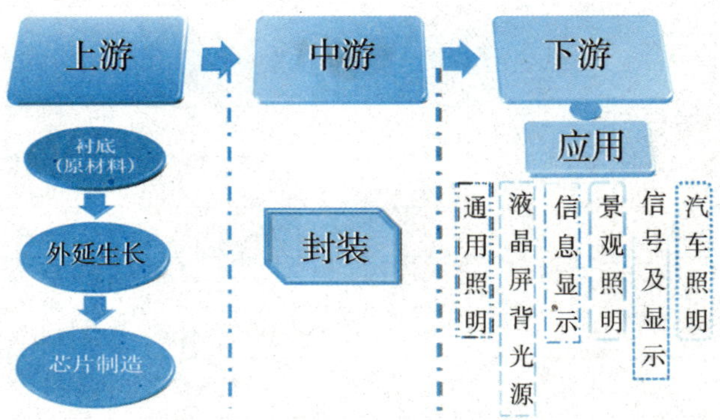

图 9－3　LED 产业链构成

资料来源：赛迪智库整理，2018 年 1 月。

LED 衬底主要有蓝宝石（Al_2O_3）、碳化硅（SiC）、硅（Si）以及砷化镓（GaAs）四种材料。蓝宝石、碳化硅和硅主要用于生产蓝、绿光 LED，砷化镓为红、黄光。外延生长主要有金属有机物化学气相沉积（MOCVD）、氢化物气相外延（HVPE）、分子束外延（MBE）等方法。其中 MOCVD 法是制备高亮度 LED 外延片的主流技术。芯片制造是指根据下游产品性能需求对外延片进行加工处理，主要包括结构和工艺设计、退火、光刻、刻蚀、金属电极蒸发、合金化和介质膜等芯片结构工序，及磨片、切割、分选和包装等过程。

LED 封装的主要作用在于控制发光波长、优化光束分布、提高光提取效率、提供机械保护、加强散热性能以及管理供电等。通过采用不同封装形式、封装尺寸、发光管芯及其双色或三色组合方式，可生产出多种系列、品种、规格的产品。

LED 应用根据功能不同，可划分为通用照明、液晶屏背光源、信息显示、景观照明、信号及指示、汽车照明六大类。具体如下表所示。

表 9－1　LED 应用细分领域及产品构成

应用领域		产品构成
通用照明	户外照明	路灯、护栏灯、投射灯、草坪灯
	户内照明	LED 灯
	特种照明	军用、医用、生物专用等
液晶屏背光源	小尺寸	手机、数码相机等便携电子产品
	中尺寸	笔记本电脑、台式机显示器
	大尺寸	液晶电视机
信息显示		户外显示屏
		广告牌
		家用电器
景观照明		广场、园林、步行街道等景点
信号及指示		交通信号灯
		公路、铁路、航运、机场等指示信号灯
汽车照明	内部	仪表灯、车内照明
	外部	日间行车灯、刹车灯、雾灯、转向灯

资料来源：赛迪智库整理，2018 年 1 月。

2016 年，传统 LED 应用中，通用照明、景观应用、显示屏和背光应用产业规模分别占整个应用市场的 47.6%、13.5%、12.8% 和 12.1%。其中 LED 背光应用同比增长仅 1%，增长较为乏力，主要是由于液晶显示市场趋于饱和，以及 OLED、AMLED 等新型显示技术的逐步替代。新兴照明领域中，信号及指示和汽车照明产业规模占比分别为 2.1% 和 1.4%，由于汽车照明受益于高端车越来越多采用 LED 灯具，2016 年的市场增长率高达 33.8%，同时随着 LED 新兴应用领域的不断开拓，智慧照明、小间距显示、UV－LED 等将引领应用市场热点。

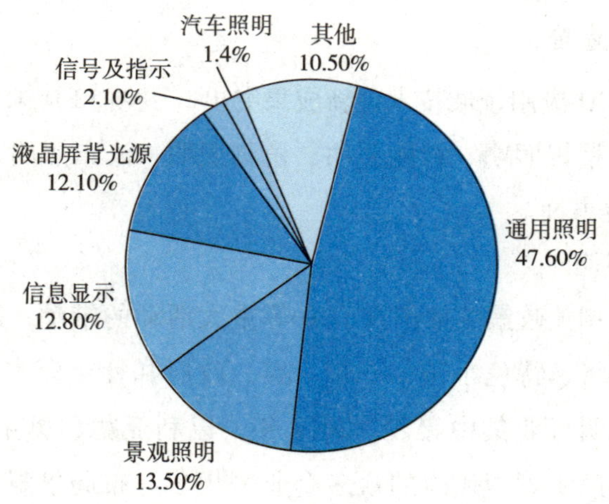

图 9－4　LED 产业下游应用细分领域占比

资料来源：赛迪智库整理，2018 年 1 月。

三、产业创新

技术是推动 LED 产业快速发展的驱动力。2017 年，LED 行业诸多技术及应用有新进展，推动 LED 产业不断创新。

（一）上游外延芯片

我国 LED 产业上游的技术创新主要集中于德豪润达、晶能、华灿及澳洋顺昌等企业中。德豪致力于倒装、CSP 等领域技术创新，晶能光电追求硅衬底技术领先，华灿在铝电极技术稳定性及高光效 LED 芯片方面具有优势，澳洋顺昌在芯片尺寸缩小化方面突破常规工艺的极限，目前短边长达 4mil，已经达到 mini LED 的尺寸要求。

（二）中游封装

2017 年，我国 LED 中游封装技术创新主要集中在小间距 LED 显示屏、COB 显示屏及 LED 灯丝方面。在小间距封装方面，主要有澳洋顺昌及国星光电等。2017 年以来，以希达电子为代表的 COB 显示屏企业，已经将 COB 显示屏带入了 P1.0 时代。在 LED 灯丝封装方面，主要 Runlite（深圳市源磊科技有限公司）、MLS（木林森）、Refond（瑞丰光电）和 Hangke Optoelectronics（杭科光电）等。

（三）下游应用

2017 年，LED 应用领域技术创新成果突出，引领 LED 未来广阔的发展前景。主要体现在景观照明、智能照明、植物照明、汽车照明、LED 灯丝灯及不可见光 LED 等方面。

（1）景观照明

受惠于国家相关政策的推出及 G20 等重大活动的带动，随着基础设施建设、城市夜游经济、特色小镇、一带一路、政府和社会资本合作（PPP）等的发展，景观照明行业集中爆发。2017 年，以利亚德、奥拓电子、名家汇、飞乐音响、无锡照明等为代表的众多企业争相参与布局景观亮化市场。同时大规模景观照明也会带来很多光污染问题，针对这些上海 2017 年 10 月率先发布《上海市景观照明总体规划》，《杭州市城市照明管理办法》也将于 2018 年 2 月 1 日正式实施，景观照明有望步入规范化轨道，有助于景观照明产业的健康发展。

（2）智能照明

2017 年，随着语音识别技术的发展及智能音箱的普及，智能照明取得新的突破。首先是家居智能照明，从 2017 年 7 月开始，飞利浦照明 Hue 先后与京东“叮咚智能音箱”、百度 AI 操作系统 DuerOS 携手，打造智能家居生活。11 月，GE 公司发布“C by GE”智能灯泡产品线引入了语音控制功能，且支持亚马逊 Alexa 与谷歌 Assistant 声控。近期，三雄极光、雷士集团、飞乐音响、欧普照明、飞利浦照明、立达信、生迫光电、鸿雁电器等照明企业也将加速布局智能（家居）照明，且华为、海尔、中兴、京东、百度、阿里、美的、小米等跨界巨头也开始切入智能照明（家居）领域。

其次，作为智慧城市的一个切入点，智慧路灯将形成智慧城市所需要的感知网络。目前，上海三思的智慧路灯已实现具有照明、一键呼叫、WiFi、环境监测、人员监测、车辆监测、信息发布、摄像、汽车充电等功能的一体化灯杆。2017 年，智慧路灯比较突出的进展是随着 NB－IoT 新一代网络技术的发展，越来越多的 NB－IoT 智慧路灯商用项目快速落地。

另外，智能建筑也是智能照明的一个应用领域。一个典型范例是，2017 年 3 月，飞利浦照明运用 PoE 智能互联办公照明技术完成了中国建筑科学研究院（CABR）的近零能耗示范楼。

（3）植物照明

植物照明的一大表现形式是植物工厂。2017 年，植物工厂取得了突破性的发展。金沙江、京东、软银等众多公司布局植物工厂，松下等生产的蔬菜已经在超市里售卖，中科三安植物工厂蔬菜登上了金砖国宴。目前我国已掌握了植物工厂的“LED 节能光源创制、光温耦合节能环境控制、营养液栽培、蔬菜品质调控以及智能化管控”五大核心技术，处于全球领先地位。

（4）汽车照明

汽车照明产业具有高毛利和广阔的市场潜力等特点，已经成为各家企业看好的重点。近两年新能源汽车、自动驾驶、智能汽车等汽车行业的热点及趋势，吸引车用 LED 厂商展开投资。2017 年，发展汽车照明的公司如下所示。

表 9－2　LED 汽车照明领域新进展

公司名称	创新领域	主要内容
欧司朗	车头灯	研发出用于智能车头灯的新技术，并与德国大陆集团成立车用照明合资公司。
Cree、宜事达	LED 车灯	两公司联手，宜事达的车灯搭载 Cree 新一代照明光源 XD14，生产新品飞鹰 YF1。
亿光铜锣厂	车用 LED	将专攻车用 LED 应用，2017 年营收比重约 5%，2018 年将持续扩充车用、小间距以及传感器元件等产品，预计 2018 年车载比重将升至 10% 以上。
隆达	LED 车用照明	与广州正澳电子结盟，进入 LED 车用照明市场。
鸿利智汇	车规级 LED 芯片	收购丹阳谊善车灯，并与晶元光电达成合作，解决车规级 LED 芯片知识产权问题。

资料来源：赛迪智库整理，2018 年 1 月。

（5）LED灯丝灯

LED灯丝灯广泛应用于公共场所的装饰照明，目前主流光通量约为450lm。2017年上半年，中国厂商LED灯丝灯出口总量达1573万只，出口总额达2247万美元，同比增幅分别为353%和330%。随着LED灯泡价格的不断下滑，诸如飞利浦、Osram Licht等照明厂商都在大力推广LED灯丝灯。在中国市场，3W LED灯丝灯的售价为28—30元，高于3W LED灯泡的价格。

（6）不可见光LED

2017年，UV LED方面，光鋐积极开展小功率UV LED产品，用于杀菌净水方面；光宝切入UV LED领域，开发高功率UV－A LED结合光触媒，应用于空气清净机上；晶能光电在UV LED领域已拥有独特的硅基UVA－LED技术专利；青岛杰生电气在UVC LED领域再次实现技术突破，发布100mW的275nm深紫外线产品。

在IR LED方面，国星推出国内首款砷化镓半导体材料的VCSEL红外3535产品；隆达电子推出PR88 IR LED封装模块，具有虹膜与脸部生物识别二合一功能，为业界少数具有双重生物识别能力的红外线模块。

第二节　发展特点

一、LED产业保持增长态势

LED对传统照明市场的替代效应极大激发了半导体照明市场的需求，国内半导体照明产业迎来关键的发展机遇。2017年，随着小间距LED显示屏、汽车照明、智能照明等下游应用需求快速增长，LED芯片供不应求，以三雄极光、得邦照明、光莆股份等为代表的LED企业纷纷上市，行业发展回归理性，规模呈现增长的状态。

二、不断开拓新兴应用

LED应用环节保持快速发展，应用领域不断拓展，细分领域的发展也呈现出不同的特点。其中，LED 产业的传统应用市场，包括通用照明、景观应用、显示屏等保持稳步增长。农业照明、汽车照明等新兴应用市场也将快速成长，包括智慧路灯、小间距显示、手机 LED 闪光灯、灯丝灯、UV－LED、IR－LED 等领域将会成为应用市场热点。同时，LED 产业的生物农业光照、光医疗、通信、安全、杀菌消毒等创新应用在未来将成为新增长点和长期成长动力。

三、LED 应用细分化

2017 年，经历了年初的价格战生长期，打败了国外 LED 照明企业的崛起期，再到经受涨价潮之后回归理性竞争时期，国内的 LED 照明行业发展已经趋向稳定成熟。LED 行业龙头企业不断扩产，行业资源进一步集中，出现大者恒大、强者恒强的局面。为在竞争中生存，各个企业向细分领域布局，使产品差异化。2017 年，景观照明、智能照明、植物照明、健康照明、汽车照明等细分领域都进行了长足发展。

四、LED 照明向智能化发展

随着 LED 照明技术的迅速发展，LED 照明产品的稳定性、使用寿命、智能化、显指、光效等性能指标逐步保持稳定。2017 年，LED 照明产业整体向智能化、多元化发展。在照明产品智能化的过程中，照明技术与智能硬件、互联网、物联网技术实现跨界融合，成为智慧家庭、智慧楼宇、智慧城市的重要组成部分，给宏大繁杂的城市管理提供数据化支持。据预测，全球智能照明设备和控制市场将从 2014 年的 221.1 亿美元增至 2020 年的 591.9 亿美元，复合年增长率为 17.8%。

第十章　电子材料、元器件及专用设备行业

2017年是全面落实“十三五”规划的关键之年，在终端产品稳步增长带动下，我国电子材料、元器件及专用设备行业整体增速加快，全行业固定资产投资保持高位趋稳态势，集成电路、锂离子电池、电子元件等主要产品产量稳步增长，进出口贸易转好，行业转型升级深入推进，有力保障了电子信息产业供给安全。

第一节　发展情况

2017年是“十三五”规划实施的关键之年，在全国工业经济向好的形势下，我国电子信息制造业呈现稳中向好的发展态势，生产保持较快增长，出口形势明显好于上年同期，行业效益水平持续提升，固定资产投资保持高速增长，为我国电子材料、元器件及专用设备行业深化产业结构调整、保障电子信息产业链安全奠定了良好的产业基础。

一、产业规模

（一）产业规模增速加快

2017年我国电子材料、元器件及专用设备行业增速加快，规模连续多年位居电子信息制造业各行业首位。2017年我国电子材料、元器件及专用设备行业销售收入达到4.95万亿元，同比增长14.8%，增速高于电子信息制造业全行业1.2个百分点，占我国电子信息制造业的比重为38.1%，比2016年提高了0.6个百分点，占比持续上升势头。其中电子材料行业实现销售收入0.31万亿元，同比增长13.8%，电子元件行业实现销售收入2.08万亿元，同

比增长15.9%，电子器件行业实现销售收入1.87万亿元，同比增长13.0%，电子专用设备行业实现销售收入0.69万亿元，同比增长15.3%。

（二）主要产品出口回升态势明显

2017年我国电子材料、元器件及专用设备行业主要产品进出口回暖，出口回升态势显著。进口方面，集成电路进口额2269.3亿美元，同比增长14.6%，进口3423亿只，同比增长10.1%；液晶显示板进口额为317.6亿美元，同比下降5.1%，进口数量24亿个，同比下降0.2%；二极管及类似半导体器件进口额为200.4亿美元，同比增长3.0%，进口数量4834亿只，同比增长7.0%。出口方面，集成电路出口金额为608.8亿美元，同比增长9.8%，出口数量1807亿个，增长13.1%，恢复增长态势；液晶显示板出口额为257.3亿美元，同比下降0.4%，降幅收窄，出口数量19亿个，同比增长1.6%；二极管及类似半导体器件出口额266.7亿美元，同比增长16.0%，出口数量6132亿只，同比下降7.5%。

（三）固定资产投资增速持续加快

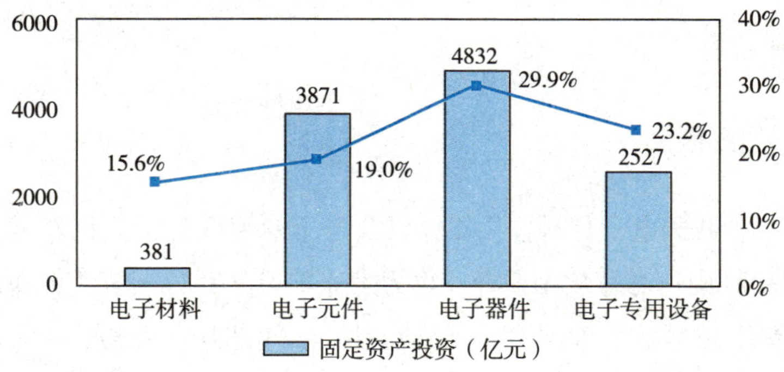

图10-1　2017年我国电子材料、元器件及专用设备行业固定资产投资

资料来源：工业和信息化部，赛迪智库，2018年3月。

2017年我国电子材料、元器件及专用设备行业累计完成固定资产投资11611亿元，同比增长23.5%，增速较2016年增长近10个百分点。其中，电子器件行业完成固定资产投资4832亿元，连续五年位居电子信息制造业各行业首位，同比增长29.9%，集成电路和平板显示贡献显著，2017年我国多条12寸集成电路生产线开工建设，京东方合肥第10.5代TFT-LCD生产线，华星光电第11代TFT-LCD生产线加快建设，多条AMOLED产线量产；电子元件行业完成固定资产投资3871亿元，继续位居电子信息制造业各行业次席，同比增长19.0%，其中锂离子电池行业持续增长；电子专用设备行业完成固定资产投资2527亿元，同比增长23.2%，锂离子电池等行业专用设备投资增长迅猛；电子材料行业完成固定资产投资381亿元，同比增长15.6%。

二、产业结构

为保障我国电子信息产业安全和国家信息安全，我国加大了对电子基础领域尤其是集成电路、关键电子材料和设备的支持力度，积极推动国产材料和设备导入生产线，2017年我国集成电路、液晶面板、光电子器件、锂离子电池等重点产品产量持续增长，技术水平稳步提高，不断提升电子材料、元器件以及专用设备自给能力，进一步提升电子信息制造业产业安全保障能力。2017年，电子元器件占电子材料、元器件及专用设备行业的比重为79.8%，占比较2016年下滑了0.2个百分点，延续了自2012年以来的下降态势；电子专用设备占电子材料、元器件及专用设备行业的比重上升至13.9%，较2016年提高0.2个百分点，主要原因是太阳能光伏、锂离子电池等行业生产设备自给率不断提升。

三、产业创新

2017年，我国电子材料、元器件以及电子专用设备行业创新能力持续提升。3D NAND闪存芯片从无到有，华为发布麒麟970智能芯片，寒武纪发布终端人工智能（AI）处理器IP和云端高性能AI芯片，飞腾、龙芯、兆芯等国产CPU性能持续提升，“中国芯”持续增强。京东方首条柔性AMOLED生产线在成都实现量产，打破了三星在柔性AMOLED显示屏上的垄断局面；MEMS传感器、电池隔膜材料、石墨烯等关键产品相继取得突破，打破国外垄断，解决了一批“卡脖子”问题。电子材料、元器件以及电子专用设备行业国家制造业创新中心建设取得突破，新增信息光电子、印刷及柔性显示两家国家制造业创新中心，创新体系日趋完善。

第二节　发展特点

一、产业整体增速回暖

2017年，在集成电路、平板显示、锂离子电池等关键元器件持续快速增长的带动下，我国电子材料、元器件及专用设备行业增速加速增长。2017年电子材料、元器件及专用设备行业整体增速为14.8%，比2016年提高了近6个百分点，增速明显回暖。从细分领域看，2017年电子材料、电子元件、电子器件和电子专用设备行业的增速分别为13.8%、15.9%、13.0%和15.3%，增速均较2016年显著增长，电子元件行业的增速位居首位。从增长贡献率看，电子元件和电子器件仍然是拉动电子材料、元器件及专用设备行业增长的主要力量，2017年其贡献率分别为43.7%和34.4%，电子材料和电子专用设备的贡献率分别为6.3%和15.6%。

二、主要产品产量增速略有放缓

2017年我国手机、彩色电视机等终端产品产量增速显著放慢，其中手机产量增速仅有1.6%、彩色电视机产量增速1.6%，对基础电子产品带动作用减弱，电子材料、元器件及专用设备行业主要产品产量增速在上年高位基础上有所回落。电子材料方面，2017年我国多晶硅产量约为29.8万吨，同比增长13.1%，增速较2016年下滑4个百分点。电子元件方面，2017年我国电子元件产量4.4万亿只，同比增长17.8%，增速较2016年提高8.5个百分点，延续加速增长局面；锂离子电池产量上升至111.1亿只，同比增长31.3%，增速继续保持高位，较2016年下滑了4.5个百分点。电子器件方面，2017年我国集成电路产量为1564.9亿块，同比增长18.2%，增速较2016年下滑2.8个百分点；半导体分立器件产量达到7636亿只，增长25.3%，增速较2016年提高14.3个百分点；光电子器件11770.7亿只（片、套），同比增长16.9%，增速较2016年收窄21.8个百分点。

三、主要产品进出口贸易顺差分化明显

2017 年，国内电子材料、元器件和专用设备行业需求旺盛，进出口回暖势头明显，同时由于部分产品国内自给率不断提升，电子材料、元器件和专用设备行业主要产品进出口贸易逆差出现了明显分化。集成电路进出口逆差高达 1660.5 亿美元，同比增长 16.5%，增幅创近五年来的新高；液晶显示板进出口逆差为 60.3 亿美元，同比收窄 20.0%；二极管及类似半导体器件实现进出口顺差 66.3 亿美元，同比增长 87.5%，表现十分抢眼。

四、原材料价格疯涨影响行业健康发展

2017 年我国原材料价格明显增长，包括铜、铝、锌、钴等金属以及化工产品、塑料、纸箱等在内涨幅基本上都超过了 30%，部分产品涨幅超过了 150%。原材料价格疯涨直接导致了电子材料、元器件及专用设备行业生产成本显著上涨。而为了提高市场竞争力，终端产品在不断要求电子材料、元器件及专用设备行业企业降低产品价格，双方面因素作用下，2017 年电子材料、元器件及专用设备行业利润增速低于规模增速，骨干企业利润率出现了不同程度下滑。

区 域 篇

第十一章 长江三角洲地区电子信息产业发展状况

第一节 整体发展情况

一、产业规模

长三角地区包括沪、苏、浙、皖三省一市，是“一带一路”与长江经济带的交汇地带，经济总量占全国近1/4，在我国现代化建设大局和全方位开放格局中具有举足轻重的战略地位。在世界经济版图中，长三角城市群在规模上已跻身国际公认的六大世界级城市群。

上海市2017年信息传输、软件和信息技术服务业增加值为1862.27亿元，同比增长18.9%，电子信息产品制造业增长7.6%。浙江省2017年信息经济核心产业增加值4853亿元，增长16.7%，占生产总值的9.4%，比重比上年提高0.6个百分点。江苏省全年高新技术产业产值比上年增长14.4%，占规模以上工业总产值的比重达42.7%，其中计算机、通信和其他电子设备制造业增长14.9%。产量方面，服务器增长54.2%，光纤增长42.4%，智能手机增长26.4%，太阳能电池增长25.9%。投资方面，计算机、通信和其他电子设备制造业投资增长17.4%。

二、产业结构

长江三角洲地区电子信息制造业产业链较为完善，建立了从上游原材料到下游应用的完整产业链。江苏徐州、浙江衢州等地以上游半导体材料、电子材料为主，形成集中的产业聚集地；上海和江苏无锡、常州、苏州、南京以及浙江杭州、嘉兴、湖州等地以下游整机及应用为主。长三角依托上海周边经济发展带动，产业配套日趋完善，政策引导及服务业发展促进规模化制造业在该地区聚集。

第二节 产业发展特点

长江三角洲地区是我国重要的电子信息产业基地和最大的电子信息制造业聚集区，以上海为中心，向江苏、浙江等地辐射，形成了中心带动、地区辐射、多地集聚的产业发展特点。该地区电子信息产业总体规模占到全国近四成。从上海到苏州的科技走廊，已经成为全球电子信息产业的投资和产业转入的重点区域。与此同时，长江三角洲依托上海、南京、杭州等地优质的教育和科研资源，为新一代信息技术等战略性新兴产业发展做好了充足的人才和知识储备，产学研用协同合作日益加强，吸引我国及全球尖端科技人才来此就业，参与基础技术研发及产业改造升级，推动产业技术突破和集聚效应加速形成。目前，上海已形成了通信设备制造、数字音频、集成电路、计算机设备、软件为代表的产业集群；江苏在集成电路的设计与封装、光通信产品、数字视频产品、计算机及外部设备、软件产业等方面具有较强的竞争力；浙江则逐步形成了以投资类为主体的产业结构，推动软件产业、集成电路产业和光电子产业、移动通信及其配套产业等快速发展。

第三节 主要行业发展情况

近年来，长江三角洲地区电子信息产业加快协同发展，产业集聚效应进一步增强，建立了集成电路、太阳能光伏、计算机、新型显示等主要行业集聚发展模式。

一、集成电路

上海方面，2017 年 1—9 月份，上海集成电路产业实现营收为 762. 21 亿元，同比增长 11. 6%。其中设计业境内外销售为 253. 02 亿元，同比增长 19. 97%；芯片制造业为 191. 09 亿元，同比增长 10. 73%；封装测试业 224. 5 亿元，小幅减少 0. 58%；设备材料业为 93. 6 亿元，同比增长 26. 96%。值得一提的是，制造业中，华虹宏力、华力都超过 15% 以上增长；设计业中，格科、复旦微电子的同比增幅分别超过 20%；设备业中，中微的同比增幅超过 100% 以上。

江苏省方面，2017 年度全省集成电路产业总销售收入为 1687. 68 亿元，同比增长 17. 82%。其中，集成电路设计销售收入为 194. 66 亿元，同比增长 21. 96%；晶圆生产销售收入为 245. 91 亿元，同比增长 13. 78%；封测销售收入为 878. 16 亿元，同比增长 22. 08%。分立器件销售收入为 166. 28 亿元，同比增长 15. 33%。2017 年度江苏省集成电路产业从业人员达到约 12. 3 万人，同比上升 7. 2%。

二、光伏

长江三角洲是我国最重要的光伏产业聚集地，主要分布在江苏、浙江两省，并在苏南、浙北地区形成集中的产业集聚。目前，江、浙、沪三省市拥有光伏企业数百家，建立了从多晶硅、硅锭/硅棒、硅片、电池、组件、逆变器、光伏设备到下游电站应用的完整产业链，光伏产业总体规模占到全国 60% 以上，苏州、无锡、常州形成光伏产业发展金三角，常州更成为全球光伏产业单体规模最大的城市。在苏南地区，受工业整体环境优化及主管部门服务意识增强等因素影响，企业普遍管理规范、技术先进，特别是一些新兴中小光伏企业，技术创新活跃，盈利能力较强，个别企业通过自主研发和合作攻关实现生产过程的全面自动化和智能化，产线人工成本已降至行业平均水平的 30% 以下。

据 2016 年数据，江苏共有 297 家规上光伏企业，实现总产值 2846. 2 亿元，同比增长 10. 8%，较上年回落 3. 5 个百分点，高于全省规上工业产值平均增速 3.8 个百分点；实现主营业务收入 2720.5 亿元，同比增长 9.9%，较上年回落 2.5 个百分点，实现利润总额 153.6 亿元，同比增长 11.6%，较上年回落 8.8 个百分点，两项指标增速分别高于全省规上工业平均增幅 2.4 个、1.6 个百分点。2016 年，全省太阳能电池产量为 3484.4 万千瓦，同比增长 22.6%，较上年回升 0.8 个百分点。

三、新型显示

近年来，上海、南京、苏州、无锡等地均在积极打造大规模新型显示产业基地，产业链配套日趋完善，已涵盖玻璃基板、背光源、导光板等多个领域。该地区重点显示企业有中电熊猫、三星、天马、友达等。与此同时，下游终端环节，长虹、鑫虹、海尔等知名电视机厂商，以及联想、宝龙达等计算机和平板电脑生产厂商均在长三角地区积极布局，带动整个新型显示产业链加快协同发展。南京市经济技术开发区光电显示产业年产出规模高达 2000 亿元，全产业链已经成型。大项目带动产业聚集，南京 2017 年又新引进了硅上 OLED 微显示、石墨烯柔性显示器、LGD 高清车载模组、夏普 8K 高清模组与电视等项目。

第四节　重点省市发展情况

一、上海市

上海市 2017 年发布了《关于本市进一步鼓励软件产业和集成电路产业发展的若干政策》，进一步聚焦支持上海集成电路领域重大项目建设、自主创新技术研发、企业培育和专业人才培养及引进等方面。同时，还完成了《软件和集成电路专项资金管理办法》《上海集成电路工程产品首轮流片专项奖励实施细则》等相关配套实施细则的编制并发布，为集成电路产业的发展营造了良好的政策环境。

2017 年 7 月，总规模 100 亿元的上海集成电路装备材料基金签约仪式在上海临港举行，成为继 100 亿设计业并购基金和 300 亿制造业基金之后，上海完成组建的第三支集成电路产业基金。这标志着上海 500 亿元集成电路产业基金工作已全面启动，并正式进入运营阶段。

2017 年 10 月，中芯国际新建的“12 英寸集成电路先进工艺生产线”项目正式启动，该项目工艺节点可覆盖 14 纳米—10/7 纳米，全部满产后总计达每月 7 万片，产品方向主要集中在新一代移动通信和智能终端领域。2017 年 12 月，总投资 387 亿元的华力“12 英寸先进工艺集成电路生产线”建设项目也在浦东正式开工。该项目是国家“909 工程”的二次升级改造项目，也被列为国家《“十三五”集成电路产业重大生产力布局规划》。该产线将重点服务国内设计企业先进芯片的制造，并满足部分事关国家信息安全的重点芯片制造需求。

二、江苏省

集成电路领域，江苏省是重要的集成电路制造、封装和测试基地。2017 年，江苏省无锡市集成电路产业产值 890 亿元，同比增长 10%；一批重大项目相继落地，市集成电路相关产业投资总额达 228 亿美元；江阴高新区获批科技部国家集成电路封测高新技术产业化基地，无锡市封测行业规模位列全国第二。新型显示领域，主要以南京中电熊猫、昆山维信诺等骨干企业为引领，形成涵盖上游关键材料到下游应用的完整产业链，并与下游数字音视频产品制造业形成协同联动发展；太阳能光伏领域，形成以徐州的多晶硅、苏锡常及浙北地区的光伏产品制造基地以及全方位的光伏应用市场协同发展的完善产业生态，常州市已成为全球光伏产业规模最大的城市；2017 年，江苏产值超过 100 亿元的光伏企业共 6 家，较上年增加 1 家，合计实现产值 1013.7 亿元，占全省光伏产业产值比重 35.6%，较上年提升 1.4 个百分点。常州天合光能拥有 747 项太阳能光伏专利获得授权，已成为全球最大的光伏组件供应商和领先的系统集成商。无锡尚德多晶硅太阳能电池量产转换效率最高达 20%，保持业界领先水平。阿特斯阳光电力已获得专利授权 545 项，在全球拥有多家生产基地和世界一流的光伏研究中心，是全球公认的太阳能行业技术创新领跑者。

三、浙江省

电子信息新产品产量快速增长。2017 年，全省智能电视（81.8%）、新能源汽车（57.6%）、光纤（43.5%）、太阳能电池（21.7%）、工业机器人（15.6%）等产量快速增长。机电产品出口 8412 亿元，增长 12.3%，占全省出口的 43.3%，对全省出口增长的贡献率达 51.8%。高新技术和机电产品进口分别增长 31.5% 和 21.2%，进出口结构不断优化。

民营经济持续绽放活力，新业态迅猛发展。以数字经济、“互联网 +”为特征的电子信息产业新业态快速发展。2017 年，限额以上批发零售业通过公共网络实现的商品销售额比上年增长 31.9%。网络零售额 13337 亿元，增长 29.4%。跨境网络零售出口 438.1 亿元，增长 37.2%。平台经济、共享经济、网络约车、在线医疗、远程教育、网上银证保交易等新型业态和服务模式拓展了消费领域，促进了内需拉动和消费升级。

第十二章　珠江三角洲地区电子信息制造业发展状况

第一节　整体发展情况

一、产业规模

总体保持平稳增长。2017 年前三季度，广东省电子信息制造业总体保持平稳增长，完成增加值 5858.89 亿元，同比增长 13.4%，高于上年同期 2.9 个百分点，全年增长 12.6%。计算机、通信和其他电子设备制造业累计实现销售产值 26245.03 亿元，同比增长 13.4%，增幅高于上年同期 4.8 个百分点；累计实现工业增加值 5858.89 亿元，同比增长 13.4%，增幅高于上半年 0.2 个百分点，比全省规模以上工业增加值增速高出 6.2 个百分点，占全省工业增加值的 23.3%。

行业企业效益良好。前三季度，广东省电子信息制造业主营业务收入和利润总额均保持两位数的增长态势，实现主营业务收入 25784.08 亿元，同比增长 12.0%，比上年同期提高 2.1 个百分点；实现利润总额 1292.59 亿元，同比增长 11.2%。

出口交货值明显回暖。前三季度，广东省电子信息制造业累计实现出口交货值 12869.16 亿元，同比增长 10.9%；累计实现进出口总值 24522.29 亿元，同比增长 34.59%。其中出口 14149.44 亿元，同比增长 8.6%。

传真机、电子元件、集成电路、锂离子电池、光电子器件产品产量继续保持高速增长。前三季度，广东省累计实现传真机产量 169.04 万部，同比增长47.3%。光电子器件产量达5615.95亿只，同比增长34.6%。液晶显示屏产量12.16亿片，同比增长5.6%。集成电路191.86亿块，同比增长24.8%。电子元件产量13951.69亿只，同比增长20.0%，低于上半年1.6个百分点。

二、产业结构

在珠三角区域，电子信息产品制造业的产值占全国半壁江山，产品规模和技术水平在全国都具有举足轻重的地位，主要优势领域是通信设备、计算机、家用电器、视听产品和基础元器件等。珠江三角洲已经形成了以通信产品和消费类电子产品为重点的产品结构，并形成了强大的制造优势，形成了集群化发展的特征，目前虽然劳动力成本、优惠政策等方面已经不具优势，但珠三角地区在形成产业集群后，又创造了一些新的比较优势，如发达的信息网络、完整的产业配套能力、敏感的市场意识、人才资源的易得性等等，并且随着CEPA的实施，珠三角地区与港澳台的经济联系将越来越强，这些新的优势将成为珠三角地区电子信息产业发展的持续动力。

第二节　产业发展特点

产业转移速度进一步加快。由于人力成本上升、资源承载能力有限以及优惠政策到期等多方面因素影响，珠三角地区产业转移近年来持续加速。2017年广东省出台措施促进省内产业转移的相关政策。我国中西部地区利用其人力资源以及环境优势，加大招商引资力度，出台了许多优惠政策，吸引沿海地区企业入驻。多方原因下，珠三角地区电子信息制造业企业正加速向广东省其他地区以及中部省份转移。

第三节 主要行业发展情况

一、通信设备制造

受全球经济形势和行业发展趋势影响，通信设备制造业在全球范围内发展普遍趋缓，传统通信设备制造领域增幅放缓。但随着“光进铜退”战略的持续推进和电信运营商对 FTTx 连接设备如光纤配线、无源光器件等需求的快速增长，广东省在光通信领域迎来一轮新的快速增长。2017 年 1—9 月，广东省程控交换机产量 644. 74 万线，占全国产量的 63. 5%，同比下降 27. 7%；电话单机 4653. 71 万部，同比下降 20. 6%；手机产量 6. 09 亿台，占全国手机产量的 42. 1%，同比下降 5. 4%；实现传真机产量 169. 04 万部，同比增长 47. 3%。

二、计算机制造

计算机整机产量增速下滑。2017 年，由于闪存颗粒的总出厂量不足，供应无法满足市场需求，使得手机、计算机所需的内存条等原材料价格猛涨。计算机相关的人工成本、塑料和合金等原材料价格也纷纷上涨，极大地增加了计算机厂商的成本，全球 PC 市场表现持续低迷。根据 IDC 数据显示，在 2017 年第三季度，全球传统 PC（台式机、笔记本、工作站）的出货量为 6720 万台，同比下降 0. 5%，整个 PC 行业出货量持续下滑。在整个计算机制造业不景气的情况下，广东省计算机整机产量增幅亦出现下滑。前三季度，广东省电子计算机整机产量 4304. 53 万台，同比下降 8. 9%，其中微型计算机设备产量为 2813. 49 万台，同比下降 3. 4%；笔记本计算机产量 460. 29 万台，同比下降 8. 8%。

三、新型显示

珠三角是我国新型显示产业发展最为发达的地区之一，已形成面板企业带动，产业链上下游快速发展的良好态势。外向型经济发展模式孕育出从上游材料、设备、零组件等产业，中游的显示面板与模组产业，到下游电视、手机、平板电脑、计算机等终端产业的新型平板显示完整产业链，产业集聚效果凸显。在中游有乐金、华星光电、信利等面板产业；在电视终端有 TCL、康佳等骨干企业；在手机终端有华为、vivo、OPPO、金立等龙头企业。龙头骨干企业的发展，凝聚了产业优势资源，吸引了产业链的上中下游配套企业集聚，推进了显示产业链各环节的协同发展。随着终端产业技术不断创新，超薄、大屏、OLED、曲面、激光显示技术纷纷涌现，对整个新型平板行业的发展带来了新的增长点。

广东省新型显示产业产值已超千亿，在全国处于领先地位。华星光电和广州 LGD 两条 8.5 代液晶面板线已投产量产，华星光电第 11 代 TFT – LCD 及 AMOLED 新型显示器件生产线、乐金显示二期、信利智能显示公司 4.5 代 AMOLED 生产线、鸿海堺显示器制品株式会社第 10.5 代显示器等高世代线的相继投产建设。以广东聚华印刷显示技术有限公司为载体，整合深圳华星光电、华南理工大学、华中科技大学、中国科学院福建物质结构研究所等业内的骨干企业、高校及科研院所而成的国家印刷及柔性显示创新中心已得到工信部批复。

四、数字视听

视听产品营收实现增长。2017 年前三季度，广东省累计实现彩色电视机产量 5788.22 万台，占全国彩电产量的 48.2%，同比增长 0.1%（上年同期 15.2%）。其中，液晶电视产量 5303.58 万台，同比下降 2.4%；数字激光音、视盘机产量 9933.18 万台，同比下降 6.9%；组合音响产量 6956.82 万台，同比增长 12.1%；半导体存储器播放器（含 MP3、MP4）产量 457.79 万个，同比下降 25.4%。

五、电子元器件

受益于下游汽车电子、移动智能终端、光通信网络、互联网机顶盒等产品的快速普及和迅猛发展，珠三角地区基础元器件领域继续保持高速增长的态势。2017 年前三季度，广东省累计实现电子元件产量 13951.69 亿只，同比增长20.0%，增幅高于上年同期15.3个百分点，光电子器件5615.95亿只，同比增长34.6%（上年同期为48.3%）。

六、集成电路

随着硅片、储存器芯片和晶圆代工等半导体产品的持续涨价，当前半导体产业进入景气向上周期，半导体行业整体景气度较高，加之下游汽车电子及工业控制崛起，集成电路市场需求强劲，广东省集成电路领域保持高速发展的态势。前三季度，广东省累计实现集成电路产量191.86亿块，同比增长24.8%（上年同期增速为20.4%）。

第四节　重点省市发展情况

一、深圳市

深圳市充分发挥特区优势，积极承接全球电子信息产业转移，大力发展电子信息产业，已成为我国乃至全球重要的电子信息产业研发、生产、出口基地，手机、彩电、计算机等一大批电子信息产品产量位居我国乃至全球前列。深圳是全国重要的电子信息产业集聚基地，培育了一批龙头骨干企业，构建了较为完善的产业链和优良的产业发展环境。电子信息产业已经成为深圳市支柱产业，成为支撑全市经济社会发展的主导力量，推动深圳产业结构转型升级。2016年深圳电子信息制造业产值达1.6万亿元，同比增长7%，占据着全国近六分之一的份额。

2017年全市规模以上工业增加值8087.62亿元，增长9.3%，比上年提高2.3个百分点，创2014年以来新高，其中计算机通信和其他电子设备制造业增加值增长11.2%。深圳全社会研发投入占GDP比重为4.1%，接近全国平均水平的两倍。深圳每万人拥有的发明专利是80件，10倍于全国的水平。深圳电子信息产业链十分完备，本土元器件分销商销售额前十名中，有一半以上位于深圳，包括科通芯城、中电港、泰科源、深圳华强等。

二、东莞市

2017 年，东莞全市完成规上工业增加值 3316. 97 亿元，同比增长 10%，是自 2014 年以来最高增速，比上年同期提升 3 个百分点，比全国、全省水平分别高 3. 4、2. 8 个百分点。这一增速在全省排名第三位，在珠三角排名第二位。2017 年 1—12 月，东莞先进制造业、高技术制造业分别完成规模以上工业增加值 1675. 49 亿元、1292. 23 亿元，同比分别增长 13. 7%、15%，占全市比重分别为 50. 5%、39%。从细分行业来看，高端电子信息制造业和先进装备制造业同比增长都将近两成，其中智能制造装备、新能源装备、汽车制造、卫星及应用同比分别增长 30. 8%、25. 2%、19. 3%、15. 4%。

东莞 GDP 实现跨越式发展的背后，得益于东莞努力实现动能转换、推动“倍增计划”。2017 年东莞的 R&D 投入达 2. 5%，升至全省第三。全市高科技企业数量从 2028 家增加至 4077 家，新增后备企业数量 2400 家，总量均居全省地级市第一。2004 家规上工业企业设立研发机构。109 家企业获得省级工程技术研究中心认定。国内有效发明专利量 13822 件，位居全省地级市第一。在 2017 年，预计 214 家市级倍增试点企业主营业务收入超过 3600 亿元，增长 30% 以上，税收超过 80 亿元，增长 20% 以上。其中，1—11 月 195 家规上工业倍增试点企业主营业务收入增长 31. 4%，比全市规上工业平均快 13. 5 个百分点，实现增加值增长 17. 6%，比全市平均水平高 7 个百分点。倍增试点企业中，新增上市企业 7 家。

重点产品领域也实现了“倍增”。以智能手机为例，在 2016 年，东莞智能手机主营收入近 3000 亿元，增长 40% 以上。其中，华为、OPPO、vivo 手机出货量均进入全球前六、稳居全国前三。2016 年，东莞智能手机出货量达 3. 02 亿台，占全球智能手机出货量 20. 5%。在智能终端产业的带动下，电子信息制造业规上工业增加值增长 20% 左右。在 2017 年，智能手机巨头引领作用更为明显，产值均有大幅度增长，龙头企业合计实现增加值 277. 3 亿元，增长了 31. 2%，拉动电子信息制造业增长 7. 8 个百分点。

东莞在 2017 年还通过“筑巢引凤”引入了不少重大项目。紫光集团拟投资 1000 亿元，建设紫光集团芯云产业城项目暨“紫光集团华南区总部项目”，成为东莞历年来引进的投资规模最大、科技含量最高的项目。

第十三章　环渤海地区电子信息产业发展状况

第一节　整体发展情况

一、产业规模

环渤海区域是东北、华北、西北和华东地区主要的出海口，也是中国与160多个国家和地区贸易往来的通道。环渤海地区电子信息产业基础雄厚，各种产业资源的高效整合和交汇具备其他地区无法比拟的优势，区域内有着如三星、英特尔、中星微电子、RFID产业基地等，这些项目不仅产业规模庞大，而且具有巨大的产业辐射效应。

二、产业结构

环渤海地区不同省市之间经济条件差异较大，各省市在2017年依靠自身工业基础、科研实力、地理位置和交通优势，制定合适的发展战略，在电子信息产业某些领域形成了竞争优势，发展出各具特色的电子信息产业集群。北京市电子信息产业具备研制、规模生产各类计算机、半导体分立器件、集成电路、通信设备、广电设备、电子测量仪器和专用设备、电子元器件等系列产品的综合能力，是全国重要的电子技术研究开发与生产基地。天津拥有国内最完整的手机生产及配套企业和基础设施，移动通信设备及终端产品、集成电路、新型元器件、彩色显像管、彩色显示器、磁卡等重点产品已经具有较大规模。山东重点发展高性能计算机及外围设备、高速宽带网络与通信产品、高性能信息家电、新型元器件以及新型电子材料，拥有海尔、海信等大集团。

第二节　产业发展特点

一、京津冀协同发展带动电子信息产业升级转移

2017 年，《京津冀协同发展规划纲要》审议通过，强调率先突破京津冀交通一体化、生态环境保护、产业升级转移等重点领域。电子信息产业协同创新是推进京津冀一体化发展的重要战略内容。2017 年，河北省廊坊市政府在北京举办电子信息产业投资合作对接活动，突出廊坊市与北京市中关村电子信息产业的合作与对接，努力建设京津冀协同发展先行区。天津在京津冀协同发展中以优化发展高端装备、电子信息等先进制造业为主。

二、北京市人才结构领先

相比天津、河北，北京市人才结构优势显著，信息技术产业从业人员所具备的技能集中于当下热门的领域，北京的人才政策和行业机会对信息技术产业前沿人才极具吸引力。在京津冀协同发展战略影响下，北京的人才结构将精益求精，达到最佳状态，同时带动天津、河北两地的人才结构不断优化，最终实现三地协同发展。

三、“大众创业，万众创新”成果突出

2017 年，随着“互联网 +”上升至国家战略，互联网产业转型、互联网行业创新遍地开花。天津滨海新区抢抓产业机遇，构筑起“互联网 +”产业新平台，推动云计算、大数据、物联网、互联网健康与医疗、车联网等产业发展，并与电子信息制造业相结合，打造产业高地。“互联网 +”为环渤海地区“大众创业，万众创新”提供了强大的平台支撑。

第三节　主要行业发展情况

一、集成电路

我国集成电路产业集聚度较高，环渤海地区是集成电路产业集聚区域，涌现出中星微电子、华大集成电路、大唐微电子等业界知名企业。北京作为国内综合科研实力最强的地区，在技术研发、集成电路设计、芯片制造、封装测试、设备和材料方面具有良好基础。2017 年，北京市集成电路产量达 93.1 亿块，同比增长 11.2%。

二、平板显示

环渤海地区以北京为代表，集中了平板显示的人才优势。清华大学液晶中心是我国最早形成的平板显示人才培养基地之一，加上北京大学、北京理工大学、北京化工大学、中科院等，北京成为我国平板显示产业人才集中地，南开大学以及河北工业大学则是平板显示重要的科研和教学基地。京东方 2017 年预计盈利 75 亿到 78 亿元。

第四节　重点省市发展情况

一、北京市

2017 年，全市规模以上工业增加值按可比价格计算，比上年增长 5.6%，增速比上年提高 0.5 个百分点，其中计算机、通信和其他电子设备制造业增长 10.8%。

当前北京正处于构建高精尖产业结构的调整期，将集成电路产业作为发展重点，已初步建立起设计为龙头、制造做支撑、材料设备业稳步成长的产业格局，在通信芯片、存储器、物联网以及北斗导航、智能电网、图像传感器、12英寸先进逻辑工艺、12英寸28纳米核心集成电路装备等多个领域，北京集成电路企业保持国内领先，并在非硅基集成电路器件、人工智能芯片、区块链专用芯片等新兴前沿领域引领全球。2016年，北京集成电路产业实现销售收入570亿元（含豪威科技90亿元的合并报表收入），约占全国的13%，位列全国第三。其中设计业实现销售收入325.6亿元，同比增长12.1%，占全国的比重为19.80%；制造业实现销售收入72.6亿元，同比增长36.47%，占全国的比重为6.44%；封装测试业实现销售收入102.9亿元，同比增长27.99%，占全国的比重为6.58%；装备材料等支撑产业实现销售收入68.8亿元，同比增长32.5%。北京集成电路产业高端人才等创新资源优势明显，全国集成电路领域引进的“千人计划”学者中约1/3集中在北京，中科院与集成电路技术相关的研究所约有50%设立在北京，全国10个集成电路人才培养基地中有4个设在北京。

二、天津市

电子信息产业是天津市五大支柱产业之一，2016年产值达1277亿元。天津市拥有以移动通信、芯片、电子元器件和数码视听产品为主的世界级产业集群，聚集有三星集团、富士康、飞思卡尔等电子信息领军企业。其中，三星集团在天津开发区设立11家企业，总产值超过千亿元。

智能终端方面，2017年1—8月天津智能手机产量下滑3.8%，产量为2711.84万台。集成电路方面，天津积极贯彻落实《国家集成电路产业发展推进纲要》，以引进龙头芯片制造企业为首要任务，实施一批重大项目为主要抓手，以技术创新、模式创新和体制机制创新为动力，积极壮大产业规模，完善产业链条，破解产业发展瓶颈，推动集成电路产业重点突破和跨越发展，带动电子信息产业转型升级。天津集成电路产业逐步形成了IC设计、芯片制造、封装测试三业并举、新型半导体材料与高端设备支撑配套业共同发展的相对完整的产业链格局，聚拢了集成电路企业百余家，聚集了展讯通信、唯捷创芯、国芯等一批国内集成电路设计龙头企业；芯片制造业拥有中芯国际、中环股份、诺思科技等知名企业；封装测试业有恩智浦半导体、金海通、双竞科技等重点企业；材料与设备支撑业聚集了中环半导体、中电46所、华海清科等企业。

新产业新产品快速成长。2017年天津市规模以上工业战略性新兴产业增加值增长3.9%，快于全市1.6个百分点；高技术产业（制造业）增加值增长10.4%，快于全市8.1个百分点，对工业增长的贡献率达到64.6%。符合产业升级方向和市场要求的新产品生产形势较好，碳纤维增强复合材料、太阳能电池、锂离子电池、集成电路、服务机器人和城市轨道车辆产量分别增长29.3%、27.9%、26.6%、14.2%、3.5%和2.3%。首架A330飞机交付，“彩虹—5”无人机试飞，量子保密通信“京沪干线”天津城域网建设进展顺利，通用航空产业示范区获得国家批复。

新业态新模式蓬勃发展。摩拜单车等一批总部企业落户，滴滴出行等一批新兴企业迅速崛起。全年限额以上批发和零售业网上零售额418.60亿元，增长30.0%，占全市的17.8%，比上年提高5.7个百分点。规模以上服务业中，战略性新兴服务业和高技术服务业营业收入分别增长30.2%和15.8%。共享单车快速发展带动自行车生产，全年两轮脚踏自行车产量增长31.6%。

第十四章　福厦沿海地区电子信息产业发展状况

第一节　整体发展情况

一、产业规模

2017年，福建省规模以上电子信息制造业完成工业增加值比上年增长10.9%，较全省规模以上工业增加值增速（8.0%）高出2.9个百分点。重点产品生产仍有亮眼成绩，2017年福建省共生产计算机998.4万台，增长17.8%；生产手机578.3万台，增速为2.8%；集成电路2.24亿块，增速高达35.3%。电子信息与石油化工、机械装备制造等一起构成福建省三大主导产业，2017年全年三大产业增加值增长率达8.7%，对全省规上工业增加值贡献率达40%。

二、产业结构

经过多年建设和发展，福厦沿海地区已经成为我国仅次于长三角、珠三角、京津冀的第四大电子信息制造业产业集群区域，在新型显示、集成电路、计算机和网络通信、LED、锂电池产业等产业领域已经成为我国有影响力的产业集群区域。2017年，集成电路、新型显示等领域的快速发展进一步夯实了福厦沿海区域在我国电子信息产业集群中的重要作用，并且不断凸显了优势行业地位；VR、数字文娱等新兴产业发展也进一步在电子信息产业转型升级过程中体现了前沿战略布局。

第二节 产业发展特点

一、重大项目支撑引领效应显著

2017年，福厦沿海地区龙头骨干企业的重大项目落地，引领带动作用不断增强。2017年，福建省电子信息产业打开新的局面，厦门联芯、福联砷化镓、泉州晋华等项目加快建设或投产，集成电路“补芯”取得较大突破；京东方、华佳彩等项目建成投产，加快新型显示产业的“填屏”进程。这些重大投资项目的支撑，为福建省电子信息产业提质增效，带动传统产业转型升级贡献了重要力量。

二、电子信息产业政策体系趋于完善

2017年以来，福建省继续落实《福建省“十三五”数字福建专项规划》等政策文件措施，致力于以数字信息技术带动全省产业和经济转型升级。2017年以来，《福建省人民政府办公厅关于加快推进数字农业发展七条措施的通知》《福建省人民政府办公厅关于创新管理优化服务培育壮大经济发展新动能加快新旧动能接续转换的实施意见》《福建省人民政府办公厅关于加快全省工业数字经济创新发展的意见》等重要政策，在农业数字化转型、经济新动能培育、工业数字经济发展等电子信息技术应用提升方面进行了战略部署，也体现了电子信息产业在各行业领域广泛应用的重要性。

三、数字经济得到长远发展

2017年，福建省在数字经济、数字福建建设等方面增强力度。数字经济重大项目投资全年完成投资42.63亿元，涵盖了数字福建（长乐）产业园、数字福建（安溪）产业园以及福州、厦门、泉州软件园建设、国家健康医疗大数据及产业园试点、“互联网+”区域化链条化试点、行业数据中心建设以及大数据和VR应用服务工程包、物联网基础设施建设等方面，分别在数字文

娱、健康医疗、区块链、VR、大数据、物联网等新兴业态发力。

第三节　主要行业发展情况

一、集成电路

2017年，厦门、泉州等地在发展集成电路产业中低调务实，福厦沿海地区在中国集成电路产业发展布局中发展迅速。厦门通富微电子项目落地，这是目前中国大陆排名前三、全球排名第八的集成电路封测企业；福联6英寸砷化镓集成电路芯片生产线充分改造利用现有可利用的厂房，已实现试产，目前正在不断推进中；UMC和晋华合作的12寸存储器集成电路生产线于泉州正式开工，将达到年产6万片12寸芯片、年产值12亿美元。

福建省集成电路重大项目受到国家发展改革委、工信部等行业主管部门的专项资金大力支持，2017年集成电路重大专项投资计划中福建省有2个项目入选，分别为泉州晋华DRAM存储器项目和厦门三安通微电子器件项目。两个项目共获批中央预算内补助资金达2.5亿元，占国家总投资计划的25%，其中，泉州晋华DRAM存储器项目获批2亿元，厦门三安通微电子器件项目获批0.5亿元。

同时，福建省积极参与构建我国集成电路产业生态，在由集微网、厦门半导体投资集团承办的“集微半导体峰会”上，成立了2017年中国半导体投资联盟，这将成为我国集成电路领域重要的平台，有望对我国集成电路领域的信息沟通、资金合作等起到关键的连接作用。

二、新型显示

新项目陆续投产是2017年福厦地区新型显示行业的总体写照，福州、莆田等地的新型显示项目的陆续投产和量产，进一步奠定和巩固了福建省在全国新型显示行业中的重要地位。福州京东方第8.5代生产线投资达300亿元，建成后将拥有12万片/月的产能，首次实现43英寸10切设计，主要产品为高分辨、窄边框的液晶显示屏。

莆田市的华佳彩高新技术面板项目一期为6代IGZO中小尺寸面板生产线，投资120亿元，主打产品为金属氧化物背板TFT－LCD为主的中小尺寸显示器件，投产后产值将达105亿元，2017年6月，华佳彩自主研发的5.2英寸和5.5英寸屏幕新产品正式量产。

第四节　重点省市发展情况

一、福州市

电子信息产业一直是福州市工业经济的重要支柱，也是超千亿元产值的重点产业之一。福州市2017年电子信息产业继续延续增长势头，培育了诸多龙头企业，2017年（第三十一届）中国电子信息百强企业中以福州福大自动化科技有限公司和福建省电子信息（集团）有限责任公司等福州企业占据2席。

2017年以来，以福州京东方光电科技有限公司的成立为代表，以及福建伊时代信息科技股份有限公司、福建网龙计算机网络信息技术有限公司、福建渔家傲养殖科技有限公司、福建省数字安全证书管理有限公司、福建广电网络集团股份有限公司等为电子信息平台不断崛起，在8.5代新型半导体显示器件生产、VR（虚拟现实）、云认证安全服务、传感信息云服务、高速安全固态盘阵研发与产业化等领域增进了产业创新力和实力，为福州市在新型显示等重点领域的发展提供了全国乃至全球领先的技术研发能力和产业化能力。

二、厦门市

2017年，厦门市电子信息产业总体增长平稳，在集成电路领域的布局和发展亮眼，逐渐成为全国重要的集成电路一体化产业基地。集成电路产业基金厦门半导体投资集团等在对集成电路领域投资起到重要推动作用，随着厦门通富微电子等项目的落地，厦门市在半导体行业的发展中建立了集制造、封装、测试、基板等于一体的产业链，在我国集成电路产业格局中继续夯实区域实力。据规划，2025年，厦门市将构建超过千亿元的集成电路产业链。

第十五章　中西部地区电子信息产业发展状况

中西部地区包含山西、安徽、江西、河南、湖北、湖南、重庆、四川、贵州、云南、广西、陕西、甘肃、青海、宁夏、西藏、新疆、内蒙古十八个省、直辖市和自治区，是我国电子信息产业布局的重点地区。

第一节　整体发展情况

图 15－1　中西部地区的地理位置

资料来源：赛迪智库整理，2018 年 1 月。

中西部地区通过不断承接东部沿海地区产业转移以及直接吸引投资，电子信息产业规模增速明显高于东部地区，目前已拥有了雄厚的产业基础。2017 年，以四川省及湖北省为代表，中西部地区电子信息产业取得了长足发展。贵州、内蒙古、青海都在大力争取新兴产业，比如贵州的大数据（依托大射电望远镜)，内蒙古的云计算（依托煤电)，青海的新能源（依托盐湖锂资源)、云存储（依托电力资源)，新疆的外贸（依托一带一路通道)。从长远来说，中西部地区电子信息产业未来发展前景很好。

一、产业规模

2016 年，中西部地区电子信息制造业总产值超过 32349 亿元。2017 年，中西部电子信息产业规模继续保持快速增长态势，重点省市如武汉、成都、郑州、贵阳等都有所突破。

二、产业结构

自从我国支持电子信息产业加速向中西部地区发展，产业规模逐渐扩大。且凭借优越的科技及经济基础，各省的中心城市形成了电子信息产业某些领域的生产地，其中武汉的光电子信息技术产业具有雄厚的实力，成都是全球的平板电脑和笔记本电脑生产基地之一，贵阳已成为全国知名的大数据产业聚集区，郑州成为我国最大的智能终端生产基地，西安是我国中西部地区重要的光电子生产基地。但由于发展较晚，经济、文化较为发达的中心城市发展快速，其他区域发展水平相对落后，导致总体未形成大规模的电子信息产业带。

第二节　产业发展特点

一、电子信息制造业继续向西部地区转移

近几年来，中西部地区如西安、成都、重庆、郑州、武汉、贵阳等市利用当地的科技、人才资源优势，大力发展电子信息产业，吸收发达国家和东部地区电子信息产业转移成果。2017 年，中部地区电子信息产业发展快速，在某些领域全国领先，如武汉的光通信、激光及光电显示领域，郑州的智能终端，成都的软件及信息服务业等。西部地区同样快速发展，继续吸收电子信息产业转移成果，几个重点城市已经取得了长足进步，如成都、贵阳等。

二、中心城市带动周边城市发展

近年来，中西部地区电子信息产业结构不断调整，大数据、物联网、云计算、数字经济等新兴电子信息产业全面发展。吸引了大量资本向电子信息基础雄厚和人才优势的地区转移，并向周围扩散，整体发展水平实现快速增长。如湖北省正以武汉东湖高新区为核心形成光通信、集成电路、新型显示和智能终端、软件和信息服务等产业集群，带动中部地区电子信息发展；四川省正以成（都）、德（阳）、绵（阳）为核心发展军民融合创新改革，引领西部电子信息新发展。

第三节　主要行业发展情况

一、集成电路

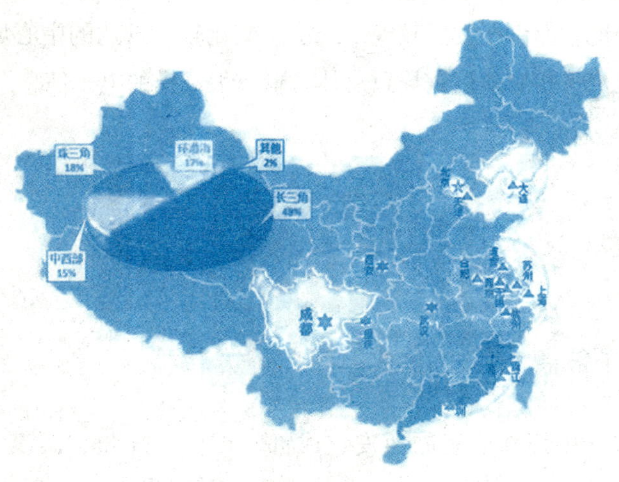

图 15－2　全国集成电路产业集群分布

资料来源：公开数据整理，2018 年 1 月。

中西部地区数个大中型城市将集成电路产业作为“十三五”期间大力发展的主导产业之一。2017 年，合肥、武汉、四川、山西等中西部省市继续积极投入集成电路产业建设，目前已形成了成都、重庆、武汉、合肥等第二阵营的城市及地区。湖北武汉的长江存储、安徽合肥的长鑫存储等成为国内存储产业的主要参与者之一。成都加速产业链布局，领跑西部集成电路产业。2017 年，中西部集成电路产业发展快速，规模达到 193 亿元，增长率达 51.09%。

二、计算机

中西部地区是我国四大电脑生产基地之一，微型计算机产量占全国总量的五分之一。其中，重庆为全国乃至全球最大的笔记本电脑生产基地，2017 年，重庆市共出口便携式电脑 4856.9 万台，增加 6.9%；成都的计算机芯片封装全国第一，据统计在成都封装的芯片装配了全球一半以上的笔记本电脑，同时在成都生产的 iPad 平板电脑占全球产量一半以上；四川省 2017 年上半年累计生产计算机 2678.4 万台，同比增长 0.3%。

三、平板显示

中西部地区平板显示产业具有良好发展基础，近年来，得到快速发展，许多重大项目落户中心城市。2017 年 4 月，天马第 6 代 LTPS AMOLED 产线在武汉落地，这一项目成功点亮刚性和柔性 AMOLED 产品。2017 年 5 月，京东方在成都落地第 6 代柔性 AMOLED 生产线，主要生产柔性 AMOLED 产品。2017 年 6 月，武汉华星光电推出第 6 代柔性 LTPS - AMOLED 显示面板生产线，此项目落户武汉光谷。

第四节　重点省市发展情况

一、四川省

四川是国家软件基地、数字娱乐基地、集成电路设计产业化基地、信息安全成果产业化基地。目前，初步形成“成都—绵阳—乐山”电子信息产业带、绵阳（绵阳高新技术产业开发区、四川绵阳经济技术开发区）数字视听产品及配套产业集聚区、成都—乐山（成都高新技术产业开发区、四川乐山高新技术产业园区）集成电路产业集聚区、成都—绵阳（成都高新技术产业开发区、四川绵阳经济技术开发区）软件、网络及通信设备产业集聚区等特色产业集聚区。

2016 年，四川省电子信息产业完成主营业务收入 6100.4 亿元，居中西部第 1，全国第 8 位。2017 年上半年电子信息制造业效益快速增长，规模以上计算机、通信和其他电子设备制造业累计完成主营收入 1704.7 亿元，同比增长 18%，利润实现 54.6 亿元，同比增长 14.4%。

全球 50% 的笔记本电脑“芯片”在四川封装测试，航空电子、平板显示、北斗、数字家庭、云计算、大数据、物联网、移动互联、数字动漫、无线电监测、半导体照明、自动控制系统等方面整体实力名列全国前茅。2017 年上半年，全省累计生产计算机 2678.4 万台，同比增长 0.3%；累计生产彩电 368.4 万台，同比下降 20.3%；累计生产手机 1084.7 万台，同比下降 6.7%；累计生产集成电路 26.7 亿块，同比增长 78%；累计生产半导体分立器件 537.8 亿只，同比增长 17.7%；累计生产电子元件 43.9 万只，同比增长 1.4%。

二、重庆市

2017 年，重庆市电子信息制造业继续加快招商引资步伐，上半年，引进 11 个电子信息项目，其中万泰科技、三骏通、卓科威等 10 个智能手机及零部件项目成功落户重庆并投入生产，加速打造重庆市年产能 3000 万—5000 万部的手机产业集群。

2017 年，重庆市电子制造业实现产值 6375 亿元，同比增长 27.5%，占全市工业产值的 24.1%，对全市工业增长贡献率达 41.3%。其中累计生产笔记本电脑 6095 万台，同比增长 9.9%；显示器 2420.4 万台，同比增长 10.7%；手机 2.58 亿台，同比增长 19.3%；集成电路 4.3 亿块，同比增长 38.5%；液晶显示屏 9128 万片，同比增长 131.2%。

三、安徽省

安徽省将电子信息产业置于全省战略性新兴产业首位发展地位，目前已在信息家电、软件、电工薄膜、特种线缆、磁性材料、显示材料等领域形成一定的行业优势和特色。2017 年，全省电子信息产业规模持续提升，技术创新能力不断突破，产业结构逐步优化，新型显示、LED、计算机制造等一批新兴领域快速成长。

2017 年，安徽省规模以上电子信息制造业增速超过 20%，产值首次突破 4000 亿元，增加值占全省工业增加值比重达到了 8.5%，比上年末提升 0.6 个百分点。一系列重大项目加快推进，合肥京东方显示技术有限公司全球首条最高世代 TFT－LCD 10.5 代线计划年底将提前实现投产，全省首个 12 英寸晶圆制造厂合肥晶合集成电路有限公司显示驱动芯片正式量产，凯盛集团铜铟镓硒薄膜太阳能高效电池模组成功投产，长鑫 12 英寸存储芯片项目建设持续推进。

四、山西省

山西省紧抓煤炭能传统行业转型升级机遇，加快培育壮大电子信息产业，产业的规模在稳步扩大，产业结构不断优化升级，在太阳能光伏、LED 照明、电子设备制造、信息安全、煤焦冶电行业信息化服务等领域具备了一定优势。云计算、大数据、物联网等新一代信息技术产业也呈现出快速发展的良好态势。

山西省光伏、LED 等产业发展小有规模，潞安太阳能已具备 600MW 太阳能光伏垂直一体化产能；晋能清洁能源科技已形成 650MW 太阳能电池片、780MW 光伏组件实际产能；长治高科建成了国内领先的 LED 全产业链生产研发基地，随着技术水平的提高，产能将充分释放。中电科三十三所和二所、中天信、乐百利特、光宇半导体、长治高科、晋能清洁能源科技、罗克佳华、天地科技等企业在电磁防护、电子专用设备、微电子组装、高清安防监控、LED 封装、光伏电池和组件制造、物联网、虹膜生物识别系统等领域具备核心研发能力。

五、湖南省

湖南省的电子信息制造业是全省工业支柱行业，目前已基本形成智能终端及配套、太阳能光伏、电池和电子材料、应用电子等多个百亿元以上的产业集群。涌现出长沙高新区、浏阳经开区、衡阳白沙工业园、长沙中电软件园等多个电子信息百亿园区。实现了在长株潭（依托智能终端及配套、电力电子、集成电路等优势产业）、湘南［为承接电子元器（配）件、半导体照明等产业转移的重要基地］、湘西北片区（立足电子陶瓷、印制电路板等领域）的集聚化发展和差异化分工。

目前，湖南省规模100亿元以上、30亿元以上、10亿元以上、亿元以上的电子信息企业分别达3家、7家、18家和317家，蓝思科技、红太阳光电等一批企业入围全国电子企业百强，艾华电子、奥士康等多家企业入围中国电子元件百强和印制电路排行榜。

园区篇

第十六章　中关村国家自主创新示范区

2017 年，中关村国家自主创新示范区继续发挥高新技术产业集聚和科教智力人才高地优势，以技术、模式创新驱动产业结构向“高精尖”转型，实现电子信息产业同比两位数以上较快增长。同时，中关村加强完善创新创业服务体系建设，优化产业创新生态环境，在国际技术转移承接、创新创业扶持、政策创新、科技金融创新中心建设等方面屡结硕果，对京津冀区域辐射带动作用日益增强。未来，中关村将重点选择网络信息安全、智慧健康养老、人工智能和机器人等新兴领域，加快科技金融服务系统建设，构建协同创新网络，着力打造京津冀科技创新、产业带动新干线，充分发挥中关村示范区在京津冀协同发展中的引领和带动作用。

第一节　园区概况

中关村国家自主创新示范区是我国第一个国家级高新技术产业开发区、第一个国家自主创新示范区、第一个国家级人才特区，是我国体制机制创新的试验田，也是京津冀高新技术产业带的重要组成部分。目前，中关村园区包含一区十六园，分别是东城园、西城园、朝阳园、海淀园、丰台园、石景山园、门头沟园、房山园、通州园、顺义园、大兴—亦庄园、昌平园、平谷园、怀柔园、密云园、延庆园等园区，示范区面积达到约 500 平方公里。

2017 年，中关村高新技术企业总收入预计达到 5 万亿元；独角兽企业 67 家，占据了全国一半、全球的近四分之一。2017 年 11 月 2 日，美国《福布斯》网站报道称，美国商业资源企业“专家市场”公司公布了 2017 年度全球最大科技城市排名，北京位列第一，柏林和旧金山分列第二、三名。因为中关村的卓越表现，北京第一次超越了拥有硅谷的旧金山成为世界第一大科技城市。

第二节 发展特点

中关村正在按照“一产一策”“一企一策”“一类一策”的思路，破除制约科技创新、成果转化、产业发展的制度性障碍，尊重科技创新规律和企业技术创新主体地位，着力打造具有国际影响力的领军企业和具有技术主导权的产业集群。2017 年 4 月，中关村出台“1 +4”资金政策体系，调整后的“1 +4”政策体系更加聚焦重大科技创新成果和新兴产业集群，更多投入到适宜企业成长和发展的环境建设和优化上，更加有利于创新创业主体了解政策、用好政策。

第三节 发展情况

一、产业规模稳步增长

2017 年 1—11 月，中关村示范区规模以上企业统计数据，示范区实现总收入 42256. 9 亿元，同比增长 14. 2%；工业总产值 9225. 5 亿元，占全市 56. 0%；实缴税费 2280. 1 亿元，同比增长 12. 6%；利润总额 3758. 1 亿元，同比增长 30. 2%；出口总额 253. 5 亿美元，同比增长 14. 8%，占全市出口近五成；企业内部的日常研发经费支出 1448. 3 亿元，同比增长 17. 6%；期末从业人员 215. 5 万人，其中研发人员 59. 2 万人，占从业人员 27. 5%。

二、企业创新成果丰硕

2017 年 11 月 6 日，寒武纪科技公司发布新一代人工智能芯片，该芯片采用与“阿尔法狗”类似的深度学习技术，适用范围覆盖了图像识别、安防监控、智能驾驶、无人机、语音识别、自然语言处理等人工智能的重点应用领域。2017 年 12 月 20 日，中关村人工智能初创企业地平线成功发布嵌入式人工智能“中国芯”，以“算法+芯片+云”的旗帜性成果，打造了创新性的中国方案。

第四节　发展趋势

中关村作为北京建设全国科技创新中心的主要载体，着力推动人才、资本等政策的先行先试，持续打造“中关村创新创业升级版”。人工智能、石墨烯、分享经济等新技术、新产业和新业态在中关村竞相崛起，部分领域已经抢占全球新经济“制高点”。中关村有5家企业人脸识别的准确率在99%以上，比硅谷多2家；360人工智能研究院在2017年图网（ImageNet）大赛中获得“物体定位”两个场景的第一，同时在所有任务和场景中均获得了全球前三；灵犀微光凭借领先的光学技术，自主研发出36度FOV（视场角）、透光率超90%、双眼视野显示分辨率720P的AR眼镜，AR光学引擎生产技术全球领先；七鑫易维攻克注视点渲染的技术难题，利用VR眼球追踪技术，研制推出了全球首款VR眼控配件。

第十七章　深圳高新技术产业园区

第一节　园区概况

深圳市高新技术产业园区（简称深圳高新区），成立于 1996 年 9 月，面积 11.5 平方公里，是国家科技部“建设世界一流高科技园区”发展战略的 6 家试点园区之一。作为国家高新技术产业标准化示范区、国家知识产权试点园区、国家文化和科技融合示范基地、科技与金融相结合全国试点园区和国家海外高层次人才创新创业基地，深圳市高新技术产业园区还被国家认定为“高新技术产品出口基地”“先进国家高新技术产业开发区”“中国青年科技创新行动示范基地”“国家火炬计划软件产业基地”“国家高新技术产业标准化示范区”“国家海外高层次人才创新基地”和“亚太经合组织（APEC）科技工业园区”等。

园区建设十多年以来，高新区率先探索和建立创新生态体系的模式，以市场化改革驱动创新发展，在科技、金融、人才、知识产权保护、文化及保护等领域促进创新的融合，逐步建成服务地方经济的产业化发展体系；4G 技术、超材料、3D 显示等领域创新能力处于世界前沿，率先开展在 5G 领域布局。深圳高新区正加速从技术开发应用向基础技术、前沿技术创新转变，从跟随模仿创新向源头引领创新跃升。高新区以占深圳市 0.5% 的面积，创造了全市 9.6% 的 GDP，形成了具有国际竞争力的电子信息产业群，高新区拥有近 8000 家高新技术企业、45 万从业人员，涵盖电子信息产业系统集成商、终端制造商、设备供应商、运营商和分销商等环节，形成了一批在国际国内具有领先地位的著名企业，例如中兴和华为。

第二节 发展特点

一、立足制造，发力高新技术产业

高新区立足制造优势，大力发展具有自主知识产权、自主品牌的计算机、通信、软件、光器件、数字电视、数字无线对讲机等电子信息产品，产业链不断完善。高新区已形成了从移动通信、程控交换到光纤光端、网络设备的通信产业群；从配件、部件到整机的计算机产业群；从集成电路设计、嵌入式软件到系统集成软件的软件产业群。高新区高新技术产业规模不断扩大，涌现出了一批产值超十亿甚至百亿元的大、中型企业。此外，高新区还形成药产业群、新材料产业群、光机电一体化产业群，在这些高新技术领域同样取得优异成绩，引领和带动了深圳市高新技术产业的发展。

二、打造人才智力资源战略高地

高新区找准政府定位，寻求与市场的良性互动，从服务、风险投资、土地等方面直接给予高新技术企业支持，完善政策和制度，营造充分尊重企业和企业家的创新文化。为促进高科技的发展，实现高科技的产业化，深圳市设立了大学计划，计划到2025年，深圳建设高校达到20所左右，全日制在校生将达到20万人，研究生规模超过4万人，推动3—5所深圳高校进入全国前50名，将深圳建设成为我国南方地区重要的高等教育中心。先后出台《深圳经济特区改革创新促进条例》《深圳经济特区科技创新促进条例》《深圳经济特区行业协会条例》等法律法规，从政治、经济、文化等方面以立法的形式引导、促进、保障、规范改革创新，鼓励敢闯敢试，为创新者营造崇尚成功、宽容失败的环境。此外深圳通过建设深圳虚拟大学园，在深培养硕士以上研究生，引进博士后，孵化企业，开展校企合作，已经成为高层次人才培养、重点实验室建设、科研成果转化和产业化基地。

三、国际范围内配置科技创新资源

深圳高新区通过国际科技商务平台协助企业在海外设立公司或机构，与海外机构和企业建立了商务合作关系。目前，已有 32 个国家和地区的 45 家海外机构入驻国际平台，已与美国、意大利、韩国、埃及、澳大利亚等十几个国家的政府部门、科研机构和大企业建立了长期稳定的合作关系。深圳高新通过与清华、北大、香港城市、香港理工、哈工大、中科大等三十多所高校共建实验室和研发中心来吸引国外前沿科技和高端人才以多种方式参与深圳高新区的建设，对企业的技术创新与研发活动产生了直接的支持作用。此外，由科技部、深圳市人民政府主办，火炬中心和深圳高新区承办的“建设世界一流高科技园区国际论坛”吸引来自法国、韩国和中国台湾、香港、中科院、长城战略研究所等几十家国内外著名研究机构的专家学者与资深研究人员的参与，为高新区的发展献言建策。

第三节　发展情况

一、电子信息制造业高端转型

深圳高新区立足于电子信息制造，着眼于产业智能化、网络化转型，抢占新一代电子信息产业制高点。北区建成传统优势产业提升区，鼓励企业实施品牌和标准化战略，加强高新技术在优势传统领域的应用，提升产业附加值，增强产业效率效益。中区建成软件及集成电路设计产业集聚区，重点发展软件、集成电路设计、计算机及外设等优势产业，以应用推广拉动产业增长，提升产业发展的层次。

高新区以移动互联网、内容服务、软件服务、云计算、电子商务、物联网等作为主导方向，深挖产业的核心价值。在手机硬件销售方面，华为和中兴均位列全球手机销量前十位，整体销量呈现持续增长趋势；在内容消费方面，全国最大的互联网综合运营服务商、最大的社交网络服务商腾讯以及 A8

数字音乐服务平台等均位于深圳高新区，以软件免费后端内容付费的模式实现盈利；在企业级软件方面，金蝶是我国管理型 SaaS 服务的领军企业，华为、中兴、卓望数码、融创天下在核心环节平台软件上优势显著，布局企业云存储和云服务，搭建企业内部协同办公平台；在大数据、云计算领域，国家超级计算深圳中心落户园区，运算速度超千万次，处于世界领先位置，在抓住企业、研究所等客户机会的同时积极拓展民用化分时复用商业模式；在物联网产业方面，以华为、中兴为代表的技术企业在物联网系统集成、计算处理及解决方案方面具有较强实力，布局万物物联底层协议的同时积极发展上端应用，打造完整生态。

二、构建多元化、专业型、互动式孵化器群

深圳是科技创业的聚集区，深圳市政府对科技型企业多年来给予了大力的政策支持和资助，由政府兴办的深圳软件园、国家 IC 设计深圳产业化基地、深圳国家电子工试中心、生物孵化器；由清华、北大、哈工大、深圳虚拟大学园创办的院校孵化器；由政府、留学生协会共同兴办的留学生创业园构成的孵化器群正在形成，目前在孵企业达 600 余家。由政府、海内外、民间资本参与的创业投资体系正在为孵化企业提供强大的风险投资支持。深圳高新区国际孵化器启动区总面积 2000 多平方米，首批已有来自芬兰、匈牙利、韩国、以色列等国家和地区的 11 个高科技项目入驻，主要集中于电子信息、新能源、生物医药、环保等领域。

三、强化技术研发及公共服务平台建设

目前深圳高新区汇集了国内外数十所高校和研究院所，拥有工程实验室、重点实验室、企业技术中心及博士后工作站等研究开发机构近 200 个，IC 基地设计产值超百亿元，创投广场管理资本超百亿元。深圳高新区已基本实现政务信息化、企业信息化、商务信息化和警务信息化，建设了园区行政审批电子平台、知识产权和标准化服务信息平台、企业产品展示信息平台、企业管理服务信息平台、人力资源管理服务平台，降低了企业在信息化方面的费用，提高了企业的工作效率和管理水平，提升了高新区的核心竞争力。深圳

高新区陆续设立了新产业技术产权交易所和“新三板”工作机构、工作联盟，以“科技＋金融＋服务”创新模式为基础，为科技型中小企业、高校、科研机构提供专业的知识产权服务。稳步推进深圳柜台市场建设，依托深圳联合产权交易所，在产权交易、碳排放交易、技术和知识产权交易以及金融资产交易方面取得显著成效。

四、国际化园区建设提速

作为国际科学园协会成员单位和亚太经合组织科技园区，深圳高新区和美国、意大利、韩国、埃及、澳大利亚等十几个国家的政府部门、科研机构和大企业建立了长期稳定的合作关系，市政府在高新区设立了“深圳国际科技商务平台”，为跨国公司在深投资、设立机构牵线搭桥，为海外科技商务机构和技术转移机构服务。深圳高新区致力于“深港创新圈”的建设，以国际领域有影响、国家战略有地位、区域发展有贡献为定位，借此促进两地资源共享、教育同构和交通便利。园区企业在积极开拓国际市场的同时也把自己的研发中心建到国外，使我们的技术进步融入到国际技术发展的大平台上。

第四节　发展趋势

一、产业布局日趋合理，高端产业集聚发展

产业布局方面，高新区将以“一核两轴四基地”为重点，建设新型现代化高新科技园区。其中，“一核”是以深圳湾园区为中心，以留仙洞园区战略性新兴产业基地为产业空间拓展区，以大学城园区为创新能力拓展区，形成国家自主创新示范区的核心区。“两轴”是指沿科苑大道轴线建设的创新动力轴，和沿大沙河流域轴线建设的综合配套服务轴。“四基地”即重点建设深圳集成电路设计产业园、国家软件产业（出口）基地、深圳湾科技生态园、留仙洞战略性新兴产业基地等。

二、科技金融服务平台加快完善

深圳高新区高度重视科技与金融的跨界融合，持续构建多层级、多要素的资本市场。高新区积极引进各类投融资创业服务机构，探索建立投资与信贷结合新型金融机构，力图实现企业信用等级对等信贷模式，全面推动科技与金融、文化产业的创新跨界融合。加速推进创新载体建设，全力支持创新型、高效性、实践性的科研中心的建设和落成，形成种类齐全、配套完善、体系健全的全方位的投融资生态化服务体系，为创新创业企业提供便利的同时也为园区的发展探索出一条新的道路。企业扩展融资渠道方面，将积极助推资本助力产业发展，强力支持企业在新三板市场挂牌交易，建设新三板培育基地，争取成为国家新三板扩大试点首批高新区，鼓励支持企业参与资本市场竞争，鼓励企业参与市场化竞争。

三、高端人才加速聚集，区域竞争力稳步加强

立足于长远发展优先重视人才建设，深圳高新区坚持开放式、持续式创新的人才吸引政策，积极吸引高端人才资源落户深圳，形成人才资源的良性循环。加快建设现代化国际化城市，为高端人才提供完备的生活保障服务，在人才的基本生活方面提供全方位、合理化支持。目前参照深圳站在科技创新前沿和产业发展前沿的产业定位，需要引进更多高质量、高层次海外人才；进一步完善高层次人才引进相关工作，加强甄选、考评和反馈制度建设；以城市长远竞争力为战略重点，瞄准未来增长点，为深圳人才引进注入创新活力，加快形成全社会、全方位、全领域集聚创新人才的独特优势和竞争力。

第十八章　苏州工业园区

第一节　园区概况

苏州工业园区隶属江苏省苏州市，位于苏州东边，行政面积278平方公里，其中中新合作区80平方公里。于1994年2月经国务院批准设立，是中国和新加坡两国政府间的重要合作项目。成立二十多年以来，苏州工业园区保持快速健康发展态势，主要经济指标年均增幅超过30%，取得了GDP超千亿元、累计上交各类税收超千亿元、实际利用外资（折合人民币）超千亿元、注册内资超千亿元“四个超千亿”的发展业绩。连续多年名列“中国城市最具竞争力开发区”排序榜首，综合发展指数位居国家级开发区第二位，生态环保指标列全国开发区首位。

2017年，园区以学习贯彻党的十九大精神为动力，坚持稳中求进总基调，践行新发展理念，紧扣“两聚一高”主题，以创新引领转型升级，以富民提升园区经验，统筹做好改革发展稳定工作。园区实现地区生产总值2350亿元，同比增长7.2%。一般公共预算收入317.8亿元，增长10.3%，占GDP比重达13.5%；进出口总额858亿美元，增长15.5%；城镇居民人均可支配收入6.6万元，增长7.7%。2017年，苏州工业园区在全国经开区综合考评中位居第一，在全国百强产业园区排名第三，在全国高新区排名上升到第五，均为历史最好成绩。

第二节　发展特点

一、构筑特色产业体系

坚持引进和培育并举，大力发展高端高新产业，形成了“2 + 3”特色产业体系（“2”：电子信息、机械制造等两大主导产业；“3”：生物医药、人工智能、纳米技术应用等三大特色新兴产业）。累计吸引外资项目 4800 多个，实际利用外资 300 亿美元，92 家世界 500 强企业在区内投资了 156 个项目。主动对接“中国制造 2025”，大力发展智能制造，促进“工业化 + 信息化”深度融合，积极推动制造业向“制造 + 研发 + 营销 + 服务”转型，推动制造工厂向企业总部转型，目前拥有各类外资研发机构 161 家，经认定的省级总部机构 39 家、占全省 20%。生物医药、人工智能、纳米技术应用等三大新兴产业 2017 年分别实现产值 615 亿元、350 亿元和 500 亿元，增长 28%、30% 和 36%，园区生物医药产业竞争力在全国高新区中排名第一，纳米技术应用产业被誉为全球八大微纳制造领域最具代表性区域之一，同时，百度、华为、滴滴、科大讯飞、苹果、微软、西门子等都在园区设立了人工智能相关领域研发或创新中心，园区正在加速成为国内领先、国际知名的人工智能产业发展高地。

二、实施聚力创新战略

制定出台《加快建设国内一流、国际知名的高科技产业园区的实施意见》，启动实施创新产业引领、原创成果转化、标志品牌创建、创新生态建设等四大工程，加快形成以创新为主要引领和支撑的经济体系和发展模式。累计建成各类科技载体超 600 万平方米、公共技术服务平台 30 多个、国家级创新基地 20 多个。积极开展招校引研，重点瞄准大院大所名校，新型研发机构近 500 家，中外高等院校 29 所。深入实施“金鸡湖双百人才计划”，集聚高端人才，累计入选国家“千人计划”143 人，其中创业类“千人计划”57

人。突出企业创新主体地位，深入实施“企业扎根”和自主品牌企业培育计划，大力培育壮大创新创业企业集群，目前集聚科技创新型企业4000多家，国家高新技术企业875家，上市企业18家、新三板挂牌企业108家。近三年平均每天产生发明专利11件，保持全省领先。

三、持续完善创新生态体系

苏州工业园区积极推进创新平台启动建设、人才新政持续完善、科技金融深化合作，不断完善创新园区生态体系。2017年1月，哈佛大学韦茨创新中心项目在园区启动，这一国际创新平台主要定位于生命科学、精准治疗以及大健康领域，致力于吸引来自全球的相关创业项目来苏。新引进中科院上海技术物理所、计算所、自动化研究所以及深圳先进技术研究院等科研院所12家。这些创新平台的扎根发展不断充实着园区的创新基因。2017年，园区建设“中新国际人才发展合作示范区”初见成效，成功获批国内首个博士（后）创投中心，国内首家海归人才子女学校建成招生，制定实施“人才安居工程”，授权开展“海外高层次人才居住证”业务；新增国家“千人计划”8人，累计达143人，其中创业类57人，占全国近7%。东沙湖基金小镇列入首批“江苏特色小镇”创建名单，苏州股交中心挂牌企业超300家，全面推进国家知识产权投融资综合试点，累计认定众创空间75家、孵化项目超1600个。“扶上马送一程”，园区不断深化的企业创新服务，让创新有“高峰”也有“高原”。2017年，区内41家企业被认定为苏南国家自主创新示范区瞪羚企业、占全市一半，万人有效发明专利拥有量达130件、位列全市第一。

第三节　发展情况

一、发力建设人工智能产业集聚中心

2017年园区人工智能产业实现产值350亿元，同比增长30%。目前园区已集聚人工智能相关企业近600家，从业人员超2万人，上市企业1家、新三

板挂牌企业32家；拥有国家“千人计划”专家13人，省“双创”人才21人，上海交大等19所高校及科研机构在园区设立相关专业或实验室；涌现一批行业领军企业，如思必驰、新科兰德；百度、华为、腾讯、苹果、微软、西门子等业界巨头都在园区设立了相关产业基地或研发中心，形成了良好的产业基础和发展氛围。2017年3月园区在全国开发区率先出台的发展人工智能产业的行动计划和若干意见，优先部署人工智能产业发展的方向，将园区建设成为国内外知名的人工智能创新策源地、应用示范地和产业集聚地。

二、企业总部基地成为发展新引擎

近年来，园区的大型外资制造企业逐渐衍生出投资、管理职能，同时国内企业地区总部、功能性机构纷纷进驻，本土企业逐渐培育壮大，园区总部经济初具规模。目前经省、市、区认定的各类总部达81家，其中跨国公司地区总部及功能性机构38家，占江苏省的近20%。总部经济在产业带动、人才集聚、技术创新和要素集聚辐射等方面发挥着重要作用。伴随着园区产业转型升级的步伐，总部经济已成为园区创新发展模式的必经之路，对促进园区由生产制造功能向服务经济乃至综合服务功能转型具有重大意义。正在建设中的园区企业总部基地将重点吸引跨国公司中国区总部、民营企业总部等综合性总部，上市公司华东区总部、大中型民营企业长三角总部等区域型总部，国内外大型企业投资总部、研发总部、结算中心、销售总部等职能型总部等。

三、开放创新综合试验取得丰硕成果

深入推进国家开放创新综合试验、构建开放型经济新体制综合试点试验，2017年，园区在双向开放合作、产业优化升级、国际创新驱动、行政管理体制、城市综合治理等领域共取得79项改革成果。据不完全统计，在国家层面，已复制推广跨国公司外汇资金集中运营试点、外商投资企业资本金结汇管理方式改革试点等14项改革经验，部分改革经验已复制推广到天津生态城、重庆互联互通项目等中新合作项目中；2017年初，江苏省政府办公厅正式发文推广园区10项创新举措；在市级层面，中新跨境人民币创新业务试点、区域互利合作机制、全国和谐劳动关系综合试验区等多项经验得到复制推广。深化“放管服”改革，截至2017年底，园区95.2%的审批业务实现不见面审批，“2333”改革目标基本实现，“大部制保障、信息化支撑、不见面审批、专业化服务、平台型监管”格局率先形成。

第四节　发展趋势

一、打造创新源地

自觉践行新发展理念，坚持把创新作为引领发展的第一动力，扎实推进开放创新综合试验，构建完善国际化、开放型创新体系，深入实施创新产业引领、原创成果转化、标志品牌创建、创新生态建设等四大工程，突出人才首要地位，集聚整合更多国际高端创新要素，持续优化创新创业环境，加强科技成果对接转化，不断铸就创新发展新动能。

二、打造产业高地

深刻认识“我国经济已由高速增长阶段转向高质量发展阶段”的重要判断，深入实施转型升级战略，推动经济发展质量变革、效率变革、动力变革，不断提升发展质量和效益，增强区域经济创新力和竞争力。以智能装备高端突破、制造业智能化转型、企业品牌和质量提升为主攻方向，加快推动电子信息、机械装备两大主导产业迈向中高端。重点培育生物医药、人工智能、纳米技术应用等三大未来主导产业集群，努力打造具有园区标志、领跑全国乃至全球的产业地标，推动互联网、大数据、人工智能和实体经济深度融合，加快培育具有国际竞争力的现代产业。

三、打造民生福地

围绕“解决好人民日益增长的美好生活需要和不平衡不充分的发展之间的矛盾”，推动公共服务优质均衡发展，推进治理体系和治理能力现代化，实施好各项民生实事项目，积极构建富民增收长效机制，健全完善具有园区特色的公共教育、医疗卫生、文化体育、社区服务等公共服务体系，不断增强居民群众的获得感和幸福感。

四、打造宜居胜地

坚持多规融合、以人为本、共建共享、绿色低碳、智能智慧的理念，不断丰富提升城市功能内涵，改善城市环境面貌和人居环境质量。大力实施“生态优化行动计划”，推动形成绿色低碳的生产生活方式和城市建设运营模式，实现生态环境质量持续好转。推动文化事业和文化产业繁荣发展，大力弘扬中华优秀传统文化，推进中外人文交流，打响“创新之城、非凡园区”品牌。同时，牢固树立“全面从严治党永远在路上”的意识，坚持用习近平新时代中国特色社会主义思想武装头脑，坚定不移维护以习近平同志为核心的党中央权威和集中统一领导，始终严守政治纪律和政治规矩，把“四个意识”落实在岗位上、落实在行动上，确保中央和省委、市委的各项决策部署在园区落地生根。

第十九章　武汉东湖新技术开发区

第一节　园区概况

武汉东湖新技术开发区成立于1988年，是首批国家级高新技术产业开发区，国家光电子产业基地，被誉为“中国光谷”，是国内最大的光纤光缆、光电器件研发生产基地，国内最大的激光产业基地。开发区位于武汉市东南部，在东湖、南湖和汤逊湖之间，与武昌区、洪山区、江夏区相邻，东起武汉中环线，西至民院路，北接东湖，南临汤逊湖，面积50平方公里，由关东工业园、关南工业园、大学科技园、华中软件园、武汉国家农业科技园区等园区和托管的“九村一委”组成。

开发区拥有良好的创新资源和人才资源，拥有高等院校42所，国家、省部级科研院所56个，两院院士66名，累积主导创制国际标准10项，国家标准282项。

2017年，东湖新技术开发区在光电子信息、生物健康、高端装备制造、新能源与节能环保、现代服务业等领域快速发展，集成电路和半导体显示两大领域取得跨越式进展。

第二节　发展特点

一、主导产业规模快速增长

东湖新技术开发区在光电子信息、生物医药、节能环保、先进装备制造和高技术服务业等五大主导产业不断发展壮大，企业实力进一步增强，小微企业加速涌现、“瞪羚企业”快速成长，领军企业不断壮大，全区已集聚世界500强企业近百家。

二、科技创新能力不断增强

东湖新技术开发区强力推动科技成果转化机制创新，建设以工研院为核心的技术创新体系，实施“青桐”系列创新创业计划，东湖新技术开发区知识创造和技术创新能力在全国高新技术开发区居第二位，科技成果转化体制机制获得重大实质性突破。

三、体制机制进一步完善

东湖新技术开发区抢抓机遇，先行先试，充分发挥创新资源优势，以自主创新为驱动，制度创新为突破，形成了有利于资源聚集、成果转化、人才成长的体制机制，在打破政策、人才、资本、创业四大方面取得阶段性成果。

第三节　发展情况

一、加大创新驱动发展力度

加快实施自主创新能力提升计划。推动出台《东湖国家自主创新示范区条例》《武汉市知识产权促进和保护条例》。扩大知识产权融资、“萌芽贷”等科技信贷，2017 年，新增科技贷款 176 亿元、科技保险 207 亿元。新增新三板挂牌企业 43 家，累计 79 家。各类创投机构 330 家，管理资本总量 300 亿元。建立武汉人才创新创业超市，探索实施外籍高层次人才“绿卡”制度，引进海内外高层次人才 259 名。

二、区域创新体系不断完善

光谷高新科技产业快速增长，得益于创新创业的持续发力。在优化政策环境上，光谷研究出台了“黄金十条”“创业十条”“互联网 + 十条”“科技金融十五条”“光谷国际化十条”等政策，形成人才、资本、产业、对外开放等六大政策体系，有力促进了科技成果转化，降低了双创成本。2017 年，支持 10 家工业技术研究院引进海内外研究团队 140 个，孵化科技型企业 137 家。国家级产业技术创新战略联盟和企业研发中心分别达到 7 家和 23 家。组织实施关键共性技术攻关项目 73 个。发明专利授权量 3900 件。技术合同交易额 309 亿元。

三、战略性新兴产业规模不断壮大

在传统光电子产业之外，光谷“新经济”的触角开始向“互联网 +”、虚拟与增强现实、人工智能、全光网络、量子通信等新兴领域延伸。编制实施加快光电子信息、生物健康、新能源等优势产业集聚发展规划纲要。积极参与、推动设立总规模为 300 亿元的集成电路产业基金。引进武汉天马二期等一批重大项目。武汉未来科技城、光谷生物城等特色园区产业聚集度不断提升。新增高新技术企业 163 家，总数达 1276 家。高新技术产业实现产值 6725 亿元，增长 20%。

第四节　发展趋势

一、推进自由创新区建设，打造创新光谷

通过深入实施创新驱动战略，大力推进先行先试，建设自由创新区，增强创新引擎动力，实施“3551 光谷人才计划”，建设科技金融特区，优化创新创业环境，促进人才、技术、资源等要素自由流动和高效配置，全面提升科技创新体系效能，打造武汉市全面创新改革的核心引擎，加速建成具有全球影响力的创新创业中心。

二、构建“光联万物”产业生态，打造实力光谷

以推动“互联网+”融合、“光谷智造”为突破口，推动产业跨界融合与转型升级，发展新产业、新技术、新模式、新业态，加快推进光电技术与本地主导产业的共性和前沿技术研发，将光电子信息产业打造成为平台产业，大力推动生物健康、节能环保、智能装备、现代服务业四大战略产业发展，积极培育大数据、物联网、云计算等新兴业态，加快形成“光联万物”的产业生态体系，将东湖高新区打造成为产业升级示范引领区。

三、构建全新城市形态，建设智慧光谷

高起点、高标准建设基础设施和公共服务设施，加快构建复合式城市综合交通运输体系，提升水、能源、垃圾处理等市政基础设施水平；加快推进数字城市建设，加强互联网、物联网、云计算等新一代信息技术的基础设施建设，保障信息系统安全、可靠、连续运行，实现信息流高速融通；大力推进智能化管理，提升市政、交通等城市管理水平，打造高效、便捷、舒适的智慧新城；优化城市景观设计，提升城市品质和形象，创建产城融合、生态宜居的科技新城。

第二十章　昆山经济技术开发区

2017 年，昆山经济技术开发区（以下简称“昆山开发区”）加快结构调整步伐，通过引进新技术、增设项目，加快电子信息产业等新兴产业转型升级。2017 年昆山开发区高新技术产业产值 1600 亿元，占规模以上工业总产值的比重约 35%，机器人、生物医药等新增长点逐步形成。

第一节　园区概况

昆山经济技术开发区是国家级开发区、江苏省省级重点开发区。昆山经济技术开发区地处长三角核心地带，位于上海和苏州之间，地理位置极为优越。园区集聚了较多全球知名企业，构成了电子信息、装备制造、光电显示、民生轻工、精密机械并举的多元化产业格局。目前已发展成为全球产业集聚地，海峡两岸产业合作的集聚区，中国对外贸易加工和进出口重要基地，综合发展实力连续八年位居全国开发区前四。昆山开发区是我国台资企业入驻最为密集的地区之一，成为笔记本电脑、液晶面板和显示器及电视整机等产品的生产和出口基地，全区出口总额占全国总量的 35%。

第二节　发展特点

一、加快推进供给侧结构性改革，带动产业转型升级

2017 年昆山开发区制定出台了《关于推进转型升级创新发展若干配套政

策》，加大政策支持力度，持续推动产业转型升级。全年实现大中型企业及高新技术企业研发机构有效建有率 86%。全年完成 18 项技改投入 54 亿元。完成智能化诊断企业 25 家，17 家企业进行省级智能车间培育。科森科技成为昆山首家在上交所主板上市的科技型民营企业，荣邦科技成为昆山第 100 家上市挂牌企业，南宝投资总部正式运营，神达投资总部大楼开工建设。出口光电信息产业质量安全示范区获省级认定，并成功申报国家级示范区。落实供给侧结构性改革任务，关停淘汰“三高一低”企业 24 家，实现低效用地再开发 2211 亩，回收土地 983 亩。深入落实昆山试验区部省际联席会议精神，光电、金融、电子信息等领域一批重大项目实现新突破，首期募集资金规模为 100 亿元的海峡两岸产业合作基金完成签约。

二、多措并举，打造创新高地

昆山开发区加大人才引进和培养力度，不断优化创新环境，加快创新要素集聚，积极打造珠三角乃至中国的创新高地。2017 年昆山开发区自主培养“千人计划”人才 3 人，引进“千人计划”人才 4 人，引进“万人计划”人才 2 人。入围省双创人才 4 人、姑苏领军人才 8 人、姑苏重大创新团队 1 个。推动成立光电产业知识产权联盟并通过国家认证，完成专利申请 4540 件，其中专利发明申请 1634 件；发明专利授权 2574 件，其中发明授权 569 件。华天、锐芯分获国家重大科技、重点研发计划立项，金发科技获批省重大科技成果转化项目。清陶研究院建设稳步推进，国力真空院士工作站挂牌成立，清陶新材料众创公社、哈工大机器人众创空间启动运营。

第三节　发展情况

一、主导产业升级步伐加快

作为昆山的优势、主导产业，电子信息产业在昆山开发区工业经济中占据举足轻重的地位，当前昆山开发区正围绕“强芯亮屏”大做文章，主导产业升级步伐加快。2017 年，昆山开发区光电产业全面实现提升。昆山维信诺研发出 0.2mm 厚的超薄 AMOED 硬屏，又为国内乃至全球行业树立了更新的标杆，维信诺的 OLED 显示技术始终保持在国际市场的领先地位。之奇美高端偏光片生产线实现量产，全球首条超宽幅高速偏光片生产线启动建设。国显光电完成资产证券化项目审批，二期项目顺利投产。友达光电实现达产，初步建立股权退出机制。龙腾光电效益创历史新高，实现利税超 13 亿元，成为唯一入选 2017 年“江苏省自主工业品牌五十强”台企。同时，昆山开发区重点以半导体集成电路为突破，紧盯具有核心技术地位、投资体量大的半导体集成电路项目，推动与澜起科技合作建设科技新型可控数据中心平台项目，到 2020 年销售预计将达百亿元。成功举办 2017 中国集成电路产业促进大会暨第一届中国芯企业家峰会。

二、新兴增长点逐步形成

2017 年，昆山开发区生物医药、机器人等新兴产业快速发展，产业新增长点逐步形成。昆山开发区小核酸产业基地已成为亚洲最大的研究基地，集聚了国内这个领域大部分的知名企业和研发团队，能够提供全国 80% 的小核酸服务及科研试剂供应、90% 的小核酸原料及药物、90% 的公共服务功能，建立了亚洲最大的小核酸品种线和具有国际水准的研发和产业化技术平台。在小核酸技术的带动下，基地目前已有 10 多个新药或医疗器械品种进入临床研究，还有一批创新品种新药正在申报临床。2017 年小核酸及生物医药产业基地获批国家火炬计划特色产业基地，昆山奠定了发展一个百亿乃至千亿级生物医药产业集群的基石。2017 年昆山开发区启动建设华为中软国际智能制造生态使能中心，完成“机器换人”及自动化生产项目投资 123 亿元，机器人及智能制造产业实现主营业务收入 365 亿元，增长 19.3%。

三、平台效应开始显现

深化两岸产业合作试验区第五次部省际联席会议在昆山开发区成功召开，在申设昆山金融综合改革试验区、支持台湾同胞学习就业创业等方面取得新的重要突破。综合保税区一般纳税人资格试点向纵深推进，实现企业内销开票15亿元、税收2.5亿元。新增跨境人民币双向借放款12.7亿元。首期100亿元的海峡两岸产业合作基金签约。跨境贸易小镇实质运作。国家级对台科技合作与交流基地、中德（昆山）中小企业合作区获批设立。中国（昆山）品牌产品进口交易会形成融资租赁促进交易新模式，现场交易额达16.2亿元。

第四节　发展趋势

一、推动电子信息制造业高端化发展

大力推进半导体产业，着力推动澜起、华天等骨干企业发展，力争引进3—5个有影响力的项目，加快实现“芯屏双强”发展目标；全力主攻光电显示产业，完成龙腾上市筹备工作，启动友达二期项目建设，实现国显二期项目达产，推进之奇美高端偏光片项目竣工，打造全球产能最大、质量最高、技术最新的光电新材料生产基地；加快布局智能终端产业，大力拓展以智能手机、平板电脑为代表的智能终端产品的设计、研发、制造、检测、维修业务，打造智能终端产业发展先导区。

二、推动传统产业转型升级

积极推动骨干企业技术改造和产品升级，激发电子信息、精密机械、民生轻工等传统支柱产业发展活力。着力推动老企业增资扩产，切实抓好仁宝、纬创、世硕等龙头企业增资、技改项目建设，世硕三期建成投产，确保三家企业完成年产值2500亿元；大力促进科森科技、清陶能源等一批小巨人高科技型企业快速成长，国力真空实现主板上市，持续增强电子信息产业发展后劲。同时，筑稳提升电子信息产业链，着力推进电子信息产品向新型电子设备、智能手机、伺服器等高附加值型转变，实现智能手机出货量突破5000万台，其他新产品产量大幅提升。

三、推动创新要素集聚

加大产学研对接力度，加强与大院大所的合作与交流，推进清陶新材料众创公社、哈工大机器人众创空间、哈工大焊接研究院及钢研纳克监测平台建设。做优做强省部共建留学人员创业园、科技企业加速器等载体，引导鼓励智谷、百富、东创蒲公英等民营孵化器、众创空间提档升级，充分激发新载体的创新创业活力。鼓励企业加大研发投入，突破一批关键技术，在主要产品和核心技术上形成自主知识产权，培育 5—10 家科技小巨人和上市后备企业。进一步挖掘规上企业创新潜力，形成产业引领优势，全年新增高新技术企业 50 家、苏州市级以上研发机构 15 家。积极研究更加开放、更加有效的人才政策，着力吸引一批符合转型升级和产业发展需要的高端人才和项目落户。

第二十一章　青岛高新技术产业开发区

2017 年，青岛高新技术产业开发区（以下简称“青岛高新区”）全面实施“2311”总体工作思路，以新旧动能转换和自创区建设为抓手，锐意进取，扎实苦干，创新创业先导区和美丽青岛示范区建设取得良好开局。2017 年青岛高新区全年完成工业总产值 246.3 亿元，增长 9.2%；固定资产投资增长 53%，一般公共预算收入增长 25.5%；高新技术产业规上占比达到 60%。坚持以蓝色、高端、新兴为导向，推进 2300 多亿元的 100 个重点项目建设，加快打造六大百亿级主导产业集群。

第一节　园区概况

青岛高新技术产业开发区是 1992 年 5 月经国务院批准设立的国家级高新区。2007 年，青岛高新区形成胶州湾北部园区（含新产业团地、新材料团地）、青岛高科技工业园、青岛新技术产业开发试验区、青岛科技街、市南软件园“一区五园”的发展格局。2015 年 2 月，青岛市政府对青岛高新区范围进行了调整，将蓝色硅谷核心区、海洋科技创新及成果孵化带和青岛（胶南）新技术产业开发试验区纳入青岛高新区范围，调整后，青岛高新区总开发面积 327.756 平方公里。

青岛高新区充分发挥高新区的承载和引领功能，增强自主创新和技术孵化能力，园区建设取得了显著成效。青岛高新区被确定为“国家高新技术产业标准化示范区”试点建设园区；新产业团地被确定为“创建国家生态工业示范园区”“全国首家数字化园区建设试点单位”；新材料团地被认定为“国家火炬计划新材料产业基地”；高科园被认定为“国家生物产业基地”“国家通讯产业园”“国家知识产权试点园区”；科技街被认定为国家动漫产业基地；

市南软件园被认定为“国家火炬计划软件产业基地”。2017 年 6 月，青岛高新区正式获批建设国家级双创示范基地，并在科技部的评选中首次入选全国高新区十强。

第二节 发展特点

一、园区自主创新能力进一步提升

2017 年青岛高新区实施“掐尖行动”，加大招才引智力度，新引进院士 3 人、“千人计划”专家 7 人，累计引进院士 27 人、“千人计划”专家 55 人，各类高层次人才近 5000 人，“千人计划”专家总数占全市 1/3 以上。积极承办第 17 届青岛“蓝洽会”，引进各类海外高层次人才项目 18 个，与 12 名“千人计划”专家、10 名海外人才达成合作意向。累计引进建设“国字号”创新平台 16 个，中科院声学所青岛分所投入使用，中科青岛时空信息技术研究中心、中国海洋大学生物创新园、青岛大学全科医学院培训基地等高校合作项目落户建设，中国航天系统科学与工程研究院青岛分院、青岛钱学森创新研究院揭牌成立。实施“三个一百”行动计划，引进中国能建、中建二局等央企，三年内建设产业载体 1000 万平方米。目前，孵化器累计投入运营 201.2 万平方米，国家级孵化器、众创空间达到 15 家，高新技术企业达到 117 家，创新创业项目突破 1700 家，“千帆计划”企业达到 378 家。

二、招商引资成果显著

2017 年，青岛高新区新引进重点产业项目 278 个，总投资 695 亿元，新开工亿元以上项目 32 个，新竣工 20 个。累计引进重点产业项目 1184 个，总投资 3521 亿元。其中，签约引进总投资 200 亿元的联东生命健康国际产业园、总投资 70 亿元的腾讯双创小镇、总投资 45 亿元的新时代财富金融中心、总投资 33 亿元的锐嘉科移动智地、总投资 30 亿元的软控总部、总投资 22 亿元的中国数码港总部基地，以及中兴网信青岛科技产业园、海克斯康产业园、美空网总部、软控股份有限公司总部、全球石墨烯产业战略研究院等龙头项目。

第三节 发展情况

一、优势产业集群培育初现成效

青岛高新区按照“蓝色、高端、新兴”的产业方向，坚持“聚焦、聚集、聚合、聚变”的推进路径，坚持把产业作为第一支撑，紧紧围绕新一代信息技术、生物制药、智能制造、互联网和物联网等主导产业方向，培育壮大腾讯、中兴、华为、百度等龙头企业，加快总投资2388亿元的100个重点项目建设，积极构建布局结构优、规模体量大、支撑带动力强的“1+5”现代优势产业集群。

二、新兴产业发展势头良好

2017年，青岛高新区北斗（青岛）导航位置服务数据中心已经建成并运营，并组织制定了青岛北斗导航地基增强系统建设方案，高新区北斗大厦已集聚北斗导航企业40家，高新区北斗导航产业全面起航。全球石墨烯产业战略研究院正式成立，青岛高新区加快建设青岛国际石墨烯创新园，着力于石墨烯全产业链的创新与应用，重点包括石墨烯工艺装备、工艺技术、材料宏量制备技术的研发与产业化应用。

三、体制机制改革进一步深化

青岛高新区创新产业推进机制，坚持“专门、专人、专注、专业”原则，调整成立众创服务等10个产业事业部，作为“一线部队”，专门负责招商引资和项目推进；新组建经济发展促进局、行政审批局、综合行政执法局、人才服务和教育体育发展局，会同其他部门组成“后方保障战队”，全力做好保障服务。创新行政审批机制，制定实施《红岛经济区（高新区）全面深化行政审批改革实施意见》，在全市率先实施企业注册“一口受理、五证一章”改革，企业设立时间压缩至3天以内。

第四节 发展趋势

一、深入实施创新驱动战略，打造创新发展新引擎

青岛高新区围绕打造具有全球影响力的海洋科技创新中心和先行先试示范区，在科技创新政策先行先试、构筑创新创业发展新生态、发展蓝色高端新兴产业等方面精规细划，推动《关于加快山东半岛国家自主创新示范区（青岛）建设发展的实施方案》以市委、市政府名义印发，加快编制印发《山东半岛（青岛）国家自主创新示范区规划》，制定实施《全区“2311”总体工作思路实施意见》。优化“人才特区”扶持政策，完善高层次人才引进奖励等方面的扶持措施，探讨设立人才发展专项基金，提升“人才特区”品牌影响力。加快海外人才离岸创新创业基地建设，全面运营高新区人才服务中心，开展“人才服务提升行动”，打造集人才引进、离岸孵化、成果转化、人才公寓等内容于一体的人才综合服务示范区。围绕科研院所系、高校系、企业系、海外系创新平台建设，加快西南交大轨道交通研究院、中科院声学所青岛分所（二期）、中科院长春光机所青岛应急技术研发及产业化基地等项目建设，推动中石化石油工程设计院总部、天津市政工程设计研究院等项目落地。

二、深入实施产业育成战略，打造现代优势产业集群

聚焦大数据、云计算、人工智能等领域，围绕青岛软件科技城建设，重点引进“华为系”、“腾讯系”、微软、联想新视界、山东智慧消防产业示范基地等重点项目，推动腾讯双创小镇、华为智慧云小镇、中兴青岛科技产业园、中国移动（山东青岛）数据中心（二期）等项目建设，加快华通军工电子科技孵化园、新能源信息科技产业园、埠西软件行业孵化器等载体建设。

聚焦精准医疗、高端医疗设备研制、新药研发三大领域，重点引进阜丰集团、罗欣医药、易邦总部及国家研发基地等项目，推动山东大学中美国际产业园、黄海制药研发产业园、青岛欣生然健康产业园、山东中医药大学研究生院等项目建设。聚焦机器人、石墨烯等领域，重点引进博世集团、中航国际、不二越、石墨烯高能电池等项目，推动毕勤集团中国总部、海克斯康产业园、亨利安智能装备产业园、华高国际石墨烯产业研究院、盈可润机器人减速器、国家人工智能与生态环保产业园等项目开工建设。

第二十二章 天津经济技术开发区

2017年，天津经济技术开发区（以下简称“天津经开区”）积极落实京津冀协同发展战略，抢抓多重叠加的国家战略历史机遇窗口期，强化创新驱动发展战略，着力打造智能产业，不断夯实集成电路等战略基础，积极发展数字经济，成效明显。2017年天津经开区完成财政收入589.6亿元，进出口总额达到2418亿元。结构质量效益同步提升，现代服务业增加值占GDP比重同比提高1.7个百分点；高技术制造业产值占全区比重同比提高3.3个百分点；万元生产总值能耗和水耗继续位居全国前列。

第一节 园区概况

天津经开区创立于1984年12月，位于天津市区东40公里，紧邻塘沽区，总规划面积33平方公里，是天津市滨海新区的重要组成部分，也是我国首批国家级经济技术开发区之一。天津经开区分别在武清区、西青区和汉沽区建设了逸仙科学工业园、微电子工业区和化学工业区等三个区外小区。2017年，天津中心商务区并入天津开发区，两区域集中连片、产业互补交融、资源整合叠加、优势增强放大，形成了“1加1大于2”的态势。天津经开区已经形成电子通信、汽车、装备制造、生物医药、石油化工、食品饮料、新能源新材料、航天、现代服务业等主导产业，发展成为国内最大的手机、芯片、汽车、数码视听、电子元件、方便食品、胰岛素、酶制剂、风电装备生产基地之一。

第二节 发展特点

一、积极推动发展质量变革

天津经开区坚持质量第一、效益优先，积极提高生产要素使用效率，单位土地投资密度和产出强度、投资回报率和劳动生产率保持全国前列。大力提高全要素生产率特别是科技进步贡献率，使发展更多依靠科技含量的提升、产业层次的提升、产品附加值的提升、品牌价值的提升。同时，节能降耗保持全国领先，万元 GDP 能耗水平仅为全国平均水平的 1/6 左右，建成了区域级循环经济体系。

二、积极打造经济发展“新引擎”

天津经开区从聚焦外资引进到内外资并重，注重内生增长，一批高成长性、具有新时代创新特点的产业企业不断涌现，为发展注入新活力，成为天津经开区经济发展的顶梁柱和创新发展生力军。2017 年，天津经开区新落户外资企业 199 家，其中 1000 万美元以上企业 40 家；新落户内资企业 5957 家，其中 5000 万元以上企业 583 家。京东智慧物流产业园、大众一汽平台零部件、摩拜单车总部等 207 个高质量项目签约落户，中国互联网金融协会天津基地入驻于家堡，国家互联网金融监测中心、互联网金融大数据中心、互联网金融标准检测认证中心正式挂牌。

三、积极加大政策支持力度

2017 年，天津经开区研究制定了科技发展工作思路举措，明确科技创新重点方向。推出了以“泰达科技创新十条”为核心的《天津经济技术开发区打造创新驱动新引擎、建设科技创新高地的若干措施》及 10 个实施办法。围绕科技企业生命周期配置政策资源，以“十大科技创新工程”为抓手，全面提升区域科技创新实力。中心商务片区出台了科技创新产业发展指导意见和

22 条具体政策措施，有效促进了双创资源要素集聚。

第三节　发展情况

一、创新载体建设加快推进

2017 年，天津经开区新增各类市级以上研发机构 7 家，市级以上研发机构累计达 127 家。新增市级领军企业产学研用创新联盟 3 个，创新联盟累计达 6 家。新增市级众创空间 3 个。新增杀手锏产品 8 项，杀手锏产品累计达到 50 项。313 家企业获得市级以上科技立项资金扶持。于家堡双创示范基地建设亮点突出，全年新落户各类双创企业 2643 家。

二、发展新动能正在形成

2017 年，天津经开区围绕智慧医疗、智能装备、机器人等领域强化创新驱动，积极培育发展产业增长新动能。“泰达高端医疗器械产业集群”获批国家创新型产业集群试点。天河科技园和泰达大健康产业园挂牌成立。智能无人装备产业园加速提升，一飞智控在农业无人机喷洒领域市场占有率近 40%，深之蓝白鲨 MAX 产品荣获 2017 年度德国“红点”产品设计大奖。“天河工程仿真云服务平台”通过国家相关部门服务型制造示范平台认定。军事科学院首批 6 个项目完成专家评估。

三、科技企业加速集聚

近年来，天津经开区积极深化科技体制改革，不断完善产业发展环境，吸引了大批科技型企业入驻。2017 年，天津经开区新增国家高新技术企业 86 家，新增年销售收入过亿元的科技企业 81 家，累计年销售收入过亿元的科技企业 557 家，这一数据高居全市第一。全区 2017 年 13 家企业挂牌上市，全区累计上市企业达到了 44 家。

第四节 发展趋势

一、加强规划引导

天津经开区将加快制定中长期发展目标、战略规划和行动计划、时间表和路线图，在质的大幅提升中实现量的有效增长，重塑开发区竞争优势。率先探讨高质量发展标准，率先摸索高质量发展路径，率先形成可复制可推广的高质量发展模式，推动天津经开区成为新时代高质量发展的标准制定者、趋势引领者。

二、推动制造业主导行业转型升级

天津经开区将着力推动互联网思维与制造业深度融合，将网络协同和数据智能两大能力，与开发区制造业雄厚基础完美结合，通过高度分工的产业体系提升效率，通过动态重组供应链提升弹性。着力发展“源产业”，将电子、汽车、大健康、装备、石化等主导行业打造成高端行业的“始发站”和“终点站”，集研发、设计、制造、营销于一体的枢纽，着力引领产业前沿趋势。着力构建具有规模优势和良性多元的产业生态，借助互联网、大数据、人工智能等手段，拓宽产业形态的想象空间，通过业态的重新排列组合，创造新的业态形式，提升产业规模效益，实现产业生态多样性。

三、大力发展现代服务业

天津经开区将充分利用于家堡、响螺湾、MSD、天河科技园等高端服务业载体，打造特色品牌楼宇，加速总部经济、现代金融、大数据、现代物流、跨境电商、文化创意、服务外包行业的聚集，推动平台经济和共享经济的发展。充分发挥国家首批产融合作试点城区优势，打造产业与金融高度融合、有机互促的发展高地。

四、全力培育战略性新兴产业

天津经开区将推动自贸区、双创示范基地政策与产业基础融合发展，促进新一代信息技术、新能源、新材料、绿色环保、生物医药、高端装备行业的发展。坚定不移地打造智能经济，率先发展智能汽车、智能终端、机器人、无人机，大力推动智能制造、智能金融、智慧城市、智慧物流行业的聚集。

第二十三章 厦门火炬高技术产业开发区

第一节 园区概况

2017年，厦门火炬高技术产业开发区（以下简称“厦门火炬高新区”）营业总收入规模超过2700亿元，成为高素质的创新创业区、国家智能制造产业集聚区。已形成计算机和通信、集成电路和微电子、软件和信息服务、平板显示、LED、电力电器等主导产业。其中，厦门火炬高新区2017年集成电路产业产值可望突破140亿元。

第二节 发展特点

一、以重大项目推动产业链建设

厦门火炬高新区通过集成电路产业完成了集成电路产业投资基金、凌阳等6个重大项目签约，推动了集成电路产业链建设。随后一批“补链强链”项目相继落地，厦门天马微电子股份有限公司投建了第6代低温多晶硅（LTPS）生产线；联芯集成电路制造（厦门）有限公司投建了国内技术水平最先进、产品良率最高的12英寸晶圆厂；日本电气硝子株式会社总投资约40亿元人民币建设8.5代TFT液晶玻璃基板生产线，这些行业龙头企业不断加大在厦门火炬高新区的投入。再加上已落户的紫光和三安等重点项目加速释放产能，产业链的韧性不断增强，已初步形成覆盖“芯片设计、材料与设备、晶圆制造、封装测试、应用”的集成电路全产业链布局。

二、智能制造试点成为园区新亮点

2017 年，工信部发布了智能制造试点示范项目名单，厦门火炬高新区企业厦门华联电子入选了智能家电控制器智能制造试点示范，玉晶光电（厦门）有限公司入选了电子产品光学镜头智能工厂试点示范。在 2017 年厦门市经信局确定的厦门市智能制造重点项目库第一批 11 个项目中，厦门火炬高新区就占了 5 席。智能制造作为中国制造 2025 战略的核心方向，也是信息技术在制造业的具体应用，具有重要战略意义，智能制造领域的试点和布局是厦门火炬高新区未来接续发展的重要立足点。

第三节　发展情况

一、加强产业聚集跨界发展

厦门火炬高技术产业开发区正在努力成为企业的研发中心、结算中心、区域总部和营销中心，特别在引进新型业态企业方面，努力提供全方位的服务。针对国际行业龙头企业，加强对接和引进，帮助企业生根发芽。针对园内行业龙头企业，园区加强对龙头企业的引领。并且通过产业联合会，实现了合作共享，努力打造智慧园区。

二、企业培育成效显著

2017 年，厦门火炬高新区在重点产业领域的龙头企业培育成效不断凸显。以平板显示产业和计算机与通信设备产业为例，高新区的平板显示产业领域龙头企业包括：友达光电、达运精密、冠捷显示、天马微、电气硝子、宸鸿科技等规上企业共计 70 家；在计算机与通信设备领域，已经形成了包括戴尔、联想移动、富士电气化学、兴联集团、玉晶光电、弘信电子等 70 多家在内的龙头企业。

第四节 发展趋势

一、持续建设更加高端点的人才队伍

厦门火炬高技术产业开发区深知人才是园区发展的重要基础，一直致力于引进国内外最优秀的高端人才。美甘齐动（厦门）物料输送工程公司创始人苏骑是园区引进的博士，他代领公司研制了圆管全气垫带式输送系统，并在煤炭等行业进行了应用。华数电子科技公司的李平川也是园区引进的高端人才队伍，代领公司为电力、智慧城市、智能园区、物流、海关、通信和军工等行业提供了解决方案。园区仍在建设高层次人才队伍，并扩充国际化的招商团队，继续分享高端人才红利。

二、优化“双创”发展平台环境

厦门火炬高新区先后被确定为国家海外高层次人才创新创业基地、国家高新技术创业服务中心、国家留学人员创业园、国家大学科技园孵化园。未来，火炬高新区通过搭建双创服务平台，进一步加强对科技、人才、资本的集聚，实现对软件与信息服务业、平板显示、计算机与通信设备、电力电器、LED 等行业的创业团队引进和创新。

第二十四章　成都高新技术产业开发区

第一节　园区概况

2017 年，成都高新技术产业开发区（以下简称“成都高新区”）累计落户项目 168 个，总投资超过 5700 亿元，其中新签约引进重大项目 29 个，包含 100 亿元“153”项目 2 个，同比增长 45%，全面超额完成目标任务。实际到位外资 21.3375 亿美元、内资 545.17 亿元，同比分别增长 16.49%、14.69%，全面超额完成全年目标进度。2017 年新签约引进重大项目 29 个，同比增长 45%。引进总投资 90.53 亿美元的格罗方德 12 英寸晶圆制造基地、500 亿元的海航科技西部总部及现代物流西南区域总部、50 亿元的奕斯伟集成电路设计产业园、120 亿元的京东方（成都）健康产业园等具有影响力的龙头项目，带动集成电路、新型显示、生物医药等产业圈发展。

第二节　发展特点

一、紧抓产业提质升级主线

2017 年，在提质升级方面，围绕产业孵化、研发测试、版权交易、人才培训与引进、投融资等方面，成都高新区引入了国家移动互联网软件产品质量监督检验中心，北京软件和信息化服务交易所，乐视云计算中心西区创新中心、生态体验及展示中心，国家版权保护中心西南中心等，产业支撑能力不断提升，产业层级进一步提升。构建了“政府＋民营”孵化器体系，侠客岛、酷狗音乐孵化基地、NEXT空间、成都—硅谷国际孵化器等一批新型科技孵化器平台入驻菁蓉国际广场，为产业创新创业提供良好的环境和氛围。

二、新经济成为高新区新立足点

2017年以来，新引进美敦力高端医疗创新中心、西门子工业软件全球研发中心和智能制造创新中心、新华三集团成都研究院、海航科技第二总部及科创园、中国联通成都国际大数据智能产业基地项目、李骏院士智能网联汽车创新中心项目、尧德中院士癌症识别人工智能项目、菜鸟网络西南运营中心项目、中国移动咪咕文化和创空间项目等20余个新经济产业龙头项目落户，涉及智能制造、大数据、人脸识别、物联网、数字金融、新零售、精准医疗等新经济产业领域，为经济发展提供新动能。

第三节 发展情况

一、重点产业领域集群成规模

2017年，在集成电路产业方面，成都高新区已经汇聚了英特尔、华为等全球500强企业，以及得州仪器、恩智浦等为代表的全球知名高科技领军企业，还有中国电子、中国电科等大型中央企业。目前，成都高新区形成了包含IC设计、晶圆制造、IC封装测试在内较为完整的产业链。其中，集成电路设计领域拥有设计企业30余家，集成电路制造领域拥有得州仪器、格罗方德等行业龙头，集成电路封测领域拥有英特尔、芯源、宇芯等5家封装测试企业，形成了西部最大的芯片封装测试基地。通过锁定一批重点目标企业，集成电路领域形成了逾40家目标企业的产业集群。

二、核心技术攻坚取得新成效

目前，高新区在核心射频天线、健康云服务、RFID等方面形成了较为坚实的技术研发实力和产业化基础。成都德杉科技有限公司与府协同创新中心、电子科技大学成都研究院合作共建了基于高隔离、毫米波、高阶 MIMO 的 5G 核心射频天线技术研发及产业化项目；四川久远银海软件股份有限公司与西南交大、华西中西医结合研究院等联合推进了医养结合的养老云服务平台研发及应用示范；成都九洲电子信息系统股份有限公司与西南交大、四川大学、汉康信息和斯普致和共同研发基于自主可控 RFID 的物联网关键技术及应用；等等。

第四节 发展趋势

一、进一步树立聚焦核心产业实力

在集成电路、平板显示、物联网、云服务等主导产业的基础上，成都高新区将进一步聚焦主导产业重点领域。目前，高新区已梳理跟踪项目 428 个，其中锁定总投资 4808 亿元的 220 个重点在谈项目，对接企业需求开展专业促进，力争在 2018 年继续签约引进重大项目 30 个以上。

二、推动部分领域应用示范深度广度

2017 年，星盾科技的智能通用车辆检测联网平台已在省内 102 个机动车检测站部署，应用范围涵盖北京、浙江和吉林等 11 个省市。准星云的“智能教育机器人”在七中育才、棕北、玉林等学校的应用推广。勤智数码推出的大数据共享交换平台及相关解决方案在四川、湖北、广东、青海等多地成功推广，其在《中国大数据企业排行榜》位列城市大数据共享交换领域第一、数据集成领域全国第二。未来，在智能网联汽车、智能机器人、城市数据共享交换乃至智慧教育、物联网等方面，成都高新区还将有更多技术和产品的研发和示范，将在全国更广泛范围内发挥标杆作用。

第二十五章　南京江宁经济技术开发区

第一节　园区概况

南京江宁经济技术开发区（以下简称江宁开发区）创办于1992年6月，2010年11月被国务院批准升级为国家级经济技术开发区，管辖面积243平方公里。江宁开发区交通便利，公路、航空、轨道交通体系完善；配套齐全，道路、供水、供电、供热、通信、燃气、排污等基础设施全覆盖。

经过20多年的发展，江宁开发区已成为南京地区发展最快、环境最优、产业竞争力最强的开发区，综合竞争力跻身全省四强；江宁高新园加紧推进苏南国家自主创新示范区建设，建成国家创新型特色园区。近年来，江宁开发区加快转型发展、创新发展、跨越发展，开发区共引进45个国家和地区的2000多个项目，其中世界500强企业53家。

第二节　发展特点

一、集聚与转型结合，发展特色产业

江宁开发区立足全省“产业结构跨越中低端、迈向中高端”定位，从四个方面发展特色产业：一是坚持聚焦方向，打造特色产业；二是坚持前沿理念，体现高端化、集群化、绿色化、智能化；三是坚持精准选择，立足产业基础和资源禀赋；四是坚持做大规模，主攻重大项目。通过集聚与转型结合，

江宁开发区选择将汽车、智能电网、新一代信息技术、高端装备制造作为全力打造、精耕细作的四大特色产业。

二、通过机制创新高效推动项目落地

江宁开发区实施“两落地、一融合”措施，引进、打造的新型研发机构，一大特色是确保产业链条的两端，即“项目引进门、产品走出门”，都有企业、基金等市场化手段调控、推动，而在研发阶段，由政府和科研院在政策、技术等方面发挥所长。这种方式已经在未来网络、环保产业等前期项目上进行了深入探索，并形成了成熟机制，正全速推广。

第三节　发展情况

一、现代化产业培育壮大

新能源汽车领域。作为江苏省最大的汽车整车制造基地，江宁开发区瞄准汽车产业低碳化、轻量化、智能化方向，加速转型升级。2017 年 9 月 13 日，中国新能源汽车技术创新与产业融合研洽会在江宁开发区举行，总投资 50 多亿元的 5 个新能源汽车产业项目现场签约，加上金洽会期间新落户的总投资近 230 亿元的 6 个新能源汽车产业项目，江宁开发区新能源汽车产业强势崛起，迈向高端。

智能电网产业领域。江宁开发区拥有 126 家规模以上智能电网企业，其中上市企业达到 10 家，产值亿元以上企业 46 家，产值超百亿元企业 1 家，构建了上下游较为完整的智能电网产业链，企业集聚度在全国居首位。2017 年，江宁开发区申报的“全国智能电网产业知名品牌创建示范区”入围质检总局 15 家“全国知名品牌创建示范区”，成为南京市首个“全国知名品牌创建示范区”。

新一代信息技术产业领域。2017 年，江宁开发区以新型显示、新一代无线通信、未来网络及集成电路等为方向的新一代信息技术产业集群逐步壮大，

由开发区有关单位牵头完成了5G国家重大专项实施，实施未来网络试验设施（CENI）等重大项目，成为科技部、教育部和江苏省政府共同打造的国家级通信与网络产业创新基地。

二、特色产业园不断涌现

近年来，江宁开发区建设了多个各具特色的现代化产业园，主要有空港枢纽经济区、江苏软件园和南京综合保税区等。

其中，空港枢纽经济区初步形成了航空制造、临空服务、临空高科技、电子商务、现代物流等产业的集聚，共引进来自15个国家和地区的200多个项目，其中世界500强投资项目8家。园区先后获得了“江苏省航空动力高技术产业基地”“江苏省现代服务业集聚区”“江苏省劳动关系和谐工业园区”和“江苏省重点物流基地”等多项荣誉称号。

江苏软件园经江苏省人民政府批准设立，是中国首批国家级软件园区。共引进甲骨文等国内外知名企业近800个、培育出江苏手游领域首个新三板上市企业、填补国内空白的60GHz通信芯片技术成功问世、ZSmart OFM v8.0解决方案获全球权威机构认证、牵头制定国家电子合同标准体系，以及各类专利和软著申报数达150余项。大力推进创新载体建设，高标准建成47.8万平方米创新创业载体。由政府主导建设的江苏软件园科技转化中心14栋共20万平方米，入住率达85%以上，孵化项目超80家，集聚软件从业人员超3000人。

南京综合保税区于2012年9月17日经国务院批准设立，分为两个片区，其中江宁片区规划面积为1.2平方公里，一期封关验收面积为0.855平方公里。2017年10月31日二期封关验收0.063平方公里。截至2017年底，已累计吸引来自中国台湾、德国、美国、澳大利亚等国家和地区的吉宝通讯、爱立信、DHL、上美塑胶、海格木工、菲尼克斯等50多家企业，主要涉及电子信息、机械制造、现代服务业（含保税展示）等产业，累计实现进出口总额近350亿美元。此外，还引进了40多家外贸企业落户博览中心。

第四节　发展趋势

江宁开发区“十三五”时期发展目标是到2020年，力争地区生产总值达3000亿元；服务业增加值占GDP比重每年提高1个百分点；一般公共预算收入超过300亿元；城镇化率达75%；城乡居民人均收入与经济增长保持同步，分别达7万元和3.3万元。

2018年江宁开发区将重点做好以下几方面工作：一是坚持国际化视野，继续引进一批以多元化投资、企业化管理、市场化运作为特征的新型研发机构，加快建设未来网络试验设施、诺奖小镇等重大创新项目，推动创新成果加快落地转化，积极参与创新名城建设。二是推动传统业态加快转型、新兴业态加快壮大，加快打造三大主导产业、三大新兴产业、三大现代服务业、一批未来产业这“3+3+3+1”现代产业体系，并同步推进总投资1650亿元的109个重大产业项目全面落地建设，搭建现代产业体系。三是融入“国际化、现代化、绿色化、智慧化”理念，推动重大城建投入加快落地见效，提速建设禄口空港新城，彰显出新城新貌，着力攻坚低效用地再开发、土地指标争取等重难点工作，推进城市国际化。

第二十六章　上海漕河泾新兴技术开发区

第一节　园区概况

上海漕河泾新兴技术开发区（以下简称漕河泾开发区）是国务院批准设立的经济技术开发区、高新技术产业开发区和出口加工区，是我国成立最早的国家高新区，也是目前国内发展速度最快、技术含量最高和经济效益最好的开发区之一。漕河泾开发区汇聚了中外高科技企业2000多家，其中外商投资企业500多家。近年来，漕河泾开发区通过与地方政府“区区合作”方式设立了漕河泾开发区松江高科技园、新经济园临港产业园、科技绿洲康桥产业园、漕河泾开发区南桥园区外高桥亿威园等，在长三角建立了漕河泾开发区海宁分区和盐城分区，形成了“一区六园两分区”的格局。

第二节　发展特点

一、坚持公司化运营，提升招商引资质量

漕河泾开发区以“公司化”为经营平台，没有国家开发区通常意义上的“管委会”，由开发区公司主导园区的开发、建设、经营、管理、协调和服务，行使部分管理职能。通过“公司化”运营方式，能够坚持对产业的把控，漕河泾开发区可根据市场需求灵活调整园区软硬件环境。同时，开发区坚持“引进企业只选对的、不选贵的”理念，实现了土地资源高效配置、政策有效

落地、产业有序导入和产业竞争力增强。

二、积极培育中小企业，强化自主创新能力

漕河泾开发区坚持以“孵化器”为核心，加快完善双创环境、构建多层次孵化体系，加大知识产权保护力度，整合资源搭建公共技术平台和设备共享平台，强化创新服务能力。目前漕河泾开发区内共有8家不同类型的孵化器，其中国家级孵化器2家，总孵化面积43.9万平方米，累计孵化企业近1200家，成功率达91%。2017年漕河泾开发区共认定高企85家，开发区高新技术企业总数达到409家。

第三节　发展情况

漕河泾开发区已经形成了“1+9+3”的园区规模，“1”指的是位处漕河泾的核心园区；“9”和“3”指开发区通过“统一品牌、跨区布局、多点联动、协同发展”的方式，在上海设立了9个园区，在浙江海宁、江苏盐城和贵州遵义设立了3个分区。开发区创建30年来，形成了以电子信息制造业为支柱，以新材料、生物医药、航天航空、环保新能源等为重点，以高附加值现代服务业为支撑的产业集群。其中，电子信息产业是开发区的支柱产业，共有各类企业500多家，主要集中在计算机、集成电路、光电子及通信设备、电子元件等领域。

第四节　发展趋势

当前，漕河泾开发区处在产业结构调整、优化和创新提升的战略机遇期。未来将按照重点做好三方面工作：一是“产业篇”，加快实施经济结构战略性调整，进一步发展战略性新兴产业和以科技服务为主的高附加值服务业，实现二三产并举、融合发展，提升开发区经济运行质量和效益；二是“环境

篇”，整合资源完善园区综合环境，持续推进国家生态示范区建设，推动企业节能降耗、清洁生产，提升生态文明建设水平，建成生态节约型、环境友好型开发区；三是“创新篇”，贯彻创新驱动发展战略，完善开发区创新创业服务环境，激发提升区内各企业自主创新发展的活力与能力。

第二十七章　无锡新区

第一节　园区概况

无锡高新区于1992年经国务院批准设立，1995年在高新区基础上成立无锡新区，与高新区实行“一套人马、两块牌子”的管理模式。无锡高新区是无锡市重要的经济增长极、对外开放窗口、科技创新基地和转型发展引擎，也是苏南国家自主创新示范区的重要组成部分，是江苏省唯一首批入选国家“千人计划”海外高层次人才双创基地的开发区，获批国家传感网创新示范区、国家创新型园区、国家生态工业示范园区、国家知识产权试点园区等。

第二节　发展特点

一、努力汇聚创新资源，提升创新能力

目前，无锡新区聚集科技企业总数超过1600家，建设创业园、软件园、微纳创新园等各类科技载体260万平方米，建设国家和省级孵化器12家，累计建成企业研发机构数量和质量在江苏省高新区名列前茅，累计引进集聚各类人才21万人，其中“千人计划”人才75人。拥有国家传感网工程技术研究中心等国家级研发机构5家，省级研发机构124家，卡特彼勒等40家外资企业在区设立全球或区域性研发中心，大中型工业企业和规模以上高新技术企业研发机构建有率分别达到80%、100%。

二、持之以恒招引重大项目，提升技术含量

无锡新区是全国集成电路产业重要集聚区，拥有 SK 海力士、华润微电子、海太半导体等知名企业，集成电路产业总量、企业集群、加工工艺水平、专业人才集聚度等关键指标均处于国内领先。2017 年 8 月，总投资达 100 亿美元的上海华虹集团集成电路研发和制造基地项目落户无锡新区。华虹项目的落户，将带来大量前沿的芯片设计企业，显著提升无锡新区在集成电路设计领域的能力。

第三节　发展情况

一、综合经济实力明显提升

2017 年，无锡新区全年地区生产总值增长 8%；规模以上工业总产值达 3827. 8 亿元，同比增长 20. 2%；进出口总额 391 亿元，增长 13%；高新技术产业产值占规模以上工业总产值的比重达 63. 5%；到位外资 12. 66 亿美元，刷新建区以来最佳业绩，位居江苏省各开发区首位；全区 IPO 发行科技企业 4 家，新增新三板挂牌企业 11 家，新增科技企业 350 家，研发经费占 GDP 支出比重达 3. 75%。无锡新区总体实力持续提升、实体经济扎实向好的态势明显。

二、特色园区和现代产业体系不断健全

按照“中心带动、板块布局、全域开发”发展思路，无锡新区规划建设并逐步形成了九大特色园区，即：无锡国家软件园、无锡新区超大规模集成电路产业园、无锡科技创业园、中国传感网国际创新园、无锡生命科技园、无锡高新区综合保税区、无锡新区新能源产业园、无锡星洲工业园、中国传感网大学科技园。作为无锡市科技创新基地和转型发展引擎，无锡新区形成了以高端装备制造业为支柱，微电子、物联网、新能源、生物医药四大战略性新兴产业为抓手，以及航空产业（临空物流）、软件与服务外包等特色产业

为代表的产业体系。

三、积极打造对外开放高地

目前，无锡新区内集聚各类工业企业近6000家，其中外商投资企业1500余家（企业营业收入占区经济总量3/4、规上工业产值占比80%），经省级认定跨国公司地区总部和功能性机构19家，安利、卡特彼勒等外资企业设立研发中心28家。累计批准注册外资290亿美元，实际到位外资197亿美元，世界500强跨国公司已有53家共投资110个项目，建立了具有重要国际影响的日资高地、韩资板块、欧美组团。

第四节　发展趋势

未来，无锡新区将重点做好“高、新、外”三篇文章，在更高能级和起点上谋划好高质量发展、总体协调发展，充分发挥主力军、排头兵作用。“高”指推动产业向高端发展，大力发展智能制造；“新”指加大科技创新力度，在高新技术、核心关键技术攻关上努力实现新突破；“外”指进一步提升外资利用水平，优化外贸结构，同时要用好综合保税区平台、提高空港口岸能级、为外籍工作人员营造良好的生活工作环境。

第二十八章　合肥新站高新技术产业开发区

2017年，合肥新站高新技术产业开发区（以下简称“新站高新区”）主要经济指标增速保持快于合肥市，位次靠前。20项市级考核目标中，18项指标均超序时进度（或增速）完成，其中，进出口、招商引资、“大新专”投资额及开工项目数已提前超额完成全年目标任务，工业、商贸、固定资产投资、工业投资、服务业营业收入等指标增速居全市前列。

第一节　园区概况

合肥新站高新技术产业开发区（原合肥新站综合开发试验区）位于合肥市城区东北部，是合肥市“1331”空间发展战略的重要组成部分。伴随着区划调整，新站高新区推动了多次转型发展：第一次是2003—2006年由商贸流通为主向工业化转型，第二次是从2008年开始由传统工业向战略性新兴产业转型，当前新一次的转型是由单一工业区向产城融合方向发展。

第二节　发展特点

2017年，全区坚定不移地贯彻落实区党工委、管委会各项决策部署，以构建现代化产业体系，打造世界级新兴产业集群为奋斗目标，突出重点，狠抓落实，重点项目建设快速推进，产业结构优化和园区转型升级步伐加快，开放水平大幅提高，全区经济保持高速增长。

第三节　发展情况

2017 年，全区地区生产总值完成 311.4 亿元，同比增长 11.0%，增速位列全市第一，其中，三产（服务业）增加值同比增长 10.5%，增速位列开发区第一、全市第二。规上工业增加值同比增长 16.6%，增速位列全市第二。战略性新兴产业产值同比增长 14.8%。固定资产投资完成 416.8 亿元，同比增长 24.1%（全口径 572.4 亿元，同比增长 27.1%），增速位列全市第一，其中，工业投资 265.5 亿元，同比增长 29.4%（全口径 396.3 亿元，同比增长 30.3%），增速位列全市第二；技改投资 118.9 亿元，同比增长 10.7%（全口径 157.9 亿元，同比增长 15.9%）。完成进出口总额 52.7 亿美元，同比增长 122.4%。其中出口 18.2 亿美元，同比增长 33.9%，进口 34.5 亿美元，同比增长 240.9%，进出口和进口增速均位列全市第一，出口增速位列开发区第一。限上服务业营业收入同比增长 38.2%，其中高技术服务业营业收入增速 52.4%，增速均位列全市第一。实现社会消费品零售总额 51.3 亿元，同比增长 11.3%。财政收入完成 15.6 亿元，同比增长 14.4%，其中地方财政收入 10.0 亿元，同比增长 5.9%。招商引资到位资金总量共计 345 亿元，同比增长 7.0%，工业完成到位资金为 298 亿元，同比增长 3.0%，外资 17200 万美元，同比增长 7.5%。实现城镇常住居民人均可支配收入 32982 元，同比增长 8.6%，农村常住居民人均可支配收入 18302 元，同比增长 8.9%。

第四节　发展趋势

2018 年，新站高新区重点要做好以下几个方面的工作：在规划方面，要将 2010 年区划调整后的多区域规划进行统一修编，从产城融合的角度，统筹生产、生活、生态的布局。在产业方面，要进一步加大招商引资的力度，尤其是加大生产性服务业和生活性服务业的招商，进一步加快产业转型升级，做大做强主导产业。在建设方面，要进一步加大社会事业、公共服务设施的建设，尤其是与老百姓生活关系密切的民生工程的建设，打通主干道，加密支路网，形成循环体系，推进五大生态工程，加大在建设模式上的改革力度。在社会管理方面，加强文明创建的常态化和有效化管理，智慧化、网格化推进城市管理，建设现代化的社会管理体系。在干部队伍建设方面，充分调动干部的主动性和积极性，在抓作风建设的同时，健全激励机制、考核机制、容错纠错机制，鼓励干事创业。

第二十九章　杭州国家高新技术产业开发区

2017年，杭州国家高新技术产业开发区（以下简称“杭州高新区（滨江）”）实现生产总值（GDP）1088.9亿元，首破千亿元，总量首次跻身全省区、县（市）前十强。杭州高新区（滨江）成功进入“千亿俱乐部”，更以13.2%的增速，继续位居全省各区（县）首位。杭州高新区（滨江）在全国147个国家级高新区（含苏州工业园）综合排名中位列第三，全省工业强县（市、区）综合评价“六连冠”，科技进步水平综合评价八年名列第一。

第一节　园区概况

杭州高新区建于1990年，是国务院批准的首批国家级高新技术产业开发区之一；滨江区设立于1996年12月，由萧山划出的3个乡镇新建而成，行政区划面积73平方公里。2002年6月两区管理体制调整，实行“两块牌子，一套班子”。目前，下辖3个街道，59个社区，户籍人口22.1万。杭州高新区（滨江）始终坚持发展高科技、实现产业化、建设科技新城，坚持“产业引领、创新驱动、产城融合、民生优先”四大战略，坚持一张蓝图绘到底，通过区域整体腾笼换鸟，力求实现滨江整体凤凰涅槃。2015年8月，杭州国家自主创新示范区获国务院批复。

第二节　发展特点

一、产业结构优

始终致力于发展高新技术产业，走出了一条主导产业突出、高新特色鲜明的产业发展之路。目前高新技术产业占规上工业增加值的92%、占地区生产总值的80%，占工业利税的80%，占工业出口总额的93%。围绕自主创新、网络安全和中国智造，打造了网络信息技术产业的完整产业链，形成了电子商务、智慧互联、智慧物联、智慧医疗、智慧安防、智慧环保等一大批“互联网+”的产业集群。目前，全区已拥有上市公司40家。2018年高新区（滨江）将推进产业国际化，特别要以物联网、大数据、电子商务、数字安防、高端制造等为优势，积极融入国际合作和国际市场，以生物医药、人工智能、新能源新材料等为重点，积极培育产业新蓝海，努力形成创新型国际化产业集群。

二、人才政策多

坚持走以人才带项目、以项目引人才的招商引智良性循环之路，先后实施两轮“5050”计划，培育和引进国家“千人计划”专家80人、“万人计划”专家10人、国家创新创业人才19人、省级“千人计划”专家141人，引进海归人员5500余人，创办海归企业1100余家；设立博士后工作站51家，其中省级以上30家；近年来每年新增大学生就业2万人以上，全区本科以上学历占就业人数50%。2017年前三季度，引进人才21999人，其中理工类本科及以上人员15113人，新增“5050计划”入选项目149个。2017年全区引进各类人才26626人，新增国家、省千人计划和万人计划专家41人（累计239人）。2018年高新区（滨江）计划要新引进人才25000人，引进培育国家、省千人计划专家和国家万人计划专家40人，引进海归人员1000人。

三、城市形态新

始终坚持以一流的环境吸引一流的人才、以一流的人才创办一流的企业、以一流的企业反哺一流的城市，通过加快滨江城市化进程和优质公共资源配置，提升区域对高端产业人才和高新企业的承载力，走选商优商、集约高效的城市发展之路。坚持集约高效利用土地，保持产业项目供地“3+2”标准（投入600万元/亩、产出1000万元/亩、税收100万元/亩+员工300人、地下开发两层），但将城市工业项目容积率放宽到3.0，并大力开发地下空间，造就了现代科技新城的城市形态雏形。

四、机制体制活

杭州高新区（滨江）坚持以问题导向推动体制机制改革创新。全面推进省级科技体制改革试点工作；在全省率先推出“5050计划”招引海归人才；率先实施“五证合一”“一照一码”等商事登记制度改革，持续精简优化产业投资项目行政服务流程再造，有效激发了市场活力。

第三节　发展情况

一、发展规模日益增长

2017年全区实现信息经济增加值878.4亿元，增长21.4%，占GDP比重80.7%。在GDP贡献突出的工业经济领域，高新技术产业、战略性新兴产业增加值分别增长22.3%和25.4%，已占规上工业比重96.0%和75.9%，产业结构持续优化。2017年杭州高新区（滨江）实现产业投资55.5亿元，占固定资产投资的比重由上年18.4%提高到24.4%，其中，高新技术产业、战略性新兴产业投资共31.6亿元，占产业投资的56.9%。“经济小巨人”身后，诞生了诸如海康威视、新华三、大华股份等创新领域的“冠军”企业。据统计，前30家重点企业工业总产值1584.2亿元，增长32.1%。2017年，杭州高新区（滨江）新认定国家高新技术企业141家，居全省首位，全年新挂牌“新三板”企业24家，累计103家，为全省首个突破百家的县、市（区）。

二、科技发展与民生结合

以生物医药大健康产业为例，随着启明医疗、今复康、歌礼生物等企业在重大领域取得突破和成就，以及赛诺菲、康恩贝、民生等一批知名医药企业的快速发展，2017年生物医药大健康产业实现营业收入195.3亿元，未来有望成为继信息经济后，杭州高新区（滨江）又一个千亿级产业。

三、数字传媒

目前，杭州高新区（滨江）已拥有国家级动画产业基地、华数传媒、中南卡通、边锋网络、电魂网络、畅唐科技等覆盖动画、游戏、工业设计、现代传媒等领域的实力企业。不久前，中国首个网络作家村落户白马湖。2017年数字传媒产业营收增长已高达34.9%。

第四节　发展趋势

坚持产业引领。全面增强杭州高新区（滨江）高端聚集、示范引领和辐射带动作用，实现从“天堂硅谷”向“智慧e谷”新跨越，建设世界一流高科技园区。坚持引进和培育相结合，加快工业化与信息化深度融合，着力培育大产业大平台大企业大项目。注重对不同类别、不同模式、不同阶段企业发展规律与特征的研究，通过规划引导、园区承载、项目带动、政策扶持、服务优化，打造特色优势新兴产业集群，努力形成全球产业链制高点，进一步构筑“2+1”现代产业体系。坚持推进国际化，坚持以国际视野完善国际化生活创业环境，努力在诸多领域体现国家级高新区水平，参与国际竞争。大力鼓励企业自主创新，积极支持企业申报国家863、核高基及其他技术攻关和创新项目。积极实施领军企业发展战略，进一步发挥大企业在区域经济社会发展中的重要作用。进一步完善科技金融服务体系，充分利用资本市场加快培育战略性新兴产业，促进优质资源和要素通过市场机制向优势企业集中。

第三十章　张江高科技园区

第一节　园区概况

张江高科技园区，成立于 1992 年 7 月，是上海浦东新区四个重点开发区之一，位于新区中南部，属于国家级高新技术园区，被誉为中国硅谷。聚集了上海 60% 的世界顶尖创新人才和“千人计划”创业专家，超过 1 万名来自全国各地的创新型企业家，5. 38 万名国内一流研发创新人才，20 余万高技能人才。经过二十年多的开发，逐步形成了生物医药、集成电路、高端装备和类脑科学、人工智能、精准医疗等“三优三新”的优势创新集群。

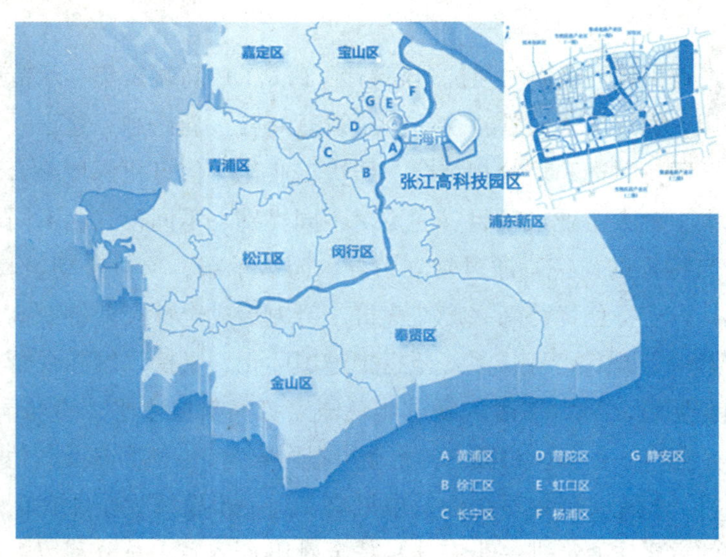

图 30－1　张江园区在上海的位置

资料来源：赛迪智库整理，2018 年 1 月。

第二节 发展特点

一、保持高新技术产业化持续领先

目前上海正集中力量将张江高科技园区建设成为综合性国家科学中心。2017 年，包括上海光源二期，以及软 X 射线自由电子激光用户装置、活细胞结构与功能成像等线站工程、超强超短激光实验装置等“1+3”大科学装置正在张江逐步落地和建设中。近年来，相关部门正推动清华大学、北京大学、复旦大学、上海交大、中科大等高校在张江设立创新中心，推动重点院校创新资源集聚张江，实施重大研发项目，催生原创性重大基础研究成果。目前，张江以上海自贸试验区和张江国家自主创新示范区“双自联动”为制度创新动力，已取得了量子通信卫星和 C919 大飞机上天、5G 中国“芯”的诞生等全国领先的科技创新重大成果。

二、构建创新创业企业服务型平台

从张江建园 20 多年的历史来看，张江高科技园区不断关注和引进中小企业并孵化创业企业，引进和构建了战略性新兴产业（企业）的产业链，目前张江园区正构建创新创业企业的各类服务型平台。现在，经济增长速度已经明显趋缓，经济发展方式开始转型，创新驱动的作用开始显现，张江高科技园区持续关注科技成果产出、交叉和进入市场，为创新创业企业在政府、大学（含科研院所）、企业、创业资本间，寻求国家政策支持和市场机制结合的科技成果产业化路径，为创新创业企业服务。

三、高新技术产业优势集聚

张江以药品和医疗器械上市许可持有人制度试点、集成电路保税产业链为基础，推动医药项目和企业形成以产业链为主导的集群式发展，目前已初步形成生物医药、集成电路、高端装备和类脑科学、人工智能、精准医疗等

“三优三新”的优势创新集群。张江高科技园区同样聚集了许多高新技术人才，基本形成了集成电路、生物医药等优势领域的世界级科学家集群。在上海率先形成了科研创新“国家队”、跨国研发“国际队”、企业为主体的产学研合作“本土队”等协同创新、完善成果转化的开放创新链。

第三节 发展情况

一、产业规模稳步增长

张江作为上海科创中心的核心承载区和“双自联动”的改革示范区，正在积极融入基于创新链、价值链、产业链和资本链分工的国际创新网络，在科技和经济全球化中成为科技、人才、资金、信息等创新资源高度聚合的重要节点。2017 年，张江高科技园区共引进外资新设项目 93 个，吸引合同外资 66.05 亿美元，同比增长 251.95%。实到外资 13.76 亿美元，同比增长 36.62%。共引进内资新设项目 2265 个，吸引内资注册资本 248.49 亿元，同比增长 5.32%。

二、企业创新成果丰硕

近几年，张江高科技园区高科技企业发展实力和创新引领作用显著提升。目前加速打造两大产业集群：“医产业”集群，涵盖医药、医疗、医械、医学的医疗健康产业；“E 产业”集群，基于互联网和移动互联网的互联网产业。目前已拥有 48 家专利示范、试点、培育试点企业，拥有注册商标 378 件，授权专利 4015 件，集成电路布图设计授权 130 件，经认定的高新技术企业 599 家，跨国公司地区总部 43 家。

第四节　发展趋势

一、造就科技创新型园区引领者

“十三五”期间，张江高科技园区将立足科技创新，集中布局和规划建设世界一流重大科技基础设施集群，推动设施建设与前沿研究深度融合，构建跨学科、跨领域的协同创新网络，使张江成为国家基础研究的重要承载地和全球重大科学设施的集聚地。并且张江高科技园区以自主创新、科技创新为目标，建设上海具有全球影响力的科技创新核心承载区，成为“科研要素更集聚、创新创业更活跃、生活服务更完善、交通出行更便捷、生态环境更优美、文化氛围更浓厚”的世界一流科学城。

二、探索“房东 + 股东”新型开发模式

2017 年，上海市规划和国土资源管理局就联合浦东新区共同发布了《张江科学城建设规划》，限制了房产炒作和买卖行为。目前，张江高科技园区上市公司已通过股权融资与园区企业建立了合作纽带，截至 2017 年上半年，张江高科已累计投资 40 亿元，投资项目 100 个，已上市 27 家，预披露 2 家，拟上市 13 家。另外，通过 FOF（基金中的基金，以基金为投资标的）模式参与了 14 只基金的投资，基金投资规模累计 17.30 亿元。投资标的广泛，包括蚂蚁金服、七牛信息、天天果园、喜马拉雅等独角兽企业。主要对新科技、新模式、新业态领域开展股权投资，在完善决策程序的前提下，达到对新兴产业扶持的目的。

企 业 篇

第三十一章　计算机行业重点企业

第一节　联想集团有限公司

一、总体发展情况

2017 年，联想集团营业收入为 129.39 亿美元，同比增长 6%，其中，个人计算机和智能设备业务收入为 92.50 亿美元，同比增长 8%；数据中心业务收入 12.25 亿美元，同比增长 17%；移动业务收入为 20.76 亿美元，同比下跌 5%。从联想集团公布的财报数据来看，2017 年联想 IT 板块业务收入达到 2993.63 亿元，相比于 2016 年增长了 168.12 亿元，同比增长 6%。

二、企业发展策略

（一）市场战略

2017 年联想重新对外阐述了联想集团的三波战略，并强调其是联想未来发展的立足点。第一波是在电脑领域，以个人电脑作为联想集团的主要核心业务。未来联想将致力于在 PC 上增加智能和云化的新元素，例如游戏电脑加上游戏云，教学电脑加上教学云，然后构成“PC + 云”的新生态。

第二波是手机业务。智能手机是联想不可或缺的互联网端口，自 2014 年联想收购摩托罗拉移动事务以后，联想不断开发和研制智能手机事务，已变成了全球前十的智能手机厂商。此外，为了支持联想集团 IT 基础设施和云基础设施的需要，推进公司级业务的开展，联想还于 2014 年末并购了 IBM System x 事务，成为全球前三大 IT 基础设施提供商。

第三波是新型的智能设备和“设备+云”的模式，这是联想未来10—20年最重要的战略。联想期望在大数据和人工智能的发展和带动下，PC从“个人核算设备+个人云”不断延伸至“个性化核算设备+个性化云”，更好地满足用户对于设备外观、功能、内容、效率的个性化需求。

（二）产品战略

2017年10月24日，联想ThinkVision在北京召开新品媒体品鉴会，发布六款新品，分别是ThinkVision P27u、New X24、T22v、T24v、T24m以及联想拯救者系列Y25f。联想ThinkVision推出了全功能USB Type－C一线连接解决方案，可通过一个接口、一条数据线、一种充电器完成充电、一级数据与影音传输的功能，对于行业推广和普及USB Type－C接口具有重要积极作用。联想ThinkVision还推出了全球首款支持99% AdobeRGB色域的27英寸4K专业显示器P27u，彰显进军显示器行业的决心。

第二节　浪潮集团有限公司

一、总体发展情况

近年来浪潮服务器一直保持高速增长，累计9个季度国内市场份额最高。2017年第3季度，浪潮服务器销量和销售额均位居全球第三，仅次于戴尔EMC和惠普。在多节点服务器出货量和销售额方面，浪潮居于全球第一。

二、企业发展策略

（一）产品战略

浪潮推出JDM模式。JDM模式以浪潮与客户产业链融合为基础，提供面向客户具体业务的开发、生产、供货和实施运维等全链条定制化服务，将供需关系升级为协同创新、量身定制、商业共赢的全融合模式，并最大限度拉近服务器厂商与互联网客户的距离。目前浪潮面向互联网用户的服务器智能制造生产线已经投产，订单交付周期由 15 天缩短至 5—7 天，日服务器交付能力达到 10000 节点，使得生产效率大幅提升 30%。JDM 创新模式已为大规模数据中心用户提供包括 SR－AI Rack、AGX－2、SAS Switch 存储资源池化方案、冰山冷存储、GX4、ABC 一体机等一系列创新产品，已与传统互联网企业通过战略合作实现了产品落地。

（二）市场战略

2017 年，浪潮持续深化“计算＋”战略，提出智慧计算战略，以云计算为基础平台、大数据为认知方法、深度学习为优化工具。在智慧计算战略的驱动下，2017 年浪潮发布了一系列 AI 平台产品，包括性能密度比最高的 AGX－2 以及为百度开发的 SR－AI 整机柜方案等，计划打造以智慧计算为核心的计算生态。智慧计算战略为浪潮的全球化业务拓展提供了坚实的基础。在北美市场，2017 上半年浪潮出货量同比增长 3 倍；在欧洲市场，浪潮通过与德国 NEC 的战略合作，获得了某全球最大汽车厂的订单。目前互联网企业百度、阿里巴巴、腾讯的 AI 服务器有 90% 以上来自浪潮。浪潮已拥有 AIStation、Caffe－MPI 等 AI 平台软件，初步建立了端到端的人工智能技术体系。

（三）创新战略

浪潮持续推进数据中心技术变革。为适应未来云数据中心的发展，提供更高的计算性能、更低功耗的计算平台，浪潮在为互联网运营商提供定制产品的同时，形成了完整的下一代数据中心解决方案。作为 ODCC、OCP、OPEN19 三大开放计算组织主要成员，浪潮贡献了多款创新成果及专利，在国际开放计算标准组织中发挥了积极作用。例如，浪潮 SR 整机柜服务器多项设计思路被 ODCC 组织天蝎标准采用；率先发布了符合 OPEN19 标准的服务器；发布了符合 OCP 国际标准的 OR 系列整机柜服务器；推出 OCP 社区首款基于 Intel Sky lake 平台的服务器节点等。同时浪潮还开发了面向传统企业数据中心的融合架构方案，帮助不同类型的传统数据中心向互联网服务化的下一代数据中心升级。

第三节　曙光信息产业有限公司

一、总体发展情况

2017 年中科曙光实现营业收入近 63 亿元，同比大幅增长 44. 36%；净利润超过 3 亿元，同比增长 37. 71%。在国内厂商激烈竞争和国际厂商纷纷推出本地化战略的背景下，曙光在营收和利润上依然保持了较好的增长势头。中科曙光是国内高性能计算领域的龙头企业，近年来，自研 AI 服务器产品不断落地，有望在人工智能领域占据优势地位。

二、企业发展策略

（一）市场战略

曙光提出“曙光城市云”发展战略。2017 年在保持对高性能计算领域长期专注的同时，进一步丰富了存储、服务器、大数据等产品线。在云计算领域，曙光通过战略合作、技术引进的策略，与 VMware 建立深度合作，推出虚拟化、云计算领域的软件与解决方案。曙光逐年加大对软件和服务的投入，逐渐建立起曙光自身的技术服务方案体系，在拿到销售订单拉升业绩的同时，也在引导企业用户获得转型带来更多发展机会。

（二）创新战略

推出基于深度学习训练和推理的 AI 服务器。中科曙光成立了专门的面向深度学习神经网络的研发团队，并已量产了 XMachine 系列高性能 AI 计算服务器产品。面向训练端的密集型计算需求，曙光提供整合 GPU、MIC 加速器的超高计算力的服务器解决方案。曙光发布了全球首款基于寒武纪 AI 专用芯片的 AI 服务器“Phaneron”，主要面向深度学习的在线推理业务环境，其效率远高于一般 CPU 处理器，效能比达到 30∶1，单节点峰值计算能力超过 100TFLops。Phaneron 可在 4U 空间中部署 20 个人工智能前端推理模块，能充分满足深度学习对密集计算和及时响应的严苛需求，并可对海量视频、语音数据进行持续实时分析。在 DOIT《2017 年度企业级 IT 风云榜》人工智能类的评选中，曙光 Phaneron 获得了 2017 年度 AI 服务器产品金奖。

第四节 华为技术有限公司

一、总体发展情况

2017 年，华为公司营收增长稳健，全球销售收入达 6036 亿元人民币，同比增长 15.7%，净利润 475 亿元人民币，同比增长 28.1%。2017 年华为研发投入费用达 897 亿元人民币，同比增长 17.4%，近十年投入研发费用超过 3940 亿元。在运营商业务领域，华为实现销售收入人民币 2978 亿元，同比增长 2.5%。在企业业务领域，实现销售收入人民币 549 亿元，同比增长 35.1%。在消费者业务领域，华为（含荣耀）智能手机全年发货 1.53 亿台，实现销售收入人民币 2372 亿元，同比增长 31.9%。在云业务领域，新成立了 Cloud BU，上线 14 大类 99 个云服务及 50 多个解决方案，发展云服务伙伴超过 2000 家。华为服务器及全线 IT 产品已跻身全球主流 IT 厂商之列。据 Gartner 统计，截至 2017 年第二季度，华为服务器整体出货量位居全球第三，中国市场整体出货量和营收实现双第一。

二、企业发展策略

（一）市场战略

华为长期致力于芯片、计算架构领域研发，并加速推动 HPC 与新兴技术融合并释放潜能。华为 2017 年加入由 Linux 基金会发起的高性能计算开源项目 OpenHPC，加强与 HPC 领域行业组织的协作，从而提升 HPC 的易用性，帮助其客户在华为计算平台上更加灵活、快速地部署 HPC 软件环境。通过提供经过软硬件验证的 HPC 开源框架，华为不仅帮助客户减少重复性的工作和资源浪费，而且降低了 HPC 的使用门槛。

（二）创新战略

华为在“全球超算大会2017”（简称SC17）上发布了新一代FusionServer V5 4路高性能服务器，包括FusionServer 2488 V5 2U 4路机架服务器和FusionServer CH242 V5全宽刀片服务器两款。相比于使用2路计算节点的传统方案，华为FusionServer V5 4路高性能服务器能显著降低高性能计算集群节点的部署规模，节省50%的集群线缆数量，使得整体能耗降低10%。华为FusionServer V5 4路服务器支持4颗英特尔至强可扩展处理器和最高6TB内存，同时可配置全NVMe SSD本地存储和100G InfiniBand、Omni－path高速互联，丰富的配置能够灵活支持计算密集型、内存密集型等多样化的高性能计算算例。

此外，华为还推出了新一代智能云硬件平台Atlas、G系列异构服务器和混合液冷技术。基于这些创新计算技术和产品，华为能够为客户提供更加高效、计算资源池化、支持智能编排的HPC云平台，实现计算资源秒级部署，成倍提升硬件资源利用率。

第三十二章　通信设备行业重点企业

2017 年，国内通信设备企业进一步发展壮大，在智能手机业务带动下，华为营收继续保持高速增长态势；中兴通讯走出手机业务疲软、美国“封杀”、天价罚金等困境，积极实施战略转型，部署 5G 端到端解决方案；OPPO 智能手机在 2017 年第三季度实现了国内市场占有率第一，并稳居国内四大手机品牌之列；小米通过在商业模式和核心技术上的持续创新，2017 年实现营收高速增长，突破 1000 亿元大关。

第一节　华为技术有限公司

一、发展情况

华为轮值 CEO 胡厚崑表示，2017 年华为全年销售收入预计约 6000 亿元人民币，同比增长约 15%。美国媒体 USA Today 以企业在 2016 年和 2017 年所获得的专利数量为标准发布了一份榜单，这份榜单统计了世界上最具创新力的前 50 家企业，华为排名 20 位，是我国大陆地区唯一上榜的企业。

在华为三大业务中，手机业务成绩显著：华为手机全年出货量 1.53 亿台，全球份额突破 10%，稳居全球前三，在中国市场持续保持领先。华为新推出的 Mate 10 成为首款加载人工智能芯片的手机。在欧洲市场，华为长期占据着优势。2017 年，华为在欧洲首发了 P10、Mate 10 等旗舰产品，收获了大量用户和媒体的好评。在 Counterpoint 对欧洲消费者进行的最喜欢的手机品牌问卷调查中，华为排名第三，仅次于苹果和三星。2017 年年底，华为表示将在美国市场销售旗舰手机和产品。

2017 年，华为积极推进 5G 业务发展。目前，华为已经在伦敦、柏林、北京、上海、东京、米兰、迪拜、温哥华、多伦多、首尔等 10 个核心城市与全球各区域最领先的运营商合作实现了 5G 预商用网络部署。6 月 28 日，华为联合中国移动展示了全球首个 5G 服务化核心网样机。9 月中旬，华为联合德国电信在德国正式推出全球首个 5G 预商用网络。

二、发展策略

从端、联接、云、芯四个方面构建智能终端。在终端方面，通过计算机视觉、海量传感器、人工智能、虚拟现实/增强现实等技术让终端具有智慧能力；在联接方面，积极布局智慧家庭等全终端消费场景，构建了 Hi－link 开放平台；在云方面，基于大数据和机器深度学习，实现以用户为中心的辅助决策，以及跨平台一致体验的迁移；在芯片方面，基于麒麟芯片技术，加速深度学习的算法，支持异构计算。

坚持“平台”＋“生态”战略。华为“平台”战略的核心是基于在技术上高强度的投入，提供创新、差异化、领先的 ICT 硬件基础设施和软件基础设施，与合作伙伴一道助力客户实现数字化转型。“生态”战略强调的是将以客户为中心，构建可持续发展的生态体系，持续加大在产业联盟、商业联盟、开源社区、开发者平台等领域的建设和投资，充分发挥合作伙伴的优势，做大产业，形成共生、互生和再生的利益共同体。

第二节　中兴通讯股份有限公司

一、发展情况

财报显示，中兴通讯 2017 年前三季度实现净利 39 亿元，同比增长 36.58%，预计全年净利可达 43 亿—48 亿元，增速远超行业平均水平；从市场看，中兴通讯不仅在 LTE、网络虚拟化等领域表现出色，更打响了“5G 先锋”的企业品牌。根据咨询机构 Ovum 最新发布的报告，在大规模天线 Massive MIMO 技术、

5G 系列化基站、微波、回传/前传、核心网和终端等 5G 六大产品系列中，中兴通讯是全球仅有的两家能够提供完整 5G 端到端解决方案的厂商之一。中兴通讯不仅于 2017 年 2 月份在巴塞罗那展上率先发布 5G Flexhaul 承载方案，且只用半年时间就完善了产品线，实现端到端承载。

从核心的 LTE 来说，中兴通讯稳居前四大供应商之列，获得全球主流运营商、行业咨询机构的高度认可，全球累积发货份额接近五分之一。根据 Gartner “LTE 魔术象限” 报告，从 2016 年开始中兴通讯被持续纳入“领导者”象限；GlobalData 2017 年 6 月的 LTE 产品评级报告，将中兴通讯 LTE 系列基站评为行业唯一的“领导者”，认为其基站在小区容量和用户容量方面均优于业界其他同类产品。与此同时，中兴通讯将 Massive MIMO 等 5G 核心技术应用于 4G 网络，“Pre-5G” 在 2017 年攻城略地，数据显示 Pre-5G 在全球 40 多个国家 60 多张网络中部署。

二、发展策略

近年来，中兴通讯经历了手机业务疲软、美国“封杀”、天价罚金等逆境，战略转型已经是企业实现突围的必要选择。2017 年，中兴通讯专注主业，持续加大研发投入，在 5G 无线、核心网、承载、芯片等核心技术领域，保持业界领先；聚焦主流运营商市场和价值客户，积极参与全球网络建设与技术演进，为全世界带来更便捷的互联互通；积极探索新兴技术，以更开放的态度与合作伙伴展开密切合作，构建合作共赢的产业生态链。

无线产品方面，中兴通讯率先提出在 4G 网络应用 5G 关键技术 Massive MIMO，推出 Pre-5G 产品，助力运营商以较低的成本提高网络性能，并在全球多个国家已实现商用。5G 技术方面，中兴通讯参与了 5G 标准制定工作，推出了自主研发的 5G 高频基站产品，并凭此产品率先完成我国 5G 技术试验第二阶段测试中的高频 26GHz 测试，为高频通信的产业化奠定了基础。

有线及光通信产品方面，中兴通讯光接入产品仍占市场领先地位。承载产品则围绕着 4G/Pre-5G/5G 承载、大视频业务承载、数据中心虚拟化承载、OTN 网络升级改造、IP 与光融合承载等热点提供解决方案营销，同时推出业界首款 T 级别 5G 承载旗舰平台、成功通过中移 5G 承载 SPN 原型设备实验室测试，取得耀眼成绩。在光传输领域，中兴通讯发布了业界首款基于光波导技术的“下一代256T超大容量交叉平台”。

第三节　烽火通信科技有限公司

一、发展情况

烽火通信是我国信息通信领域主要的产品和综合解决方案提供商之一，公司的主营业务立足于光通信，并深入拓展至信息技术与通信技术融合而生的广泛领域，长期耕耘国内、国际的运营商和信息化市场，在全球50多个国家构建了完备的销售与服务体系，形成11个全球交付中心，产品与服务覆盖90多个国家与地区。拥有武汉、东北、华东、西南、西北、南美、南亚、北非等产业基地，全资、控股、参股数十个子公司。烽火通信财报显示，2017年前三季度共实现营收150.36亿元，同比增长25.39%；净利润5.97亿元，同比增长12.4%。2017年11月，烽火通信获得“2016—2017年度中国光通信最具综合竞争力企业10强”“2016—2017年度中国光传输与网络接入设备最具综合竞争力企业10强”“2016—2017年度全球光通信最具综合竞争力企业10强”等多项荣誉。

二、发展策略

积极构建未来超宽网络。烽火通信拥有业界最完整的光通信产品形态，携手运营商伙伴，构建基于“IP+光”、软件定义的超宽承载网络。在海洋网络领域，形成了海陆一体的全套海洋网络解决方案，在国内国际两个市场实现了规模商用；在特种光纤领域，创新研制超细保偏型光子晶体光纤，2017年在中国自主研制的货运飞船上首飞，实现了光纤应用从地表走向太空；在超低损领域，烽火推出了超强抗弯、超低损、大有效面积光纤，解决超100G系统的超长跨距传输瓶颈；此外还推出了单模七芯光纤，实现了560Tb/s超大容量传输，一根光纤同时容纳135亿人通话。在云网一体方面，烽火通信创新推出基于云平台、下一代DC、SDN化的云网一体FitHaul 5G承载解决方案。该方案能够有效满足运营商在5G承载场景下的多样化需求，只要一张网就可以满足大带宽、低时延、高精度、安全性、移动性、广覆盖、低功耗等差异化的需求，真正实现一张网承载全业务。

持续推进创新、供应链和营销能力建设。烽火通信持续加大研发创新投入，公司从事产品和方案研发员工超过35%，每年营收10%投入研发，持续推进IPD流程优化。烽火还在不断加强供应链优化和营销服务能力建设，积极推进采购体系建设，布局厄瓜多尔、印度、中东等海外生产基地，强化营销服务体系建设，导入LTC管理机制，建设更契合一线的运作机制与作战队伍。在国际化方面，烽火已经在海外建立了30个代表处及分公司，成立了11个全球交付中心。烽火通信光纤光缆产品出口全球40多个国家，海外市场份额连续多年行业领先。同时，烽火通信还与包括西班牙电信、德国电信等全球知名企业建立了稳固的合作关系。

第四节　广东欧珀移动通信有限公司

一、发展情况

广东欧珀移动通信有限公司（简称“OPPO”），成立于2004年，致力于为客户提供先进和精致的智能手机、高端影音设备和移动互联网产品与服务，业务覆盖中国、美国、俄罗斯、欧洲、东南亚等广大市场。OPPO业务从MP3、MP4、蓝光高清影音逐步进入手机和移动互联网等领域，正致力于打造自身成为专业化的智能手机与移动互联网公司。根据市场研究机构Counterpoint公布的2017年第三季度中国智能手机市场报告，OPPO占据国内市场第一的宝座，市场份额高达18.9%；华为、vivo的市场份额均为18.6%，以0.3个百分点的细微差距位居OPPO之后。

二、发展策略

保持精品策略。OPPO坚持“全方位地创造完美体验，不断满足甚至超越用户期待，并最终经得起用户和市场考验的产品才是精品”理念，通过发展精品带来口碑，通过口碑成就市场，在2017年继续选择集中研发、生产、营销、渠道等资源，在一段时间内做最重要的事情，集中精力成就爆品，推出R11s手机。

注重营销力度建设。针对年轻人感兴趣的领域，OPPO在2017年进行了一系列定制化传播。例如，根据每位明星的特点“量身定制”微电影，将手机人的人设与明星形象密切捆绑在一起，给予用户更立体的形象代入感；与奢华美妆品牌法国娇兰推出热力红手机礼盒；与知名独立设计师上官喆联手设计潮酷卫衣；成为巴萨足球俱乐部的官方合作伙伴等，这些为OPPO赢得了“粉丝”圈层之外更加大众化、年轻化的市场，也为OPPO品牌持续加分。

第五节　北京小米科技有限责任公司

一、发展情况

北京小米科技有限责任公司成立于2010年4月，是一家专注于智能硬件和电子产品研发的移动互联网公司。“为发烧而生”是小米的产品概念。小米公司创造了用互联网模式开发手机操作系统、发烧友参与开发改进的模式。2017年，小米发布手机芯片“澎湃S1”，成为继苹果、三星、华为后第四家集手机与芯片自研的“双全”企业，完成了从商业模式的创新到核心技术创新的跨越式转变。同时手机产品成功打入高端市场。小米MIX获2017年IDE-A设计金奖，被誉为全球首款全面屏手机，引领了全面屏手机热潮。12月14日法国乔治·蓬皮杜国家艺术文化中心正式宣布将小米公司的全面屏智能手机小米MIX和小米MIX 2列入馆藏，这是我国消费电子产品首次被世界级艺术博物馆收藏。

二、发展策略

进军并立足高端产品市场，手机销量逆势反弹。小米主打手机“小米6”

成为国内首款骁龙 835 机型，6GB 内存一步到位，同时坚持性价比策略；小米 MIX2 补足前代短板，担当起旗舰重任，让小米在 3000 元以上市场站稳脚跟。据小米有关负责人表示，截至 2017 年 10 月，小米手机全球出货量已超过 7000 万台，收入突破 1000 亿元，预计全年达到 1300 亿—1400 亿元。其中，在印度市场，2017 年第三季度小米凭借 920 万台手机出货量，占有印度智能手机 23.5% 的市场份额，首次超越三星成为印度第一大手机品牌。

落实新零售战略，线下疯狂扩张，周周有新店。截至 2017 年 10 月，小米全国门店总数达到 216 家（小米之家 101 家 + 小米专卖店 115 家），覆盖了 26 个省的 146 个城市（含港台），这也大大推动了小米手机产品的销售。

第三十三章 消费电子设备行业重点企业

第一节 TCL集团股份有限公司

一、总体发展情况

2017年TCL集团预计全年净利润为350000万—380000万元，比上年同期上升64%—78%；归属上市公司股东的净利润为260000万—280000万元，比上年同期上升62%—75%。TCL多媒体受益于华星光电液晶屏的垂直整合优势，产品结构不断改善，销售渠道持续优化，在海外诸多区域已建立竞争优势，北美市场以及巴西等新兴市场销售量持续快速增长，全年累计销售量同比大幅提升131.5%。TV+平台的可运营用户数量快速增长。报告期内，TCL集团累计实现液晶电视销量2377.4万台，同比增长15.9%。其中，智能网络电视销量为1512.7万台，同比增长34.8%。

二、企业发展战略

2017年，TCL集团有限公司将智能终端产品搭载互联网和移动互联网应用，推动“智能+互联网”“产品+服务”的“双+”战略，在主要产品销量持续增长的同时，实现了可运营终端及互联网活跃用户数的快速增长。TCL多媒体组建的以智能电视应用服务为主的雷鸟科技公司，得到腾讯的投资，这是TCL集团有限公司在家庭互联网战略转型的突破。2017年11月2日，由TCL集团副总裁、TCL多媒体CEO王成亲自代言的量子点电视Q960C完成线上首发。原色量子点技术提供比传统电视显示技术更纯净、更明亮、更逼真的色彩。在消费升级的大背景下，TCL 能够满足不同消费者多样化需求的高端产品必将越来越丰富。2017 年上半年 TCL 集团股份有限公司建设 G11 大屏幕产线和 G6 柔性 AM - OLED 产线，通过技术升级迭代，提高规模及效率，保持竞争优势。同时公司主营业务包括 11（7 +3 +1）个业务板块——产品业务（7 个板块）：半导体显示业务（包括华星光电和华显光电（0334. HK））、TCL 多媒体电子（1070. HK）、TCL 通讯科技、家电集团、通力电子（1249. HK）以及商用系统业务群和部品及材料业务群；服务业务（3 个板块）：互联网应用及服务事业本部、销售及物流服务业务群（含翰林汇（835281））以及 TCL 金融。

第二节　青岛海信电器股份有限公司

一、总体发展情况

2017 年上半年青岛海信电器股份有限公司实现营业收入 135. 67 亿元，同比增加 2. 09%；归属于上市公司股东的净利润为 3. 96 亿元，同比减少 46. 55%。截止到 2017 年 6 月底，海信互联网电视全球激活用户量 2679 万，其中国内累计激活 2236 万，海外累计激活 443 万。2017 年第一季度海信在全球 4K 电视、曲面电视、智能电视等高端电视市场保持前三位。2017 年 4 月，海信电视成为 2018 年世界杯的官方赞助商和官方电视机产品供应商，成为继索尼之后世界杯第二家电视产品官方赞助商。

二、企业发展战略

海信在 2017 年的发展可以概括为“国际化”“合纵连横”和“技术创新”。2017 年 4 月海信正式宣布拿下 2018 年俄罗斯世界杯的官方赞助权益，届时海信将出现在 2018 年 FIFA 世界杯赛事期间的场地广告、门票、新闻背板和直播比分弹窗上，当然海信两千多万互联网电视用户也将享受到更多的独家资源。2017 年 11 月 14 日，海信集团旗下上市公司海信电器股份有限公司与东芝株式会社在东京联合宣布，前者将以129亿日元收购后者旗下东芝映像解决方案公司95%的股权。收购完成后，海信电器将享有东芝电视产品、品牌、运营服务等一揽子业务，并拥有142年历史的东芝旗下电视品牌全球40年的品牌授权。

第三节　康佳集团股份有限公司

一、总体发展情况

2017年，康佳集团股份有限公司共实现营业总收入312.28亿元，同比增长53.84%；实现归属于上市公司股东的净利润50.57亿元。2017年度，非经常性损益金额预计约为50亿元，主要为本公司转让深圳市康侨佳城置业投资有限公司70%股权产生的收益。

二、企业发展战略

2017年，康佳继续推进发展模式升级和机制体制变革。在发展模式的转变与升级方面，康佳改变了以往单纯以硬件为主要赢利手段的模式，确立了“硬件+软件”“终端+用户”“投控+金融”的发展模式和“科技+产业+城镇化”的扩张思路。此外，康佳进一步明晰了发展战略，通过大力发展供应链管理业务、加速推进互联网运营、全面布局物联网领域、快速拓展科技产业园区开发、积极启动创新创业平台参与产业对接。同时，康佳与联发科、AliOS等行业巨头推出的“探路者计划”，通过与LOT厂商的通力合作，打造全新的产业生态圈，树立了“硬件+软件、终端+用户、投控+金融”的全新战略发展蓝图。另一方面，康佳通过快速投资并购实现扩张，利用上市公司平台在TMT产业、智能制造、新能源、新材料、大健康等行业进行投资，实现产业链的快速扩张。通过直投、削减产业完成升级和转型，最终形成物联网生态链。2017年康佳不再依赖传统彩电行业的获利，形成了以集团为核心的投资控股企业，在新兴产业、供应链金融、互联网运营、物联网方面努力发力，形成了更为综合性的集团体系。其中与东方资产签约合作并设立产业基金，为更多的上市公司提供发展机会。

第四节 四川长虹电器股份有限公司

一、总体发展情况

2017 年上半年四川长虹电器股份有限公司营业收入 3476320.4 万元，同比增长 6.07%；归属于上市公司股东净利润 15452.4 万元，同比下降 66.55%。2017 年上半年，四川长虹电器股份有限公司深入推动产业格局向互联网、国际化、产融结合、企业客户四大维度转型；以“长虹国际”为主体推动海外平台调整与革新，完善海外品牌发展架构设计，理顺海外品牌与 OEM 业务关系；积极推动传统渠道电商化转型。

二、企业发展战略

2017 年上半年推出智慧家庭应用解决方案，在智能控制、安全、大媒体、能源、健康等五个业务方向取得突破，实现规模化上市销售。发布全球首个 AICenter（以电视机为中心的人工智能平台）。公司“大用户中心”用户数已超 3000 万，通过合并分析用户数据，为业务部门提供用户标签、用户画像、自动化营销等多项数据参考支撑，推动由产品运营向“产品 + 服务”的用户运营转型。推动彩电产品和销售结构双优化，实现零售均价同比增速领先行业；抢占大屏电视爆发性增长机遇，提前布局激光电视领域，建成激光产品制造中心并正式投产。

第五节　创维数字股份有限公司

一、总体发展情况

2017年，创维数字全年营业收入为72.55亿元，同比增长22.4%，归属于上市公司股东的净利润为9433.57万元，同比减少80.61%。2017年上半年来自海外市场的营业额占集团总营业额35.3%，较上年同期增加21.1%，贡献主要来自彩电海外市场，集团紧抓国家"一带一路"战略所带来的巨大商机和机遇，致力通过"国际化"战略完善全球布局。数字机顶盒海内外业务齐头并进，均实现了销量和营收双增长。同时2017年上半年数字机顶盒在中国大陆市场的营业额为24.12亿港元，较上年同期增加30.3%；于海外市场的营业额上升31.3%至14.22亿港元；白电产品在中国大陆市场的营业额为10.55亿港元，较上年同期上升5.0%；集团彩电营业额为87.64亿港元，较上年同期下跌6.5%。

二、企业发展战略

长期以来，创维在核心产业彩电领域多次引领、推动产业转型升级，尤其在第三代显示技术OLED领域自主研发，率先抢占行业风口。2017年创维推出了业界首款搭载光学防蓝光技术的电视G6B，从背光源处剔除有害蓝光，在不损失显示效果的前提下，达到护眼更健康，护眼不偏色。

第三十四章　集成电路行业重点企业

第一节　上海兆芯集成电路有限公司

一、总体发展情况

兆芯现采用无工厂生产模式，使用世界领先的40nm和28nm芯片生产工艺研发各类智能终端处理器芯片。作为国家“十二五”规划重点发展目标之一，兆芯立足于处理器芯片等集成电路的开发和设计，兼具CPU、GPU和芯片组等方面的设计能力优势，旨在为业界提供满足国家战略需求、高性能、低功耗、低成本的芯片及配套解决方案，成为中国核心处理器芯片的重要供应商之一。

目前兆芯的主要产品包括兼容X86架构的CPU/SoC处理器、ARM Cortex AX系列和融入自主知识产权GPU的Elite系列各类SoC芯片。一是兼容X86架构的CPU/SoC处理器产品线，立足于国内市场，首先在计算机桌面平台领域积极推广，以此为基础逐步辐射到服务器及嵌入式工控领域。二是ARM系列处理器产品线。兆芯的ARM系列产品，立足于广电机顶盒市场发展，并向物联网方面发展。三是GPU系列。通过桌面级GPU的设计，在确保GPU整体设计水准制高点的基础上，主要进军机顶盒市场，其中对VR解决方案需求较高的市场将是一个重点，也是兆芯的优势。同时兆芯将积极考虑人工智能领域，开拓相关市场。

二、企业发展策略

兆芯立足于处理器芯片等集成电路的开发和设计，兼具CPU、GPU和芯片组等方面的设计能力优势，旨在为业界提供满足国家战略需求、高性能、低功耗、低成本的芯片及配套解决方案。未来五年，兆芯将继续推进 X86 架构和 ARM 架构处理器的研发，向处理器技术研发纵深发展，逐步追近国际领先水平，为我国集成电路产业发展贡献更多力量。

一是积极参与 X86 CPU/SoC 的国产定制化市场竞争，在技术和市场上实现对国内竞争对手的全面压制。以国产定制化市场为基础，取得市场和产业链的认可和信任，建立口碑；依托于国产定制化市场，利用产品支持 Windows 操作系统的独特优势，与国内软硬件厂商合作争取在 2018 年之前实现 Windows 可控，作为支持信息安全可控市场的技术基础，积极培育和开拓信息安全可控市场；不断优化产品研发，实现成本优化和性能提升，以实现自身产品的性价比的提高，并持续关注通用市场的发展趋势和技术需求，期望能够抓住机会实现弯道超车，实现通用市场的突破。

二是 ARM 系列产品，在原有广电机顶盒市场发展的基础之上，未来将会向物联网方面发展。ARM 产品的多样性，也决定了 ARM 的产品可向多个方面发展，兆芯未来会立足于广电机顶盒的发展，同时也会在 IPTV、OTT 市场进行更深入的调查和研究，对整个行业进行多方面的了解。兆芯未来会不断地开发新型应用功能，补充到广电机顶盒的产品之上，比如现有的相对热门的功能 VR，兆芯充分利用 GPU 的能力，开发出了适用于广电机顶盒的实用解决方案。在未来，会更进一步地加强，把只能从电脑实现的 VR 游戏及其他应用，几年内在机顶盒上实现。同时兆芯将积极考虑人工智能领域，开拓相关市场。

第二节　中芯国际集成电路制造有限公司

一、总体发展情况

中芯国际是中国大陆最大，全球排名第五的集成电路代工企业，中芯国际现有 3 座 12 英寸晶圆厂和 4 座 8 英寸晶圆厂，合计约 8 英寸设计产能为

486 千片/月。从制程节点上来看，中芯国际可提供 0.35μm—40nm 工艺代工，在 2014 年实现 28nm 量产，但 40nm 以上成熟工艺仍为公司主要业务。基于 45nm 以上的成熟工艺产能为 362 千片/月，占总产能比重为 75%。从应用产品来看，包括混合信号/CMOS 射频电路、高压电路、逻辑电路、闪存内存、EEPROM、系统级芯片、影像传感器，以及硅上液晶微显示技术。通信类产品占半壁江山，第二位是消费类产品。从客户构成来看，一半以上客户来自中国大陆地区，公司前 10 大客户中，5 家来自中国，3 家来自美国，2 家来自欧洲。

二、企业发展策略

运作机制坚持国际化运作。中芯国际一直坚持国际化发展战略，一方面有利于公司突破瓦森纳协议的限制，在引进先进技术和设备方面受限制较小；另一方面有助于降低融资成本，国际资本市场的融资成本相对于国内为低，公司在美国进出口银行贷款利率仅为 1.21% ~1.75%。此外公司在管理、生产、研发方面也保持国际化运作，在全球范围引进既熟悉行业又有管理经验的人才，公司的国际化企业文化适合高端人才快速适应工作岗位。2014 年中芯国际得到了国家集成电路基金的大力支持，目前公司内部国有股本已占 40% 以上，有部分国际企业质疑其"国进民退"的产权变革，使中芯国际处于两难之中。但另一方面，受益于中国大陆良好的集成电路发展环境，公司股价已上升 80% 以上，优异的公司业绩为其引进国际战略资金打下良好基础，使其能够继续走国际化发展道路。

以盈利为中心。集成电路代工业是投资周期较长的资本密集型企业，特别是中芯国际目前所追求的先进工业代工策略，需要持续投资以形成规模经济效应，但在投资前几年会由于大规模投入而带来亏损，如折旧增加等。在张汝京时代，中芯国际注重于快速扩张，大力建设生产线，造成中芯国际亏损多年，投资者对此颇有怨言。在张文义执掌中芯国际后，公司转向坚持以利润为中心的经营思路，以"两条腿走路"的技术路线和合理的公司规模为两个支撑点，采取先进工艺和成熟工艺并举的技术发展策略。目前，中芯国际已连续 18 个季度实现盈利，公司走向良性的发展道路。但从长远来看，中芯国际工艺技术仍落后于国外，与国际先进代工工艺差距两代左右，而对于纯晶圆代工厂来说，技术的先进性是保证持续赢利重要条件。

第三节 江苏长电科技股份有限公司

一、总体发展情况

2016年，长电科技主营业务收入实现翻番，主要原因为长电科技在年内基本完成对星科金朋的后续整合工作，并合并了财务报表，销售额实现翻番，达到193亿元，同比增长109.3%。此外，由于星科金朋韩国公司有多年的韩国生产、研发等运营经验，长电科技在韩国设立的全资子公司JCET与星科金朋配合投资了高阶SiP产品封装测试项目，并于2017年第三季度实现了量产。但由于星科金朋一直处于亏损状态，导致归属上市公司股东净利润下降超过五成。

二、企业发展策略

长电科技始终坚持内生外延兼顾的发展策略。内生方面，高端产能已进入回收期，未来将持续放量，传统封装测试业务逐步实现扭亏为盈，业绩拐点明显显现；外延方面，预计通过一系列措施如机制优化、扁平管理、债务剥离和导入客户等，尽快扭转星科金朋微亏损局面。通过提升效率、集中资源以及全球战略等驱动将集团优质资产注入上市公司。此外，长电科技下一步将继续培育具有自主知识产权的核心竞争力，在公司的十年发展规划中，公司计划承接280亿—300亿元的产业基金，在2018年和2023年分别完成100亿—150亿和400亿元的收入目标并进入全球封装测试行业前三位。

第三十五章　新型显示行业重点企业

我国新型显示企业近年来取得跨越发展，在产业规模、创新能力、经营水平、知识产权等方面不断进步，全球市场竞争力稳步提高，国际话语权显著增强。2017 年，我国新型显示继续保持快速发展势头，AMOLED、10.5 代、氧化物等产线建设顺利，企业创新能力进一步提升。通过强化自主创新，多款显示产品实现全球首发，大尺寸、超高分辨的技术储备居全球领先水平。在经营水平上，骨干企业根据市场变化积极调整产品结构，紧跟客户需求，企业经营抗风险能力明显增强，造血功能逐渐完善。在知识产权方面，企业积极参与国际、国内、行业和团体标准的制定，加快专利布局，提升国内面板企业在高分辨、窄边框、柔性、AMOLED 等高端面板的竞争实力。

第一节　京东方科技集团股份有限公司

一、总体发展情况

京东方科技集团股份有限公司（BOE）创立于 1993 年 4 月，是一家为信息交互和人类健康提供智慧端口产品和专业服务的物联网公司。核心事业包括显示和传感器件、智慧系统、健康服务。显示和传感器件产品广泛应用于手机、平板电脑、笔记本电脑、显示器、电视、车载、可穿戴设备等领域；智慧系统为新零售、车载、金融、教育、艺术、医疗等细分行业领域，提供物联网整体解决方案；健康服务事业与医学、生命科技相结合，发展移动健康、数字医院、再生医学，整合健康园区资源。

根据 2017 年前三季度市场数据，BOE（京东方）智能手机液晶显示屏、平板电脑显示屏、笔记本电脑显示屏出货量均位列全球第一，显示器显示屏、电视显示屏出货量居全球第二。2017 年前三季度，BOE（京东方）营收 694 亿元，较上年同期增长 51.41%，归属于上市公司股东的净利润为 64.8 亿元，同比增长超 45 倍。2017 年，BOE（京东方）新增专利申请量 8678 件，其中发明专利超 85%，累计可使用专利数量超过 6 万件，位居全球业内前列。美国商业专利数据显示，2017 年，京东方再次进入美国专利授权量 TOP50，排名第 21 位，年增长率超 60%，连续两年成为美国 IFI Claims TOP50 增速最快的企业。

二、企业发展策略

（一）扩大显示和传感器事业群，保持领先优势

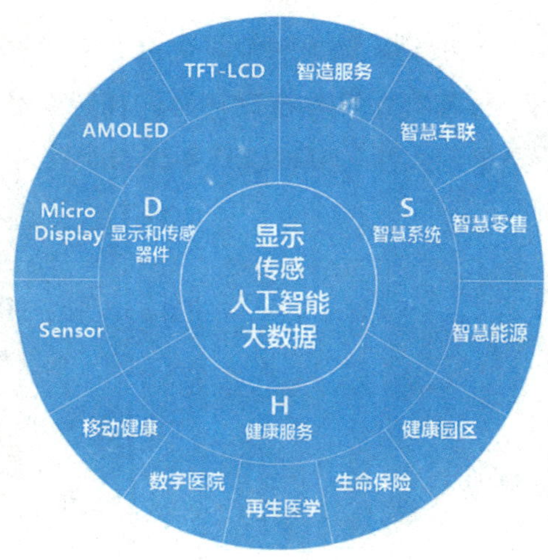

图 35－1 BOE 战略架构图

资料来源：京东方。

近年来，BOE（京东方）引领 TFT－LCD 技术的创新和发展，致力于加快 AMOLED、柔性显示、VR/AR 等新型显示器件及传感器件的进步，为智能手机、平板电脑、笔记本、显示器、电视、工业控制、健康医疗、VR/AR 等应用领域提供更好的产品和服务，不断拓展新应用领域。并加快推进基因测序、理化检测、分子天线、光电传感和安防等传感器领域发展，在显示基础上向信息交互端口和相关传感器转型升级。

（二）打造智慧系统事业，推进转型升级

以“物联网和人工智能”为主要方向，BOE（京东方）基于在显示、人工智能和传感技术上的优势，发展智造服务、智慧零售、智慧车联、智慧能源四大物联网解决方案。智造服务方面，着力打造智能工厂，颠覆传统制造模式，给用户全新的智能制造服务体验，打造个性化定制服务体系。智慧零售方面，致力于在新零售领域提供“硬件产品 + 软件平台 + 场景应用”的整体物联网解决方案，应用于商超、艺术、金融、教育等细分行业领域。商超零售领域，BOE（京东方）通过电子价签、自助终端等设备，连接线上线下业务，通过价格管理、货架管理、物流管理、客户行为分析等应用模块，为零售业全产业链提供物联网解决方案；艺术零售领域，BOE（京东方）发布了一款面向家用、商用的数字艺术物联网产品 BOE 画屏。BOE 画屏数字艺术馆意在将绘画与影像等艺术品数字化，与互联网技术、云平台融合，足不出户遍览全球艺术珍品。智慧车联方面，BOE（京东方）车载显示产品已应用到全球几乎所有的主流汽车品牌商中，可提供高清、异形和曲面车载显示产品，并致力于提供全车显示系统、液晶天线系统、先进驾驶辅助系统、高精度定位系统等全车电子系统，更好地为广大用户服务。智慧能源方面，提供以光伏光热为代表的太阳能应用解决方案，并提供智能检测运营管理平台，对发电情况实时监测管理，提供节能照明解决方案。

（三）投身健康服务事业，跨界融合发展

BOE（京东方）将多年积累的显示、传感、人工智能和大数据四大核心技术与医学、生命科技相结合，跨界创新，发展移动健康、数字医院、再生医学，整合健康园区资源，提供物联网智慧健康产品及服务。目前，BOE（京东方）提供无创血液监测等移动健康终端设备，通过智能终端检测数据，智能医学助理可以预测健康风险、出具治疗建议方案，为用户提供个性化诊疗和健康管理方案。同时，BOE（京东方）已经布局了两家医院，国际化高端综合医院——北京明德医院和合肥京东方数字医院，数字医院与美国 Dignity Health 展开合作，引进国际顶尖的医疗技术和运营理念。

第二节　深圳市华星光电技术有限公司

一、总体发展情况

深圳市华星光电技术有限公司（以下简称华星光电）成立于2009年，坐落于深圳市光明新区高新技术产业园区。目前，华星光电共有量产线3条，包括深圳2条8.5代TFT－LCD和武汉1条6代LTPS－LCD线，产品全线覆盖大尺寸电视面板和中小尺寸移动终端面板。在建产线2条，分别是深圳11代和武汉6代AMOLED产线，合计投资额1646亿元。

2017年，华星光电8.5代液晶玻璃基板投片量339万片（t1、t2产线合计投片量），同比增长20%。液晶电视面板及模组产品销售面积约折合液晶玻璃基板325万片，同比增长约20.6%。t1、t2项目满产满销，产能利用率和产品综合良率继续保持较高水平，市场份额不断提升，产品结构继续改善，32英寸电视面板市占率全球第二，55英寸大尺寸产品市占率保持国内第一。t3项目主要生产高端智能手机及移动PC用面板，对一线品牌客户的出货量持续增长，并持续开发新客户，已开发了多款全面屏产品。t6项目于11月底在深圳提前一个月完成主体厂房封顶，预计将于2018年5月设备搬入，12月点亮投产。t4项目在12月底提前四个月完成主体厂房和动力厂房双封顶，刷新了业内同类厂房建设速度纪录。受液晶面板价格回暖、成本控制，以及大尺寸产品占比提升等因素影响，华星光电的盈利保持了较好水平。华星光电实现销售收入296.4亿元，同比增长32.5%。

表35－1　华星光电产线布局

地点	代号	代线	技术	投资额（亿元）	产能（K/月）	量产时间
深圳	t1	8.5代线	a－Si TFT－LCD	245	150	2011.8
深圳	t2	8.5代线	a－Si TFT－LCD	244	140	2016.9
武汉	t3	6代线	LTPS TFT－LCD	160	30	2017.1
武汉	t4	6代线	柔性LTPS TFT－AMOLED	350	45	2019.6
深圳	t6	11代线	a－Si TFT－LCD	465	90	2019.3

资料来源：华星光电，赛迪智库整理，2018年1月。

二、企业发展策略

（一）调整业务架构，优化融资平台

为了更加客观体现新型显示产业的市场价值，华星光电母公司计划将上市公司 TCL 集团作为半导体显示业务的融资平台，将终端产品业务逐渐整合到香港上市公司。2017 年 6 月，华星光电完成对华显光电的收购，强化了武汉华星小尺寸显示屏和华显光电显示模组项目产业链上下游协同整合。2017 年 9 月，TCL 发行股份购买深圳华星光电股权至 85.71%，同时转让 TCL 通讯 49% 的股权，引入具备产业背景和业务资源的战略投资者。

（二）加快技术创新，优化产品结构

华星光电在显示领域采取差异化战略，大尺寸上向超大尺寸发展，小尺寸向柔性方向发展，力图在 OLED 和 LCD 至少并行五年的时间内提高盈利能力，加快投入下一代生产线。2017 年，华星光电在美国共获得专利 708 件，同比增长 44%，全球排名第 45 位。第五届中国电子信息博览会上，华星光电多款展品获得大奖，其中，65 英寸 8K 超薄曲面电视荣获金奖，32 英寸 8K4K IGZO 和 55 英寸 IGZO LCD 荣获创新奖。

第三节　天马微电子股份有限公司

一、总体发展情况

天马微电子股份有限公司成立于 1983 年，1995 年在深圳证券交易所上市（证券简称：深天马 A，证券代码：000050），是一家在全球范围内提供显示解决方案和快速服务支持的创新型科技企业。

公司服务于移动智能终端显示市场和专业显示市场，产品广泛应用于智能手机、平板电脑、智能穿戴、车载显示、医疗显示、工业控制、航空显示和智能家居等众多领域，为客户提供最佳的产品体验。2017 年，公司中小尺

寸模组出货量继续保持全球领先，并在高端医疗、航空娱乐、航海、VOIP 等领域市场份额排名全球第一，多款产品支持客户实现全球首发，产品质量在多个品牌客户排名第一。公司致力于不断创新，更好地服务客户与应用领域的差异化需求。2017 年天马前三季度盈利 7.53 亿元，同比增长 99.48%，每股收益为 0.54 元。

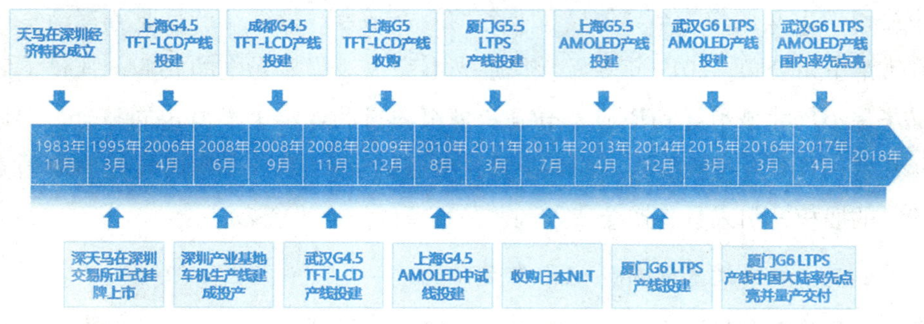

图 35 – 2　天马发展示意图

资料来源：天马微电子。

二、企业发展策略

（一）坚持产品和技术领先战略，加强技术研究与应用

天马微拥有诸多国际先进、国内领先的行业前沿及量产技术，如 LTPS、AMOLED、触控一体化技术（On-cell、In-cell）、柔性显示、ForceTouch、Oxide、3D 显示、透明显示等，均已获得自主知识产权，同时积极推进柔性显示技术的布局，基于 AMOLED 技术的柔性项目开发平台已经完成，为柔性技术量产奠定基础。2017 年，公司在核心技术领域专利申请数量及质量得到进一步提升。公司承担国家发改委、科技部、工信部等多个重大国家级专题项目，设有 TFT – LCD 关键材料及技术国家工程实验室、国家级企业技术中心、博士后流动工作站，并在先进技术方面长期积累和持续投入，为应用领域的创新发展奠定基础。

（二）坚持品牌战略，聚焦价值客户

天马微坚持中高端产品策略，聚焦价值客户，稳定并扩大现有市场占有率，在专业显示市场，天马微已建立比较优势和竞争壁垒，重点关注车载、

轨道交通、航空、航海等快速成长市场，巩固工控、医疗、航空等领域的优势，同时开拓智能家居、充电桩、无人机、AR/VR 等新兴市场，主动把握下游应用市场的发展趋势，积极投入资源不断提升全球市场份额。公司产线组合完善并不断加大对全球先进技术和高端产线的布局，现经营管理 4.5 代 a－Si、5 代 a－Si、5.5 代 LTPS、5.5 代 AMOLED、6 代 LTPS、6 代 LTPS AMOLED 等多条产线。其中，厦门 5.5 代 LTPS 产线为中国第一条，并率先实现满产满销；上海 5.5 代 AMOLED 产线已向移动智能终端品牌大客户量产交付；厦门 6 代 LTPS 产线在中国大陆率先点亮并量产交付；武汉 6 代 LTPS AMOLED 产线已于 2017 年 4 月 20 日在中国率先点亮。公司产业基地分布在深圳、上海、成都、武汉、厦门、日本等六地，并在美国、德国、韩国、台湾、香港等主要发达国家与地区设有全球营销网络和技术服务支持平台。

第三十六章　太阳能光伏行业重点企业

第一节　晶科能源控股有限公司

一、总体发展情况

2017 年，晶科能源组件出货量预计为 9.807GW，同比增长 47.3%。晶科电力是专业从事光伏电站开发、建设、运营、投资的企业，截至 2017 年 9 月 30 日，已建电站 246 个，累计装机容量接近 3GW。

表 36－1　2017 年 Q1—Q4 晶科能源生产经营数据

	组件出货量（MW）	净收入（百万美元）	毛利率	净利润（百万美元）
2017Q1	2068	839	11.2%	8.8
2017Q2	2884	1168.9	10.5%	6.9
2017Q3	2374	964.8	12%	1.7
2017Q4	2481	976.4	11.6%	3.5

资料来源：企业财报，赛迪智库整理，2018 年 5 月。

晶科能源在海内外有 7 个工厂，国内 4 个，国外 3 个，分别在马来西亚、南非和葡萄牙。马来西亚工厂产能最大，电池 1.5GW，组件 1.3GW，占整体产能的 15% 左右，也是中国光伏企业在海外最大的制造基地。

表 36－2　2013—2017 年晶科能源产能增长情况

年份	硅片	电池	组件
2013 年（GW）	1.5	1.5	2
2014 年（GW）	2.5	2	3.2
2015 年（GW）	3	2.5	4.3
2016 年（GW）	5	4	6.5
2017 年（GW）	7.5	5	8

资料来源：企业财报，赛迪智库整理，2018 年 3 月。

二、企业发展策略

（一）创新战略

晶科能源不断致力于高效技术的研发创新，通过采用高性能 P 型硅基底、体钝化、多层减反膜、选择性发射极、细栅金属化等技术，其 P 型 PERC 单晶电池片效率达到 23.45%，P 型 PERC 多晶电池片效率达到 22.04%，均创世界纪录。P 型 60 片规格单晶组件功率达到 356.5W，P 型 60 片规格多晶组件功率达到 347.6W。

晶科能源也在不断推动半片组件的研发和生产。目前其半片多晶主流档功率在 280—285W，半片普通单晶 290—300W，半片 PERC 单晶 310—320W，并创造过单晶半片组件 334.5W 输出功率的世界纪录。2017 年三季度起，晶科半片产品已放量生产，根据该公司的生产路线和产能计划，在 2018 年，2×60 片半片的最高量产功率将做到 330W，半片组件产能规模有望达到 GW 量级。预计到 2018 年产能可达到 GW 级别。

晶科能源也在推动前沿太阳能电池技术的研发，其 2017 年 7 月与 Greatcell 太阳能（前 Dyesol 公司）、新加坡南洋科技大学签署钙钛矿太阳能电池研发合作协议。

晶科电力不断推动智能电站运维的应用。通过“无人机巡检＋人工现场检修或更换部件＋远程监控”的三维模式解决了电站分散、规模差别大带来的运维难题。内部故障损失率已从 2013 年的 1.5% 降低至 0.39%，系统效率有效提升了 2%—5%。按照年平均每瓦 1.2kWh 计算，1GW 装机容量每年可提高24—60GWh的发电量。公司管理50MW的人力也由2013年的12人降低到了现在的6人，大大节省了电站后期运维的成本。

（二）市场战略

截至2017年，晶科电力在全国投资兴建的电站总容量已突破3GW，涵盖大型地面电站、分布式地面、分布式屋顶、渔光互补、农光互补等各种形式，其中包含6座“领跑者”电站。在2016年国家先进技术光伏领跑示范基地项目竞标中，晶科电力一举中标阳泉、芮城、济宁、新泰、两淮5个项目，共计400MW，无论项目中标个数，还是中标总量，均位列第一。晶科电力还十分重视海外电站布局，以每千瓦时2.42美分的低价成功中标阿布扎比项目。该项目是全球最大的单体光伏电站项目，容量为1177MW，预计于2019年4月开始商业运营。此前还成功中标拉美最大的单体光伏项目墨西哥188MW电站。截至2017年，晶科在建和拟建海外项目达到1.5GW，储备项目4GW，主要集中在“一带一路”沿线、南美和非洲。

2017年2月晶科成立户用事业部，推出“晶科户用”品牌，采取组件经销代理模式，全面启动分布式光伏全国招商。晶科户用以“主推组件”为切入点，针对光伏系统除光伏组件外其余部分，采用提供“推荐名录”模式，并对采用推荐目录内的企业提供质保服务，将最大利益让与代理商。另外，晶科户用还为代理商定制了多项福利政策，例如建店补贴、店面选址设计支持、广宣补贴、返利支持、培训支持、服务咨询等。截至2017年底，晶科户用已在全国26个省市自治区，发展超过600家各级代理商，国内户用市场全年出货逾200MW。在下一个3年里，晶科户用将计划孵化5000家代理商，覆盖到每个县、每个镇、甚至每个村。

在分布式光伏发电开拓上，晶科电力大力推进光伏跨界融合发展战略，已涉足家电业、制造业、家具业、物流园区等二十余种行业，已在江苏、浙江、江西、山东、河北、上海等省市建设了上百座工厂屋顶发电项目，累计并网量接近600MW。未来，晶科电力将积极布局分布式电站投资开发，预计总规模将达到3—5GW。

在光伏扶贫市场开拓上，晶科电力于2016年12月成立扶贫EPC项目事业部，提供整县脱贫规划编制、融资方案、交钥匙工程、运维等整体解决方案，目前在建工程遍及各地，主要扶贫项目有：江西横峰26.6MW、安徽宿州4.68MW、江西宁都5.12MW、江西鄱阳123.245MW等。

（三）产品战略

顺应单晶产品市场占比不断提升的市场发展趋势，晶科能源也开始扩大其单晶产品生产规模。目前其单晶60片的功率档在285瓦到310瓦，PERC单晶在295瓦到320瓦，并且曾创造过单晶60片组件356.5W的世界纪录。公司截至2017年底的单晶产能是4GW左右，预计到2018年底单晶产能或将达到6GW左右。

（四）质量战略

晶科能源十分重视产品质量问题，在2017年7月即对外宣布，公司所有量产组件均达到双倍IEC的抗PID标准——其对应1500V系统电压的量产组件可保证85℃/85%相对湿度（双85）条件下稳定工作96小时，对应1000V系统电压的量产组件在85℃/85%相对湿度（双85）条件下稳定工作更是达到192小时。

2017年10月，晶科再度成为了全球首家向“零隐裂”挑战的企业——继2012年成功将隐裂率降低至万分之一以下后，公司将进一步加强中间环节追溯性、加强产品数据分析统计两大方面，在全球各个生产基地全面推广零缺陷的概念，向“零隐裂”这一目标迈进。

此外，晶科还为每一块出厂组件钢印独一无二24位序列码，涵盖组件类型、数量规格、生产日期、工单号、流水码等一系列信息，做到每一块组件均可追溯。

第二节　协鑫集团有限公司

一、总体发展情况

协鑫集团下设保利协鑫、协鑫新能源和协鑫集成三个子公司。其中保利协鑫2017年业务收入达到237.94亿元，同比增长8%，其中光伏材料业务

193.55亿元，光伏电站业务4.97亿元。2017年多晶硅产量达到7.48万吨，同比增长7.9%，其中外销量7316吨，同比减少26.5%，占总产量的9.8%。多晶硅平均售价15.5美元/公斤，同比增长3.3%；硅片产量23.9GW，同比提高37.9%，销量23.4GW，同比提高33.7%，硅片平均售价0.134美元/瓦，同比下降18.3%。

协鑫新能源2017年营收39.42亿元，同比增长76%，毛利率达到67%。新增光伏装机容量2387MW，同比增长27.6%。协鑫新能源在中国的光伏电站数目从2016年90个增加至162个，遍布全国26个省份，总装机容量5990MW，同比增长70%，并网量约5503MW，同比大幅攀升约75%，总电力销售量53.47亿千瓦时，同比上升92%。其中，位于中国的项目中，大型地面电站、农光互补、渔光互补、牧光互补以及分布式分别占据56%、23%、15%、0.3%和6%。

协鑫集成2017年上半年完成组件出货量2.2GW，营业收入63.8亿元，净利润3133.25万元。

二、企业发展策略

（一）创新战略

在技术创新上，保利协鑫积极推广金刚线切割技术，预计至2017年底金刚线改造比例达到约80%。协鑫集成已在徐州沛县拥有高效电池产能900MW，预计2017年底将达到2000MW产能。2017年上半年，协鑫集成已开始稳定量产基于金刚线切割的多晶硅片的黑硅PERC电池，平均效率达到20.4%。基于黑硅PERC多晶电池的60片组件批产化主力档位功率超过285W。同时，继续加大对多晶高效电池技术、N型接触钝化技术、高密度叠瓦组件技术、新型双玻组件技术、智能高效分布式电站系统集成技术等方面的科研投入。

在销售渠道建设上，协鑫集成已在全国多个省市建立了代理商渠道，并通过与汇通达网络股份有限公司（具有中国特色的农村O2O电商平台）开展战略合作，推广“鑫阳光”光伏户用系统。同时积极参与地方政府扶贫项目建设。其中公司承担EPC总包任务的安徽金寨汇金100MW光伏扶贫项目、鑫瑞白塔畈 100MW 光伏电站在 2017 年 6 月 30 日之前成功并网。

在运营管理方面，协鑫新能源积极采用斜单轴、双轴追日跟踪技术、纳米涂层、清扫机器人等技术，并采用区域运维模式工作和生产实时管理平台项目，从而实现了集中管控，逐步实现电站少人、无人值守。2017 年上半年已有两个区域运维管理中心于宁夏和山西投运，可以管理半径达 200 公里的区域，同时监控六个及以上电站的运营情况。预计 2017 年全年新增至少五个诸如此类的区域管理中心，使运维成本下降至 5—5.5 分/W。

在金融创新上，协鑫新能源通过运用五到十年长期融资租赁取代短期建设基金，为项目争取到更低的利息以及更长的资金使用时间。2017 年上半年继续与多家金融租赁机构签订融资租赁协议，包括中信金融租赁有限公司、华润租赁有限公司、中国金融租赁有限公司等。截至 2017 年上半年，三年期以上的借款占新增融资约 91%。

（二）市场战略

积极开拓国内市场。截至 2017 年上半年，协鑫新能源获得约 250MW 的光伏扶贫项目，并获得约 360MW 的领跑者项目。在分布式项目上，协鑫新能源的分布式装机量占比从 2016 年上半年总装机量的约 3% 提升至 2017 年上半年总装机量的约 5%。

增大自开发项目比例。2017 年，协鑫新能源大幅降低电站外购比例，2017 年上半年自行开发项目占新增装机容量上升至约 93%，光伏电站平均单瓦造价由 2016 年上半年的约人民币 7.2 元下降约 13% 至 2017 年上半年的约人民币 6.3 元。

积极开拓海外市场。协鑫集成 2017 年上半年实现海外销售收入 9.23 亿元，占比 14.46%，较 2016 年同期增长 64.54%。同时协鑫集成在越南的 600MW 电池生产基地也成功投产。

（三）产品战略

协鑫开始积极进军单晶领域。通过收购美国“SunEdison 公司”和其第五代 CCZ 技术，目前正在准备 CCZ 单晶炉装备国产化、规模化制造。协鑫宁夏工厂已完成 N 型单晶产品技术储备，2016 年开始 GCL 正式进入高效单晶硅片市场，产品质量达到市场领先水平。采用铸锭多晶的方法生产类单晶产品，采用GCL鑫单晶加PERC技术后的电池转换效率与普通单晶产品转换效率差小于0.5%。

（四）投资合作

2017年8月11日，中环股份便与保利协鑫签署了《合作框架协议》，双方拟在单晶用多晶硅料生产、单晶硅棒生产、单晶硅片加工、光伏电站开发等环节开展全面合作。

第三节　阿特斯阳光电力集团

一、总体发展情况

2017年光伏组件出货量达到6.828GW，同比增长30.5%。净收入达到33.9亿美元，同比增长18.9%。

表36-3　2017年Q1—Q4阿特斯生产经营数据

	组件出货量（MW）	净收入（亿美元）	系统和解决方案业务所占比重	毛利率	净利润（百万美元）
2017Q1	1480	6.77	18.8%	13.5%	-6
2017Q2	1745	6.92	6.5%	24.2%	38.2
2017Q3	1870	9.12	21.6%	17.5%	13.3
2017Q4	1831	11.1	36.4%	19.7%	61.4

*组件出货量统计的为记为收入的组件出货量。

资料来源：企业财报，赛迪智库整理，2018年5月。

阿特斯在中国、巴西、加拿大、印度尼西亚、东南亚、越南均建有制造工厂。2017年公司在内蒙古包头建设了新的多晶铸锭工厂，并将洛阳工厂的硅锭产能搬至包头，至年底硅锭产能可提升至1.2GW，计划到2018年6月底进一步提高到1.72GW。硅片产能升至5GW，均采用金刚线切工艺。公司增加了阜宁和东南亚电池厂的生产能力，至2017年底达到5.45GW，预计至2018年底将达到7GW。组件产能达到8.11GW，并在2018年底有望增至10GW。

表 36－4　2013—2017 年阿特斯产能增长情况

年份	硅锭	硅片	电池	组件
2014 年（MW）	260	260	1500	3000
2015 年（MW）	400	400	2700	4330
2016 年（MW）	400	1000	2440	5800
2017 年（MW）	1200	5000	5450	8110

资料来源：企业财报，赛迪智库整理，2018 年 3 月。

二、企业发展策略

（一）创新战略

至 2017 年底，公司多晶电池的平均转换效率已超过 19%，并已全部采用黑硅电池技术。单晶 PERC 电池转换效率达到 21%，60 片组件功率超过 300W。至 2017 年底，公司所有单晶电池均采用 PERC 技术。

下图为阿特斯的技术发展路线图，可以看到，阿特斯第三代多晶电池已经采用金刚线＋黑硅生产技术，而第四代多晶电池技术至 2020 年转换效率有望提升至 21.4%。而单晶 PERC 电池技术至 2020 年可提升至 22.5%。至 2018 年底，公司计划所有电池均采用 PERC 技术。

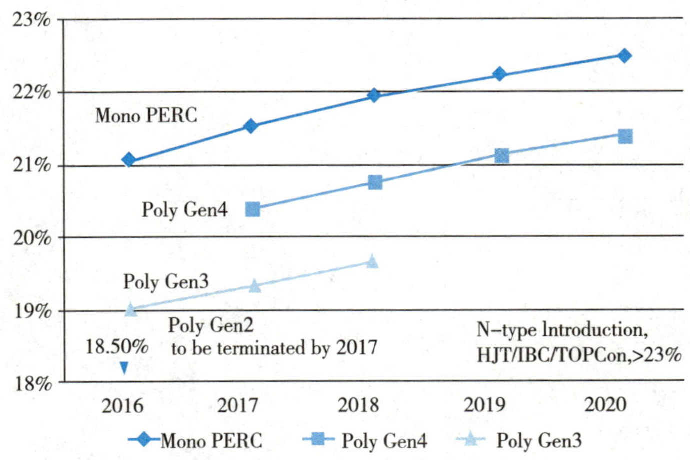

图 36－1　2016—2020 年阿特斯技术发展路线图

资料来源：阿特斯财报，2018 年 3 月。

（二）市场战略

阿斯特已成为国内较大的下游光伏系统集成商。至2018年2月底，持有运营的光伏电站装机量达到1.2GW。

表36-5　截至2018年2月底阿特斯持有光伏电站情况　（单位：MW）

美国	中国	印度	日本	巴西	其他	合计
808	145.5	91.1	85.6	56.8	24.1	1211.1

资料来源：赛迪智库，2018年3月。

截至2018年2月28日，公司电站项目储备接近2GW。

表36-6　截至2018年2月底阿特斯光伏电站项目储备　（单位：MW）

美国	墨西哥	中国	日本	巴西	印度	澳大利亚	智利	英国
459	435.7	410	362.2	215.6	59	24.2	18.4	8.2

资料来源：赛迪智库，2018年3月。

（三）投资合作

2017年5月，阿特斯与盐城市签订战略合作协议，计划在盐城投资建设3GW电池及3GW组件生产项目。

第三十七章　半导体照明（LED）行业重点企业

第一节　三安光电

一、总体发展情况

三安光电股份有限公司，是具有国际影响力的全色系超高亮度发光二极管外延及芯片生产厂商。作为LED芯片龙头企业，主要从事全色系超高亮度LED外延片、芯片、化合物太阳能电池及Ⅲ－Ⅴ族化合物半导体等的研发、生产与销售，产品多运用于空间照明以及医疗清洁杀菌等智能生活家居领域。2017年，三安光电还积极布局了新的应用领域Micro－LED、滤波器等新型技术。上半年销售收入40.67亿元、营业利润16.28亿元、归属于上市公司股东的净利润15.15亿元，与上年同期相比，销售收入增长了46.37%、营业利润增长了103.22%、归属于上市公司股东的净利润增长了56.76%，且拥有专利及专有技术1247件。

二、企业发展策略

近几年，位于厦门的三安光电通过投资、收购、合资、合作等形式不断打通产业链，获取大量优质客户。他们将客户分为国内和国外，国内客户方面，三安光电先后与兆驰股份、国星光电、聚飞光电等大型LED上市公司签订采购协议，并与珈伟股份、阳光照明等下游照明企业合资投资公司。国外客户方面，三安光电积极向国际市场推进，大力开展北美、南美、欧洲、日本等国的中功率通用照明市场（室内及室外照明），并在2017年与Cree Inc.在香港设立一家合资企业。2017年，三安光电着重发展Ⅲ－Ⅴ族半导体产业，一方面积极发展可见光业务，扩大LED芯片产能，加快LED车灯业务的推进；另一方面大力推进了不可见光业务的布局，稳步推进砷化镓PA和氮化镓电力电子集成芯片国内外客户验证，进一步推进光通信和滤波器业务布局；同时提升自身技术，优化产品结构，巩固自有知识产权保护，完善配套，严格管理，积极提升公司盈利能力。

第二节　华　　灿

一、总体发展情况

华灿光电股份有限公司，是我国第二大LED芯片供应商，最大显示屏芯片供应商，包括MOCVD在内的全套蓝绿光LED外延和芯片生产线的生产规模处于国内前列。产品广泛应用于全彩显示屏、背光源及照明等。目前有武汉、张家港、义乌、玉溪四大生产基地。目前已完成了850nm红外LED芯片、车灯用倒装LED芯片、倒装RGB芯片研发项目，紫外LED、Micro－LED前期研发取得了进展，6英寸晶棒生产工艺、6英寸衬底加工技术等方面取得显著进展。2017年上半年，华灿LED芯片实现营业收入11.93亿元，同期增长94.64%，净利润2.16亿元，同期增加306.28%。

二、企业发展策略

华灿光电在做大做强主业的同时，进一步延伸产业链，形成协同效应，增强综合竞争实力，积极开展在先进技术领域的投资。在稳固显示屏市场第一供应商地位的基础上，大力开拓高光效照明市场以及背光市场，着力开发高压产品以及背光产品，迅速提升倒装产品技术，并积极扩产。在产品方面，华灿提供蓝绿和红黄全系列色系和波长的LED芯片和外延产品。芯片的工艺分为正装和倒装产品，且外延和芯片均以4英寸片生产为主。在新兴市场方面，积极开发及量产红外、Micro LED，积极部署对激光器和深紫外芯片的研发。目前并购了美新半导体，将切入物联网核心基础的 MEMS 传感器业务领域，形成 LED 和传感器双主业发展。

第三节　木林森

一、总体发展情况

木林森股份有限公司，是国内领先的集 LED 封装与 LED 应用产品于一体的综合性光电高新技术企业。拥有高效精准的生产、研发和检测设备，结合先进的生产管理技术，已成为全球著名的 LED 生产企业。主要产品包括 LED 照明、LED 二极管及家居照明。其中木林森照明 T 球泡灯和 T8 玻璃管获评 2017 年度高工 LED 金球奖的“照明产品测评奖—LED 球泡灯”“照明产品测评奖—LED 直管灯”荣誉称号。且为广东省 2017 制造业 500 强第 66 位。2017 年，木林森公司实现营业总收入 82 亿元，同期增长 48.54%，营业利润 6.6 亿元，同期增长 14.66%，利润总额 7.8 亿元，同期增长 35.40%。

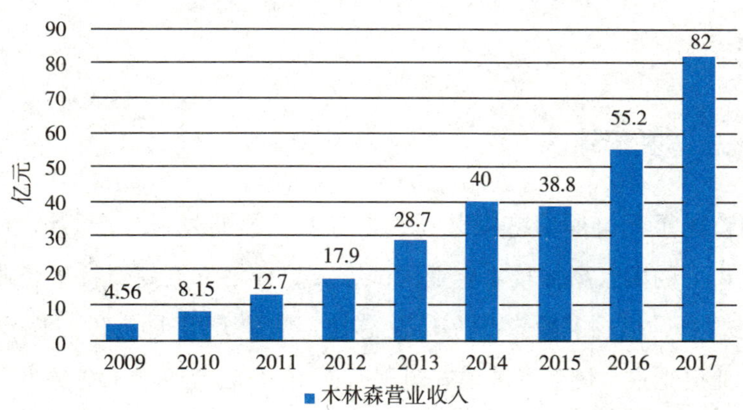

图 37－1　木林森 2009—2017 年营业收入

资料来源：赛迪智库整理，2018 年 1 月。

二、企业发展策略

之前木林森是奉行低成本战略（low-cost Strategies）的封装厂，低成本战略促使木林森成功崛起，目前采用增长型战略。木林森在很多类型的封装产品上具有强大的成本优势，除此之外，在新产品开发方面，木林森选择了小间距 LED 产品市场，并已与小间距显示屏龙头利亚德展开合作，成为小间距 LED 市场不可忽视的一支新势力；在市场开发方面，木林森开发线下市场，将照明产品深入到中国美国等传统大型市场，也积极开发俄罗斯、印度、东南亚等新兴市场，成功投射到全球市场。

木林森同样开展多元化发展，从封装跨入到半导体器件的封测和覆铜板的生产。同时，木林森向产业链上下游延伸，向上游，建立支架等辅材生产线，且通过控股澳洋光电，进入 LED 外延芯片生产环节。向下游进入 LED 照明，建立 forest lighting 品牌，收购超时代光源。最近的大动作便是 40 亿元并购 LED VANCE 获得全球照明市场的出海口。另外木林森通过与晶电、华灿的战略联盟关系，巩固了芯片的供应链。

第四节　国星光电

一、总体发展情况

佛山市国星光电股份有限公司，是专业从事研发、生产、销售 LED 及 LED 应用产品的国家高新技术企业、国家火炬计划重点高新技术企业。经过 40 多年的发展，形成了涵盖上游 LED 芯片、中游 LED 封装和下游 LED 照明应用的产业链垂直一体化发展模式。现有博士 15 名，硕士 150 多名，本科及以上技术人员 700 多名。先后承担了国家“863”计划项目、国家“863”计划引导项目、国家火炬计划项目等国家级科研项目 20 多项，省部级项目 80 多项。2017 年上半年，实现营业总收入 16 亿元，同期增长 51.45%，归属于上市公司股东的净利润 1.5 亿元，同期增长 62.44%。

二、企业发展策略

在全球领域，国星光电分别在德国和美国设立了子公司，产品远销全球20多个国家和地区，持续加快国际化战略进程。通过与IBM、松下、索尼、三星、飞利浦、欧司朗、格力、美的等全球著名客户携手合作，实现了自身业绩的快速增长。同时，国星光电积极面对智能化、“互联网+”等市场机遇与“十三五”半导体照明产业规划、“绿照四期”等政策环境，围绕技术高精尖化、市场国际化、生产规模化的“三化”战略布局，通过在技术布局、管理提升、规模扩展等方面持续努力，生产经营取得快速增长。

第五节　利亚德

一、总体发展情况

利亚德光电股份有限公司，专注于LED应用领域，是一家集设计、生产、销售及服务于一体的LED显示和照明应用的高新技术企业，为利亚德光电集团母公司。自成立以来，在全球承建超过近万个LED显示及LED照明项目，目前已发展为LED显示及照明工程领域的引领者。产品已遍布欧洲、北美、亚太等全球100个国家和地区，在全球LED高端显示市场占据领先地位。目前利亚德 & 平达推出了第三代Clarity Matrix液晶视频墙系统，在视频处理、安装、管理和外接电气方面进行了优化。

2017年上半年，营业收入25.13亿元（同比增长45%），净利润3.71亿元（同比增长102%），截至8月18日，订单数达55亿（同比增长65%），接近上年全年订单数（58亿），经营性现金流净值7295万元（同比增长158%），毛利率继续提升（超过40%），国内外业务均衡发展（境内营收占比58%，境外42%）。

二、企业发展策略

夜游经济井喷，利亚德顺势高飞。近年来，利亚德城市夜景亮化板块已完成全国最著名的夜景工程——一带一路高峰论坛（北京怀柔主城区夜景提升工程）、G20杭州峰会（核心区钱江新城主题灯光及LED显示系统）、厦门金砖五国会议（厦门鼓浪屿夜景照明提升工程）、长江第一灯光秀（武汉两江四岸景观亮化提升项目），打造或参与建设昆明、乐山、上饶、赤峰、西安、宁波、个旧、茅台、汉中等各地夜景工程。

LED小间距市场爆发，利亚德积极猛进。全球LED小间距已进入高速增长的轨道，利亚德上半年小间距收入实现了62%的增长，国外市场实现了近60%的增长，毛利率保持在40%以上。目前正在融合国内外技术，加大LED小间距产品的研发力度，扩大小间距应用领域。

并购整合成功，协同效益凸显。近年来，利亚德开展产业投资并购，整合和协同效果显著，在共建幸福城市战略及利亚德的销售服务平台下，业务合作、资源共享、联合作战的成效逐步显现。尤其是这两年并购的美国平达和虚拟动点（NP公司），通过改进管理、业务协同，境外业务收入和利润呈现大幅增长。

第三十八章　电子材料、元器件及仪器设备行业重点企业

第一节　北京当升材料科技股份有限公司

一、总体发展情况

北京当升材料科技股份有限公司（简称“当升科技”）成立于2001年，是专业从事锂离子电池正极材料研发、生产与销售的高新技术企业，主要产品包括钴酸锂、锰酸锂、多元材料等锂离子电池正极材料，以及四氧化三钴、多元材料前驱体等前驱体材料，产品应用领域涵盖小型锂电和动力锂电领域。当升科技已经发展成为国内锂离子电池正极材料的龙头企业之一，于2010年4月成功登陆创业板，是国内唯一一家锂电正极材料上市公司。

2017年我国新能源汽车产量保持高位增长，尤其是国家新能源汽车补贴向高能量密度动力电池倾斜，三元动力电池出货量迅猛上涨，三元材料市场迅速被引爆，在三元材料已经开始前瞻布局的当升科技取得了大丰收。2017年，当升科技实现营业收入21.6亿元，同比增长61.7%。其中，锂电材料及其他业务收入19.3亿元，同比增长62.8%；实现净利润2.5亿元，同比增长152%。截至2017年12月31日，当升科技的总资产达到27.2亿元，比上年同期增加25.9%，其中净资产为15.8亿元，比上年同期增长18.1%。

二、企业发展战略

2018年当升科技将通过创新平台建设，实现资源共享、降本增效，提升

产品成本竞争优势，继续巩固其在小型锂电传统市场的地位，加大标杆产品供应量，提升拳头产品在小型锂电的市场份额。2018 年扎实推进以下几项工作：

（一）加快完成新品开发，引领行业技术发展

当升科技将紧密围绕客户需求，集中力量，加快新产品开发和量产进度，抢占市场先机，完成钴酸锂的改进升级和高电压钴酸锂的量产，推进系列化 NCM622 产品研发和布局，并开展下一代 NCA 的产品开发。深入推进与外部科研力量的合作，加快推进固态锂电材料、富锂锰基材料等战略新品的技术开发。

（二）紧抓未来核心供应链，三大市场齐头并进

当升科技将加快在小型锂电、动力锂电和储能锂电三大领域全面布局。小型锂电方面，将在巩固传统市场的地位的同时，优化客户结构，重点开拓具有市场影响力的优质客户，抓住新兴市场的机遇，实现在智能家电、新型工业和服务业机器人等领域的快速切入。动力锂电方面，将紧盯国际一流车企的核心供应链，抓住宝马、大众、特斯拉、福特、丰田等核心供应链的开发机遇，积极推动高镍产品的市场推广，专注在未来具有市场潜力的终端客户，布局国际市场、高端市场。储能锂电方面，将在继续巩固国际储能高端市场优势地位的同时，充实强化储能市场团队，加强国内储能市场开发，创新市场开拓模式，加快国内储能市场的开发步伐。

（三）加快新产能建设，进一步提升制造装备水平

当升科技将加快产能建设步伐。一方面，将按照“同步设计，同步建设”的思路，推动江苏当升三期工程基地的建设，进一步提高自动化水平，打造智能工厂，推进“智能制造”，在新生产基地实现装备制造的进一步升级，保障未来高端动力多元材料的生产。另一方面，将继续通过设备改造和工艺革新的途径，充分挖掘、提升现有设备的产能潜力，实现产能的高效使用。

第二节　有研新材料股份有限公司

一、总体发展情况

有研半导体材料股份有限公司（简称“有研硅股”）成立于1999年，其前身是半导体材料国家工程研究中心，同年在上海证券交易所挂牌上市，2014年变更为有研新材料股份有限公司（简称“有研新材”）。有研硅股是国内半导体材料行业的主导企业，多次承担“九五”“十五”硅材料研究重大课题，完成了2项国家产业化工程，实现了我国硅单晶行业的九个“第一”。2014年在合并有研稀土、有研亿金和有研光电后更名为有研新材，从原来的单一从事半导体硅材料的企业，发展成为集半导体材料、稀土材料、光电材料、高纯/超高纯金属材料、生物医用材料等多个重要领域于一身的新材料企业。

2017年国内外经济形势持续稳步复苏，有色金属新材料领域由于供给侧改革持续推进，整个行业形势延续了持续向好的势头。有研新材积极开拓市场，加强成本管理，开展降本增效活动严控企业开支，加大新产品新技术研发的投入力度，2016年实现营业收入40.8亿元，同比增长7.1%，实现净利润0.4亿元，同比下降9.5%。其中高纯/超高纯金属材料实现营业收入12.7亿元，同比增长44.7%，稀土材料实现营业收入13.7亿元，同比增长31.7%，主要原因是大尺寸靶材市场及蒸发料等产品开拓效果显著致销售订单大幅增长，以及稀土材料销售量、单价同比上涨所致。截止至2017年12月31日，有研新材的总资产达到33.2亿元，同比增长2.9%。其中净资产为28.5亿元，同比增长1.4%。

二、企业发展战略

中央经济工作会议明确稳中求进的总基调，提出“强化实体经济吸引力和竞争力”“中国制造2025”的全面实施、重点新材料研发及应用工程启动在即，工业强基工程、转型升级技改工程等扎实推进，为企业科技创新、提升核心竞争力水平提供了机遇。同时大股东有研集团完成了公司制改制，开启了新时代新的发展机遇，面对新形势，有研新材将继续推动全面深化改革，特别是产业调整升级，大力推动战略新兴相关产业纵深发展，2018 年重点工作计划如下：

（一）充分利用现有研发资源，提升公司整体研发能力

面对全球 5G、物联网、新能源、人工智能等快速发展的潮流，2018 年有研新材将整合利用现有研发资源，开展产业盈利能力强、具有一定前瞻性和基础性的产品的合作开发力度，加大科研支持力度，加强协同创新，努力突破和掌握一批关键技术，在实施中国制造 2025、工业强基、智能制造和绿色制造工程中切实发挥作用，确保 2018 年重点研发计划项目落地。

（二）持续优化产业结构，提质增效，增强盈利能力

有研新材将综合考虑现有业务的分布情况和未来发展方向，对现有业务进行有效整合，实现产业有进有出。加强对行业发展趋势、市场形势变化的分析研判，紧密跟踪了解客户关注点和消费需求变化，做好应对预案，及时调整经营策略，主动作为抢抓市场，牢固树立市场意识，加强对经济周期性、规律性的研究和市场形势的分析研判，开展好增品种、提品质、创品牌工作，增加市场份额。聚焦主营产品，推进规模化产业，做优做精细分领域的小巨人产业。2018 年将以价值管理目标为导向，重点开展结构性降成本专项工作，搭建产品成本性态分析模型，分析各公司产品成本结构特点，研究生产经营资源占用情况，有效开展提质增效工作。

（三）充分整合资源，内生与外延发展紧密结合，推进内外部优质项目投资

紧密围绕有研新材的电磁光三大领域发展定位，进一步发挥上市公司融资平台的作用，推进内部资源整合，实现资源协同、高效发展。积极推进燕郊基地和靶材产业扩产项目基地建设，进一步提升关键盈利产品产业能力建设。结合首都功能区建设和产业结构调整的需求，积极寻找新的产业基地，2018 年要围绕未来产业领域的发展需求，完成新基地的选址工作，适时启动新基地的规划建设。积极寻找优质并购标的，在前期充分尽调的基础上，寻

求最佳时机进行战略布局，通过多层次的投资组合，撬动社会资本，推动公司外延式发展。

第三节 广东生益科技股份有限公司

一、总体发展情况

广东生益科技股份有限公司（以下简称“生益科技”）成立于1985年，是我国最大的覆铜板生产企业。1998年在上海证券交易所上市，是目前国内唯一一家覆铜板上市公司。主要产品有各类覆铜板和多层板用系列半固化片。生益科技技术力量雄厚，是东莞市唯一一家拥有国家级企业研究开发中心的企业，产品质量始终保持国际领先水平。

2017年生益科技实现营业收入107.5亿元，同比增长25.9%，实现净利润10.7亿元，同比增长43.6%。2017年生益科技生产各类覆铜板8182.6万平方米，比上年同期增长11.9%；生产粘结片10568.2万米，比上年同期增长10.5%；销售各类覆铜板7969.9万平方米，比上年同期增长6.6%；销售粘结片10505.4万米，比上年同期增长10.0%；生产印制电路板987.3万平方英尺，比上年同期增长14.4%；销售印制电路板971.9万平方英尺，比上年同期增长14.2%。截至2017年12月31日，生益科技的总资产达到128.4亿元，其中净资产为60.2亿元。

二、企业发展战略

生益科技将围绕做大做强覆铜板为主业的战略和坚持在覆铜板行业成为全球最具综合竞争优势的制造商的目标，继续强化公司在多品种、交货、质量、价格、技术等方面综合竞争优势，针对不同竞争对手，通过差异化竞争赢得竞争优势。

（一）加强前瞻布局

生益科技将积极引进吸收韩国LG涂覆法软性无胶基材成套设备及技术，

有效提升公司软性材料技术水平，更好地满足市场需求。瞄准5G市场需求预期，积极布局高频产品，在购买日本中兴化成PTFE产品的全套工艺、技术和设备解决方案基础上，加快高频基材研发及产业化。

（二）深化供应链合作

生益科技将坚持“构建互助共同体，创造共赢价值链”的理念，进一步优化原材料供给分析模型、供应商价值分析模型，完善企业供应链体系建设，加深与铜、树脂、玻璃布等原材料战略供应商的合作，保障供应链安全，规避原材料的价格上涨及波动对公司的生产成本带来较大的压力和风险。

（三）积极扩大规模

生益科技将加快完成江西生益覆铜板项目一期建设步伐，逐步提高陕西高新二期项目产能，进一步扩大松山湖三分厂和松山湖四分厂的汽车产品产能，巩固行业龙头地位，以满足覆铜板行业和印制线路板行业持续稳定增长的市场需求。

第四节　宁德时代新能源科技股份有限公司

一、总体发展情况

宁德时代新能源科技股份有限公司（以下简称“宁德时代”）成立于2011年，是全球领先的动力电池系统提供商，专注于新能源汽车动力电池系统、储能系统的研发、生产和销售，致力于为全球新能源应用提供一流解决方案。在电池材料、电池系统、电池回收等产业链关键领域具有核心技术优势及可持续研发能力，初步形成了全面、完善的生产服务体系。

2017年在我国新能源汽车产销量持续快速增长的带动下，锂离子动力电池市场需求延续了高速增长势头，宁德时代抓住市场机遇，实现了快速发展。2017年宁德时代实现营业收入200亿元，同比增长34.4%，其中动力电池系统业务实现收入166.6亿元，同比增长19.2%；实现净利润42.9亿元，同比增长38.8%。截至2017年12月31日，宁德时代的总资产达到496.6亿元，其中净资产为264.7亿元，分别比上年同期增长73.7%和67.6%。

二、企业发展战略

宁德时代以技术领先同侪为目标，在磷酸铁锂长寿命、三元高能量密度、快充等差异化产品方面加大研发投入，抢占技术制高点；围绕动力电池系统和储能系统，与主要战略客户开展深度合作；在动力电池领域实现规模化快速发展，并实现业绩行业领先和市场占有率行业领先。

（一）加强技术研发，加快成果转化

宁德时代密切关注和跟踪新能源汽车市场和前沿技术的发展，始终以研发为导向，创新驱动，持续加大研发投入，以提高产品品质并占领和开拓市场。针对电动商用车和电动乘用车产品分别开发各具特点的高性能动力电池产品和解决方案，针对储能产品布局长寿命低成本电池及梯次利用等核心技术。

（二）有效提升产能，抓住产业发展机遇

宁德时代将紧紧抓住动力电池发展机遇，借助政策扶持，运用多种融资手段，有效提升产能，满足市场对高品质动力电池产品的需求，加强公司的市场地位。

（三）注重产业链整合，注重资源回收利用

宁德时代将在生产管理、原材料供应、成本控制、质量一致性、市场推广等方面与产业链上下游企业继续深化合作，以带动整个国内锂电行业持续发展。同时，将积极开拓电池应用和回收体系，最大限度地利用资源，有效提升对关键材料供应及成本的控制。

（四）布局国际国内市场，巩固战略合作

宁德时代始终坚持以客户为中心，快速响应客户需求，不断优化产品设计，提高产品质量，深化与现有整车厂客户的战略合作，加大市场拓展力度和新战略客户开发。同时加快国际市场开发，与国际一流整车企业进行紧密合作，进一步加强合作深度和广度。

第五节 横店集团东磁股份有限公司

一、总体发展情况

横店集团东磁股份有限公司（以下简称“横店东磁”）于1999年成立，主要从事磁性电子元件的研发、生产和销售，后扩展至光伏以及其他领域，2006年在深圳证券交易所上市。横店东磁目前是全球最大的永磁铁氧体生产企业，也是我国最大的软磁铁氧体生产企业之一。“东磁”牌磁性材料为“中国名牌”产品及“国家免检产品”。

2016年，横店东磁以磁性材料产业转型升级和新能源产业布局为新的起点，紧紧围绕“131K”目标计划，沿着年初既定的工作重点逐项突破，营业收入和净利润保持快速增长势头。2017年横店东磁实现营业收入60.1亿元，同比增长27.6%，实现净利润5.8亿元，同比上年增长31.0%。其中，磁性材料业务实现收入28.1亿元，同比增长22.5%；光伏业务实现收入27.3亿元，同比增长31.2%；动力电池业务实现收入1.5亿元，同比增长655.6%。截止至2017年12月31日，横店东磁的总资产达到65.5亿元，净资产为45.66亿元，分别比上年增长12.4%和15.0%。

二、企业发展战略

2018年，横店东磁仍将围绕“做强磁性、发展能源、适当投资”的发展战略，积极推进磁性材料产业转型升级和外延式扩张，加大太阳能光伏产业高效电池片和高效组件的布局，推动新能源电池技术提升和市场拓展，并适当进行相关性产业投资。

（一）加快推动磁性材料产品升级

横店东磁磁性材料产业将以自身发展为主、收购兼并为辅的方式来确保收入利润双增长，各事业部将通过积极配合高端客户新品的开发和量产，不断优化自身产品结构，拓展更多的应用领域；提升现场管理、改进生产工艺、优化培训模式等多种路径下降成本，提升成品率；持续推进工序自动化改造，进一步提升自动化水平等方式，促进磁性材料产业的增长。

（二）积极以扩大需求带动高效电池产能提升

横店东磁太阳能产业将通过进一步拓展海外高端客户；扩大高效钝化发射极背接触（PERC）单晶电池片产能；提升多晶金刚线切片技术；组件新一代高效产品量产以及加大轻资产扩张业务模式；完善销售渠道的布局，增加家庭和工业分布式电站的建设等方式，促进太阳能产业的增长。

（三）优化动力电池产品结构

横店东磁动力电池产业将提升电池的综合成品率；完成新能源汽车用3.0Ah、3.2Ah型号动力电池的开发工作，争取实现批量生产；积极拓展新能源汽车行业和其他锂电池应用市场；开发圆柱电芯模组冷却系统、系统热蔓延防护设计、标准模组结构设计等方式来促进动力电池产业的发展。

第六节　长飞光纤光缆股份有限公司

一、总体发展情况

长飞光纤光缆股份有限公司（简称“长飞股份”）创建于1988年5月，原名为长飞光纤光缆有限公司，2013年12月完成股份制改造，正式更名为长飞光纤光缆股份有限公司。长飞股份由中国电信集团公司、荷兰德拉克通信科技公司、武汉长江通信集团股份有限公司共同投资。总部位于武汉市东湖高新技术开发区关山二路四号，是目前我国产品规格最齐备、生产技术最先进、生产规模最大的光纤光缆产品以及制造装备的研发和生产基地之一。长飞股份主要生产和销售通信行业广泛采用的各种标准规格的光纤预制棒、光纤及光缆，也设计及定制客户所需规格的特种光纤及光缆，包括特种集成系统，已经成为全球最大的光纤预制棒供应商、全球第二大光纤及光缆供应商。长飞股份拥有最完备的光纤及光缆产品组合，为全球通信行业及其他行业提供各种光纤光缆产品，包括广播及电视通信网络、公用事业、运输、石油化工及医疗。2014 年 12 月，长飞股份在香港联交所正式上市，成为国内首家也是唯一一家在香港上市的专注于光纤预制棒、光纤和光缆等产品的公司。

2017 年，在我国大力推进“宽带中国”“互联网 +”战略带动下，三大运营商继续大力发展 4G 网络以及居民宽带基础设施建设，长飞股份各项营业指标继续保持快速增长势头。2017 年，长飞股份实现营业收入 103.7 亿元，同比增长 27.8%，首次突破百亿元，实现净利润 12.7 亿元，同比增长 76.9%。其中，光纤预制棒及光纤业务实现收入 47 亿元，同比增长 15.5%，光缆业务实现收入 50.3 亿元，同比增长 40.5%。截至 2017 年 12 月 31 日，长飞股份总资产 91.7 亿元，净资产 52.4 亿元，分别同比增长 12.2% 和 25.7%。

二、企业发展战略

长飞股份的战略目标是巩固并进一步提升于中国乃至全球市场的领先地位，致力于成为研发及制造光纤预制棒、光纤及光缆与提供有关产品市场推广及咨询服务的全球领导者。2018 年，长飞股份将继续通过实施棒纤缆主业内涵增长、国际化、技术创新和智能制造、相关多元化、资本运营协同成长五大战略举措，实现持续增长。

（一）继续扩大产业规模

2018 年，5G 将从实验室走向实际部署，预计未来二到三年将实现规模商业化。全球通信基础设施建设投资将保持高位，光纤光缆市场需求将持续旺盛。长飞股份将在潜江、临安、兰州、沈阳等地新建和扩充产能基础上，筹划实施长飞潜江科技园二期和三期项目，并进一步推进实施智能制造项目，强化生产制造能力和优化供给能力。

（二）继续贯彻创新驱动发展战略

长飞股份将积极提升自主 VAD 和 OVD 工艺水平和产业化规模，协调利用三大工艺能力，开发具有市场潜力的新产品，为客户提供最优的产品和解决方案。同时，有序实施一系列智能制造项目，降低生产成本，提升定制化需求响应能力。

（三）继续深化推进国际化战略

一方面，沿着“一带一路”沿线国家，继续挖掘高潜力市场，寻找合适的合作伙伴，完善海外产业布局。另一方面，强化海外销售公司运营，注重营销本地化和对最终客户的销售，推动海外销售规模持续快速增长。

第七节　歌尔股份有限公司

一、总体发展情况

歌尔股份有限公司（简称“歌尔股份”）成立于1997年，主要从事微型电声元器件和消费类电声产品的研发和制造，主要产品包括微型麦克风、微型扬声器/受话器、蓝牙系列产品和便携式音频产品，广泛应用在移动通信设备及其周边产品、笔记本电脑、个人数码产品和汽车电子等领域，客户涵盖三星、苹果、LG、松下、索尼、谷歌等国际顶级厂商。在微型麦克风领域，歌尔市场占有率居世界同行业之首；蓝牙耳机ODM业务和3D眼镜业务量均居世界第一；在微型扬声器/受话器领域，歌尔居国内同行业第二名、国际第三名。歌尔声学业绩一直保持稳定快速增长，2008年在深圳证券交易所成功上市。

2017年人工智能、大数据、物联网等新技术同消费电子的联系更加紧密，催生新的消费电子产品形态，全球智能音箱、虚拟/增强现实、可穿戴设备等产品出货量保持高位增长。歌尔股份积极布局以人工智能为核心的虚拟/增强现实、智能穿戴、智能音频、机器人等战略新兴产业，加大技术研发投入，不断提高新产品开发能力，对外深入推进国际、国内大客户拓展，密切同客户的合作关系，经营指标延续快速增长势头。2017年歌尔股份实现营业收入255.4亿元，比上年同期增长32.4%，实现净利润21.4亿元，同比增长29.5%。其中，电声器件业务实现收入152.7亿元，同比增长39.56%，电子配件业务实现收入98.4亿元，同比增长26.3%。截至2017年12月31日，歌尔股份的总资产达到265.7亿元，比上年同期增长16%，其中净资产为

148.9亿元，比上年同期增长37.3%。

二、企业发展战略

2018年，在“人工智能+智能硬件”的新时代背景下，歌尔股份将牢牢把握产业发展机遇，以传感器、零组件和精密生产、智能制造为基础，积极布局以人工智能为核心的虚拟/增强现实、智能穿戴、智能音频、机器人等战略新兴产业，打造智能产业生态。同时大力深化内部管理，从精益管理中要效益，不断提升歌尔在全球消费电子领域竞争力。

（一）加强公司质量体系，推行全员质量管理

歌尔股份将抓好过程质量控制，落实运营体系闭环管理，建立全过程评价体系，提升整体质量管理能力，提高全员质量素养和工作质量。

（二）塑造柔性制造能力，提升制造应变能力

歌尔股份将着力提升柔性数字化制造水平，加快传统产品线自动化升级，灵活应对市场需求变化，塑造公司柔性制造模式。

（三）回归管理基本面，塑造行业领先的企业文化

歌尔股份将坚持全球化和本地化的文化融合，促进创新性和执行性的有机结合，坚持“诚信、务实、开拓、合作”的价值观和“追求卓越，持续改善”的经营理念，回归管理基本面，塑造勤奋、进取、富有使命感、主动担当的企业文化。

第八节　无锡先导智能装备股份有限公司

一、总体发展情况

无锡先导智能装备股份有限公司（以下简称“先导智能”）其前身无锡先导自动化设备有限公司成立于2002年，2015年更名为先导智能，是国家火炬计划重点高新技术企业、国家两化融合示范企业，专业从事锂电池、光伏

电池/组件、薄膜电容器等产品高端全自动智能装备及解决方案。2015 年在深交所上市。2017 年先导智能收购了珠海泰坦新动力电子有限公司，切入锂电设备后段，为先导智能提供锂电池制造整线解决方案打下坚实基础，进一步提升了先导智能在国际锂电池设备领域的竞争力。

2017 年受国家对新能源汽车发展政策以及下游锂电池生产企业尤其是国内、国际高端锂电池生产企业投资速度加快、规模持续扩大趋势的影响，先导智能锂电设备业务增长明显，带动业绩快速增长。2017 年先导智能实现营业收入 21.8 亿元，同比增长 101.7%，实现净利润 5.4 亿元，同比增长 84.9%。其中，锂离子电池设备实现收入 18.2 亿元，比上年同期增长 149.3%，占主营业务收入的比重高达 83.7%。截至 2017 年 12 月 31 日，先导智能的总资产为 66.5 亿元，其中净资产 27.8 亿元，分别比 2016 年同期增长 175.3% 和 194.7%。

二、企业发展战略

先导智能聚焦于高端自动化成套装备业务，致力于锂离子电池、光伏等重要装备制造，着力成为一家国际领先的打造智能工厂的企业。

（一）加快开发成套锂电池设备

先导智能将继续开发电极涂布机、多功能组合机等其他锂电池设备，壮大锂电池设备制造业务，提高锂电池设备市场占有率。顺应动力锂电池产业规模的不断扩张，加快建设新一代锂电池及 3C 高端智能装备生产基地，解决产能瓶颈问题。

（二）积极推广光伏自动化生产配套设备的应用

在政策引导和市场驱动下，我国光伏产业发展将继续向好。为满足光伏产业替代人工的长期需求，先导智能将积极做好光伏自动化生产配套设备的应用推广工作，帮助光伏企业完成自动化改造工作。

（三）继续巩固公司在薄膜电容器设备制造领域的领先水平

先导智能将通过产能扩建缩短交货周期，提高客户响应能力，保持主要产品如高压电力电容器卷绕机、自动喷金机、自动组装机等电容器设备市场占有率领先的地位。同时，基于在薄膜电容器设备制造领域积累的工艺经验，推进超薄薄膜自动卷绕技术等先进研发工作，巩固薄膜电容器设备行业地位。

（四）积极布局智能制造新领域

先导智能将借助中国制造2025实施的契机，布局更具价值竞争力的智能制造领域，以技术创新引领产业升级，为客户提供系统集成和智能工厂解决方案，打造理想智能工厂，提升公司的国际竞争力。

政 策 篇

第三十九章　2017年中国电子信息产业重点政策解析

2017年，《智慧健康养老产业发展行动计划（2017—2020年）》《新一代人工智能发展规划》《促进新一代人工智能产业发展三年行动计划（2018—2020年）》等政策的发布实施，给我国电子信息产业发展指明了新方向、提供了新动力。

第一节　智慧健康养老产业发展行动计划（2017—2020年）

为贯彻落实《国务院关于积极推进"互联网+"行动的指导意见》（国发〔2015〕40号）、《国务院办公厅转发卫生计生委等部门关于推进医疗卫生与养老服务相结合指导意见的通知》（国办发〔2015〕84号）、《国务院办公厅关于促进和规范健康医疗大数据应用发展的指导意见》（国办发〔2016〕47号）、《国务院办公厅关于全面放开养老服务市场提升养老服务质量的若干意见》（国办发〔2016〕91号）等文件要求，加快智慧健康养老产业发展，工业和信息化部、民政部、国家卫生计生委制定了《智慧健康养老产业发展行动计划（2017—2020年）》，并于2017年2月正式发布。

一、政策背景

1. 人民群众对健康服务和养老服务需求急剧增长

当前，社会发展进入新阶段，居民健康管理和人口老龄化问题日益突出。健康服务方面，随着我国经济社会快速发展，居民生活环境、生活方式发生巨大变化，慢性病、亚健康等健康问题凸显，特别是具有高消费能力的城市白领健康问题突出。《2016 上海白领健康指数白皮书》显示，白领体检异常比例高达94.91%。对此，单纯依靠医疗手段难以应对，需要从单一的病后救治模式向“防—治—养”一体化防治模式转变，更好地满足不断释放的健康保健、慢性病管理等方面需求。养老服务方面，人口老龄化是目前世界各国普遍存在的社会现象，而我国是世界上老龄人口最多的国家。据国家统计局数据显示，2015 年，我国 60 岁以上人口升至 2.2 亿，占总人口比例 16.1%；到 2025 年，老龄人口数量将达到 2.96 亿，占比达到 23%；到 2050 年，这一比例将超过 30% 以上，是同期全球老龄化平均速度的两倍。人口老龄化加速、“空巢”老人比例不断上升，使我国老年健康保障服务的需求急剧增加。在此背景下，需要应用新技术、新方式、新手段提高健康服务能力和养老服务能力。

2. 健康养老产业升级需要充分发挥信息技术作用

未来一段时期，我国健康养老产业的市场空间将迅速扩大。据预计，我国仅城市地区居家养老服务的市场容量就将由 2015 年的 1115 万人增长到 2050 年的上亿人。巨量的健康养老服务需求将对服务人员数量、效率和专业能力等提出更高要求，依靠传统方式和传统手段将难以应对，迫切需要通过信息技术手段对健康养老产品、服务、模式进行全方位的变革。《中华人民共和国国民经济和社会发展第十三个五年规划纲要》中明确要求，加快健康养老等领域发展，围绕健康养老等领域的瓶颈制约，制定系统性技术解决方案。信息技术与健康养老产业的对接和融合，可以充分发挥医疗、养老、信息技术等领域的各自优势，构建产业间协作体系，提升服务水平、提高服务效率、丰富服务内容，实现健康养老产业的智慧化升级。

3. 智慧健康养老产业将成为我国经济增长新引擎

健康养老产业覆盖面广、涉及众多产品，对经济增长有明显的带动作用。美国著名经济学家皮尔泽认为健康服务将成为继信息技术产业之后的全球“财富第五波”，并有望成为全球规模最大的新兴产业。我国的健康服务产业还处于起步阶段，产业规模约占 GDP 比重的 4%—5%，低于美国的 15% 和加拿大、日本的 10%，未来发展空间十分巨大。据国家发改委产业所预测，我国老龄产业规模到 2020 年和 2030 年将分别达到 8 万亿元和 22 万亿元，对

GDP 的拉动作用将分别达到 6 个百分点和 8 个百分点。智慧健康养老产业的发展，一方面能够借力健康养老需求的快速增长实现产业规模的迅速扩大，另一方面能够促进健康养老消费升级，催生出新的市场领域和市场空间，为新常态下我国经济发展提供新引擎。

4. 我国智慧健康养老产业面临突出问题和制约因素

这些突出问题和制约因素包括：关键技术和产品的水平有待提高，智慧健康养老服务业态和商业模式尚在探索，支撑产业发展的公共服务能力较为欠缺，智慧健康养老产品、服务标准尚未建立，智慧健康养老服务平台网络安全和个人信息安全防护有待加强。

在此背景下，三部委联合发布了《智慧健康养老产业发展行动计划（2017—2020 年）》（以下简称《行动计划》）。

二、政策内容

《行动计划》提出了发展的总体思路，核心是充分发挥信息技术对智慧健康养老产业的提质增效支撑作用，把握智慧健康养老"产品 + 服务"发展规律，通过丰富产品供给和创新服务模式两个主要手段，满足家庭和个人多层次、多样化的健康养老服务需求。

《行动计划》提出了到 2020 年的发展目标，即建立 100 个以上智慧健康养老应用示范基地，培育 100 家以上具有示范引领作用的行业领军企业。在产业配套方面，将制定 50 项智慧健康养老产品和服务标准，确保信息安全。

《行动计划》提出了五方面重点发展任务，一是推动关键技术产品研发，突破核心技术瓶颈，以不断丰富产品供给；二是推广智慧健康养老服务，培育智慧健康养老服务新业态，推进智慧健康养老商业模式创新；三是加强公共服务平台建设，建设技术服务平台、信息共享服务平台和创新孵化平台，不断完善产业配套体系；四是建立智慧健康养老标准体系，制定智慧健康养老信息安全标准以及隐私数据管理和使用规范；五是加强智慧健康养老服务网络建设和网络安全保障，确保信息安全。为增强可实施性，《行动计划》还以专栏的形式提出了智能健康养老服务产品供给工程和智慧健康养老服务推广工程两个专项工程。

《行动计划》提出了五方面组织实施措施，一是建立部际协同工作机制，由工业和信息化部、民政部、国家卫生计生委建立部际联席会议制度，形成工作合力；二是强化组织落实，各地区工业和信息化、民政、卫生计生等主管部门建立省级联席会议制度，结合本地实际制定实施方案，明确各部门资源投入，确保《行动计划》能够顺利落实；三是完善多元化资金投入机制，发挥财政资金扶持作用，有效吸引社会资本进入健康养老领域；四是培育和规范消费市场，制定智慧健康养老产品及服务推广目录，推动在养老机构、医疗机构等有关政府采购项目建设中优先支持目录内产品；五是开展覆盖多级区域、多种类型的应用试点示范建设，培育100个智慧健康养老示范企业，建设500个智慧健康养老示范社区，创建100个具有区域特色、产业联动的智慧健康养老示范基地等。

三、政策分析

《行动计划》是信息化技术与民生领域的深度融合，可进一步提升信息技术对健康养老产业的支撑和提质作用，发展智能化、个性化、多样化的智慧健康养老产品和服务，提升智慧健康养老产业创新供给能力，形成商业化、可运营、可推广的应用模式，满足人民群众健康养老服务的迫切需求，培育千亿级规模的新兴市场，推动经济社会快速、健康、稳定发展。

目前我国已经进入老龄期，面临的养老压力较大，这既是挑战，也是机遇，可充分借助信息技术服务于健康养老产业的发展。《行动计划》提出通过建设试点推动健康养老的发展，一方面，可打造一批智慧健康养老小区。推动智慧健康养老服务进入人口密度大、健康养老需求强烈、示范带动作用强的成熟小区，与区域基层医疗机构、专业医疗机构、第三方服务机构等形成合力，着力建设小区“健康小屋”、家庭“健康卫士”等健康养老服务项目，打造具有区域特色、医养结合、产业联动的智慧健康养老示范小区。另一方面，可建设一批智慧健康养老产业园区。依托国家数字家庭产业基地和地方智慧医疗产业基地，打造具有一定国际竞争力的特色智慧健康养老产业制造园区，建设具有较强区域影响力和显著比较优势的特色智慧健康养老服务园区。重点研发面向老年关爱和健康管理生活需求的智能终端产品并实现业务集成应用，加快建立健康养老服务平台。同时《行动计划》也提出将充分发挥工业转型升级资金、专项资金、地方财政资金等财政资金扶持作用，推动各部门资金集约化整合和精准投放，加大对智慧健康养老的扶持力度。探索与国有资本投资公司合作，充分发挥国有资本的引领和放大作用。通过发起设立智慧健康养老产业投资基金等方式，引导社会资本参与智慧健康养老产业发展，与政府资金形成支持合力，解决健康养老的资金投入问题。

第二节　新一代人工智能发展规划

为抢抓人工智能发展的重大战略机遇，构筑我国人工智能发展的先发优势，加快建设创新型国家和世界科技强国，国务院于2017年7月印发了《新一代人工智能发展规划》。

一、政策背景

经过60多年的演进，人工智能发展进入新阶段，特别是在移动互联网、大数据、超级计算、传感网、脑科学等新理论新技术的引领，再加上经济社会发展强烈需求的驱动，人工智能出现了一些新特点，被称为“新一代人工智能”。新一代人工智能是新一轮科技革命和产业变革的核心力量，各国纷纷加强谋划部署，力图在新一轮国际科技竞争中掌握主动权。

以习近平同志为核心的党中央高度重视人工智能发展。习近平总书记多次就人工智能做出重要批示，指出人工智能技术的发展将深刻改变人类社会生活、改变世界，要求抓住机遇，在这一高技术领域抢占先机，加快部署和实施。李克强总理在2017年《政府工作报告》中强调，要加快人工智能等技术研发和转化，做大做强产业集群。2016年7月，徐匡迪等一批院士研究提出“启动中国人工智能重大科技计划的建议”，中央迅速采纳，决定制定新一代人工智能发展规划，实施新一代人工智能重大科技项目。

二、政策内容

《规划》提出以提升新一代人工智能科技创新能力为主攻方向，以加快人工智能与经济社会国防深度融合为主线，坚持科技引领、系统布局、市场主导、开源开放的基本原则。

《规划》按照“构建一个体系、把握双重属性、坚持三位一体、强化四大支撑”进行总体布局，突出构建开放协同的人工智能科技创新体系，把握人工智能技术属性和社会属性高度融合的特征，坚持人工智能研发攻关、产品应用和产业培育“三位一体”推进，全面支撑科技、经济、社会发展和国家安全。

《规划》描绘了我国新一代人工智能发展的蓝图，确立了“三步走”目标：到2020年人工智能总体技术和应用与世界先进水平同步；到2025年人工智能基础理论实现重大突破、技术与应用部分达到世界领先水平；到2030年人工智能理论、技术与应用总体达到世界领先水平，成为世界主要人工智能创新中心。

《规划》确定六方面重点任务。一是建立开放协同的人工智能科技创新体系，从前沿基础理论、关键共性技术、平台、人才队伍四个方面进行部署。二是培育高端高效的智能经济，发展人工智能新兴产业，推进产业智能化升级，打造创新高地。三是建设安全便捷的智能社会，发展便捷高效的智能服务，提高社会治理智能化水平。四是强化人工智能对军事和国防安全的支撑。五是构建泛在安全高效的智能化基础设施体系，加强网络、大数据、高效能计算等基础设施的建设和升级。六是设立新一代人工智能重大科技项目，形成以新一代人工智能重大科技项目为核心、统筹当前和未来布局的“1 + N”人工智能项目群。

《规划》强调充分利用已有资金、基地等存量资源，发挥财政引导和市场主导作用，撬动企业、社会资源，形成财政、金融和社会资本多渠道支持新一代人工智能发展的格局，并从法律法规、伦理规范、重点政策、知识产权与标准、安全监管与评估、劳动力培训、科学普及等方面提出保障措施。

三、政策分析

《规划》是我们国家在人工智能领域进行的第一个系统部署的文件，也是面向未来打造我国先发优势的一个指导性文件，重点对2030年我国新人工智能发展的总体思路、战略目标和主要任务、保障措施进行系统的规划和部署。

《规划》研究编制突出了五方面特点。一是把握发展新阶段。重点发展以深度学习、跨界融合、人机协同、群智开放、自主操控为基本特征的新一代人工智能，打造我国先发优势。二是突出创新能力建设。推动建立基础理论和关键共性技术体系，促进创新主体协同互动，形成人工智能持续创新能力。三是形成前瞻系统布局。坚持研发攻关、产品应用和产业培育“三位一体”推进，推动智能经济、智能社会和智能化基础设施同步发展。四是注重发展与规制结合。既积极推动人工智能的基础研究、技术研发和成果应用，最大程度发挥人工智能潜力，又加强前瞻预判与约束引导，确保安全、可靠、可控发展。五是坚持开源开放。把开源开放作为构建人工智能创新生态的基本前提，努力促进产学研用各主体的共创共享，积极参与人工智能全球研发和治理。

第三节　促进新一代人工智能产业发展三年行动计划（2018—2020年）

为落实《新一代人工智能发展规划》，深入实施“中国制造2025”，抓住历史机遇，突破重点领域，促进人工智能产业发展，提升制造业智能化水平，推动人工智能和实体经济深度融合，工业和信息化部于2017年12月发布了《促进新一代人工智能产业发展三年行动计划（2018—2020年）》。

一、政策背景

当前，新一轮科技革命和产业变革孕育兴起，人工智能技术与产业发展进入新阶段，正加快与经济社会各领域渗透融合，带动技术进步、推动产业升级、助力经济转型、促进社会进步。2017年7月，国务院印发《新一代人工智能发展规划》，对2030年我国人工智能发展的总体思路、战略目标和主要任务、保障措施进行系统的规划和部署，为推动我国人工智能的长期发展指明了方向。规划发布后，受到社会各界高度关注，相关部门和地方都在抓紧研究落实。工业和信息化部作为牵头推动人工智能产业发展的重要部门，为深入贯彻党的十九大精神，加快发展先进制造业，推动人工智能和实体经济深度融合，落实“中国制造 2025”和《新一代人工智能发展规划》部署，组织编制了《促进新一代人工智能产业发展三年行动计划（2018—2020年）》。

二、政策内容

《行动计划》提出促进新一代人工智能产业发展的指导思想，即全面贯彻落实党的十九大精神，以习近平新时代中国特色社会主义思想为指导，按照“五位一体”总体布局和“四个全面”战略布局，认真落实党中央、国务院决策部署，以信息技术与制造技术深度融合为主线，推动新一代人工智能技术的产业化与集成应用，发展高端智能产品，夯实核心基础，提升智能制造水平，完善公共支撑体系，促进新一代人工智能产业发展，推动制造强国和网络强国建设，助力实体经济转型升级。在基本原则方面，《行动计划》提出要系统布局、重点突破、协同创新、开放有序。

《行动计划》提出发展目标，力争到 2020 年，一系列人工智能标志性产品取得重要突破，在若干重点领域形成国际竞争优势，人工智能和实体经济融合进一步深化，产业发展环境进一步优化。这主要表现在四个方面，即人工智能重点产品规模化发展、人工智能整体核心基础能力显著增强、智能制造深化发展、人工智能产业支撑体系基本建立。

《行动计划》提出实施四项重大任务。一是培育智能产品，重点在智能网联汽车、智能服务机器人、智能无人机、医疗影像辅助诊断系统、视频图像身份识别系统、智能语音交互系统、智能翻译系统、智能家居产品等领域率先取得突破。二是突破核心基础，着重在智能传感器、神经网络芯片、开源开放平台等方面率先取得突破。三是深化发展智能制造，重点聚焦智能制造关键技术装备和智能制造新模式。四是构建支撑体系，包括行业训练资源库、标准测试及知识产权服务平台、智能化网络基础设施、网络安全保障体系。

《行动计划》还提出了五方面保障措施。一是加强组织实施；二是加大支持力度；三是鼓励创新创业；四是加快人才培养；五是优化发展环境。

三、政策分析

从编制思路看，加快产业化和应用是人工智能发展的关键着力点，也是工业和信息化部在人工智能方面的工作重点。因此《行动计划》重点从推动产业发展角度出发，结合“中国制造 2025”，对《新一代人工智能发展规划》相关任务进行了细化和落实。

《行动计划》的总体要求体现出“三个明确”。一是明确整体思路，抓住信息技术和制造技术深度融合的主线，结合“中国制造 2025”、《新一代人工智能发展规划》等国家战略，加快形成较为健全的人工智能产业体系，推动制造强国和网络强国建设。二是明确工作原则，进一步发挥好市场主导作用，突出创新驱动和应用牵引，构建开放共享的产业生态体系。三是明确工作目标，与“中国制造 2025”提出的阶段目标衔接，对《新一代人工智能发展规划》中部署的 2020 产业目标进行了进一步细化。

《行动计划》按照“系统布局、重点突破、协同创新、开放有序”的原则，在深入调研基础上研究提出四方面重点任务，共 17 个产品或领域。这 17 个产品或领域可分成四类，也就形成了四方面重点任务。

第一类是智能产品和系统，需要“培育”。主要涉及智能网联汽车、智能服务机器人、智能无人机、医疗影像辅助诊断系统、视频图像身份识别系统、智能语音交互系统、智能翻译系统、智能家居产品等 8 类。这些智能化产品已有较好的技术、产业基础，部分细分领域的产品已经走在了国际前列，在国家政策引导下有望实现规模化发展，形成由点到面的突破，并带动人工智能技术在行业中的深入应用。因此要以市场需求为牵引，积极培育人工智能创新产品和服务，促进人工智能技术的产业化，推动智能产品在工业、医疗、交通、农业、金融、物流、教育、文化、旅游等领域的集成应用。

第二类是核心基础，需要“突破”。主要涉及智能传感器、神经网络芯片、开源开放平台。这些产品或平台市场竞争力不强，是产业链上的薄弱环节，对产业发展可能形成制约，亟待加快创新发展，夯实基础，补齐短板。因此必须加快研发并应用高精度、低成本的智能传感器，突破面向云端训练、终端应用的神经网络芯片及配套工具，支持人工智能开发框架、算法库、工具集等的研发，支持开源开放平台建设，积极布局面向人工智能应用设计的智能软件，夯实人工智能产业发展的软硬件基础。

第三类与智能制造相关，需要“深化”。主要包括智能制造关键技术装备和智能制造新模式。制造业是人工智能最先落地的行业之一，“中国制造2025”提出“以推进智能制造为主攻方向”的明确要求。近年来，我国制造业发展已取得积极进展，特别是在加快发展智能制造，推动制造业智能化升级改造方面开展大量工作。《行动计划》与“中国制造2025”紧密对接，进一步突出了需要加快应用人工智能技术进行改造升级的具体任务，将为智能制造的深化发展提供有力支撑。

第四类是支撑体系，需要“构建”。我国人工智能发展的痛点问题之一就是缺少有效的行业资源训练库等公共服务支撑体系，业界普遍反映已经影响了人工智能技术发展及在行业中的应用。《行动计划》注意到了这一关键问题，提出要面向重点产品研发和行业应用需求，支持建设并开放多种类型的人工智能海量训练资源库、标准测试数据集和云服务平台，建立并完善人工智能标准和测试评估体系，建设知识产权等服务平台，加快构建智能化基础设施体系，建立人工智能网络安全保障体系，不断完善产业发展环境。

《行动计划》还针对每类产品或领域，提出了有望于2020年取得突破的典型技术指标。比如针对“视频图像身份识别系统”提出，“到2020年，复杂动态场景下人脸识别有效检出率超过97%，正确识别率超过90%，支持不同地域人脸特征识别。”这些指标都对产业的发展有很强的引导作用，明确了发展目标，增强了产业发展信心。

热点篇

第四十章　Intel 收购 Mobileye

2017 年 3 月 13 日，Intel 宣布以 153 亿美元，溢价 34% 的价格全资收购无人驾驶领域明星公司 Mobileye。这次收购是以色列技术公司中被收购金额最高的一次，也创下了自动驾驶领域最大的一笔交易额，以色列总理甚至提出将为此次收购放宽有关监管方面的要求。通过收购 Mobileye，Intel 将有望进一步强化公司在自动驾驶汽车领域领先技术供应商的地位，并掀起业界对自动驾驶技术和应用的关注热潮。

第一节　背　　景

智能汽车成为 IT 巨头竞争新高地。随着计算能力的提升和物联网的普及，智能汽车正在成为 IT 巨头们下一个新大陆，受到越来越多的关注。2016 年以来，Intel 相继收购了无人驾驶芯片公司 Yogitech、计算机视觉公司 Itseez，入股了数字地图和位置服务公司 HERE。恩智浦 112 亿美元收购飞思卡尔后，又将被高通以 470 亿美元收购，将是半导体行业历史上规模最大的一笔交易。英伟达与特斯拉合作，为其提供自动辅助驾驶系统芯片。瑞萨电子出资 30 亿美元收购 Intersil，通过提升电源管理芯片技术进一步保证其在车用微控制器领域的领先优势，联发科则从以影像为基础的 ADAS、高精准度毫米波雷达、车载信息娱乐系统以及车载通信系统等四大领域切入，向全球汽车企业提供产品线完整且高度整合的系统解决方案。

汽车制造企业通过战略联盟加速智能化进程。2016 年，宝马、奥迪、戴姆勒、华为、爱立信、Intel、诺基亚以及高通宣布成立 5G 汽车联盟，联盟的成立标志着传统汽车制造企业对于智能汽车的高度重视。借助 IT 巨头们的互联网思维，形成战略合作，正成为汽车制造企业转型升级的首选方式。戴姆勒和 Uber 在无人驾驶研发领域进行合作，为 Uber 的运输业务体系研发和生产自动驾驶车辆，探索未来出行模式。亚特—克莱斯勒与谷歌拆分出来的自动驾驶部门 Waymo 合作，推出半自动驾驶的共享打车服务软件。福特加深与亚马逊的合作，将 Alexa 语音助手集成到公司现有的福特 SYNC 车载系统中，并投资 10 亿美元在自动驾驶初创公司 Argo AI，计划在 2021 年推出自有品牌的自动驾驶汽车。

第二节　主要内容

事件经过。Mobileye 成立于 1999 年，一直从事汽车工业的计算机视觉算法和先进驾驶辅助系统（ADAS）芯片技术的研究。Mobileye 是 ADAS 市场的先驱，几乎掌握了全球 ADAS 80% 的市场份额。2016 年，Mobileye 总收入为 3.6 亿美元，GAAP 净利润 1.1 亿美元，同比增长分别为 48.7% 和 58.3%。在全球 11 个汽车制造商获得 12 个智能汽车安全设备新项目，其开发的芯片 EyeQ 累计前装配套 27 家车企的 313 款车型，全球范围内装车量超过 1500 万辆。

Mobileye 曾是特斯拉 Autopilot 半自动驾驶系统的供应商，Model S 和 Model X 车型上均搭载了 Mobileye 图像处理芯片 EyeQ3，2016 年 5 月特斯拉半自动驾驶系统发生事故后，Mobileye 宣布和特斯拉终止合作。Mobileye 认为特斯拉激进的权限开放和纵容车主使用超出安全限制的功能导致了事故的发生，而特斯拉则强调事故的原因是摄像头和雷达的识别错误。事实上，双方的分歧并不仅仅是由于事故产生原因，更多的则是在对自动驾驶的理解和认同上存在根本性的差异，Mobileye 是相对传统的自动驾驶企业，而特斯拉则是自动驾驶的颠覆者。双方的分道扬镳难以避免。

2016 年 7 月，宝马、Mobileye、Intel 三方达成战略联盟，希望在 2021 年生产出第一辆能完全自动驾驶的宝马汽车 iNECT。三方的分工是宝马负责驾驶控制、动力学、整体功能安全评估、整体部件组装、原型车生产以及最终实现平台扩展，Intel 负责提供从车辆到数据中心的高性能计算技术。Mobileye 则贡献其自主研发的 EyeQ5 高性能计算视觉处理器。

2017 年 3 月，Intel 宣布与 Mobileye 达成收购协议，将在未来 9 个月内，以每股 63.54 美元的价格全资收购 Mobileye，总交易额为 153 亿美元。

后续发展。Mobileye 将与 Intel 于 2016 年底成立的自动驾驶事业部（ADG）整合形成新的自动驾驶部门，由 Mobileye 联合创始人，董事长兼首席技术官 Ammon Shashua 领导。新部门除了支持两家公司当前的制造项目，还将与其他公司合作开发先进的汽车辅助驾驶、高度自动驾驶和完全自动驾驶系统。从合作模式可以看出，利用 Intel 在技术、资本等方面的资源优势，Mobileye 将进一步强化 ADAS 领域领头羊的地位，而 Mobileye 在车规级芯片设计上的经验、市场和渠道也将帮助 Intel 加快在人工智能和汽车电子领域的战略布局。此外，Intel 还将进一步挖掘 Mobileye 在数据处理方面的潜力，增强 Intel 作为驱动数据中心和智能互联设备公司的核心竞争力。

第三节　影响或启示

标志着融合渗透将成为下一步产业发展的主流方向。随着全球个人电脑和手机产业发展增速放缓，消费电子产品逐渐饱和，IT 行业开始在寻找另一个突破口。研究公司 Frost & Sullivan 预测，到 2025 年，汽车领域数字化移动服务市场规模有望达到 1.9 万亿欧元，市场的巨大前景吸引了 IT 企业加速向汽车电子产业渗透。由于汽车电子本身具有性能指标严苛、可靠性要求高、供货周期长等特点，产业链相对封闭，行业外企业难以在短时间内迅速切入，并购、合作、结盟等方式成为融入产业链的最佳途径。

将进一步加剧自动驾驶技术路线之争。车辆周边识别技术对于自动驾驶车辆至关重要，需要利用摄像头或者传感器感知周围环境，测距得到数据，基于周围的环境与数据做出路径规划，从而形成自动驾驶状态。而反馈的信息也可以显示在人机交互的界面上，给驾驶者提供行车判断的依据。通过何种探测技术来主导周边识别技术一直有很多的争议。2016 年与特斯拉终止合作后，Mobileye 的单目摄像头技术路线一度陷入低谷，Intel 出手表明了其对 Mobileye 技术的认可和信心，传感器、摄像头、激光雷达等技术谁将笑到最后还有待市场的检验。

我国应在产业技术布局和平台搭建的同时，加强标准和法规建设。自动驾驶汽车目前仍处于发展初期，技术路线尚不明确。对于处于追随位置的我国自动驾驶汽车产业而言，应当加强与国内IT企业合作，加快技术布局和平台搭建。另一方面，我国是人口大国，也是汽车大国，自动驾驶本身具有国情和地域的特殊性，因此，随着自动驾驶技术的不断成熟，应当加快相关标准的制定，出台鼓励国内企业开展相关研究和布局的政策，加大基础研究、资本、人才在自动驾驶领域的投入，推动产业快速发展。

第四十一章　智能手机市场迎来“科技春晚”

2017 年 9 月，多款重量级产品陆续发布，诸多“黑科技”随之而来，智能手机市场迎来精彩纷呈的“科技春晚”。繁杂功能层出不穷的背后，智能手机始终寻求承载更丰富的功能与服务，使人们在信息爆炸时代便捷、高效、安全地处理信息和创造价值。在市场竞争日益激烈的同时，新兴技术的引入使智能手机不断升级完善，深刻改变日常生活。

第一节　背　　景

智能手机全面屏时代即将降临。小米 MIX 2、苹果 iPhone 8 和三星 Note 8 等三款手机拥有一个共同标签——全面屏。全面屏是指采用超窄边框设计，拥有接近 100%屏占比的手机面板，可带来更大显示面积，造成更强的视觉冲击效果，提升用户体验。2016 年小米 MIX 全面屏概念机的推出引发业界极大关注，随即引爆市场追捧，LG、三星、苹果、华为、vivo 等手机厂商纷纷跟进，智能手机开启全面屏时代。全面屏对面板工艺、手机结构设计、天线设计以及各类传感器件小型化提出更高要求，由此将引发手机产业链的变革。

生物识别技术保障信息安全。iPhone 8 将为采用全面屏而取消正面指纹识别，引入 3D 扫描人脸识别技术；Note 8 则集密码、指纹识别、虹膜识别和人脸识别四类解锁方式于一身。自 iPhone 5s 引入 Touch ID 以来，各类日趋成熟的生物识别技术陆续引入智能手机，用于保障信息安全。目前，人脸识别、指纹识别具有技术成熟、使用便捷等优势但安全性较弱；虹膜识别安全性高但成本较高、用户体验略逊。未来，指纹识别有望克服技术困难置于屏幕下方而“重新回归”，人脸识别则可能在苹果带动下提高识别率。此外，虹膜识别等生物识别技术在进一步提高成熟度、降低成本后有望在智能手机上进一步普及。

“科技以换壳为本”。小米 MIX 2 由世界顶级设计师 Philippe Starck 操刀，采用四角圆润的金属中框设计，取消前面板多数传感部件而使屏占比达到 95%；苹果据信将同时发布 iPhone 7s、iPhone 7s Plus 和 iPhone 8 三款手机，并为 iPhone 8 加入“腮红金”新配色；Note 8 配备 6.3 英寸全视曲面屏，采用独特方形机身，提供兰花灰、枫叶金等更丰富的全新配色。在智能手机快消品趋势更显著的趋势下，手机“颜值”成为消费者日益重视的重要考量。手机厂商均在手机外形设计上苦心孤诣，积极采用玻璃、金属、陶瓷等各类材料，尝试新外观、新配色，持续加快产品迭代速度，丰富产品线配置。未来，消费者对型号差异化和外形设计美学的要求将不断提高，“科技以换壳为本”的现象仍将继续。

性能提升助力智能手机功能服务更趋丰富。小米 MIX 2 搭载骁龙 835 处理器、6/8G RAM、128/256GB ROM、2K 分辨率 6 英寸 OLED；iPhone 8 配备 A11 处理器、柔性 OLED 异形全面屏，支持无线充电；Note 8 配备骁龙 835 和 Exynos 8895 八核 64 位高性能处理器，内存达 6GB，屏幕分辨率达到 3K 水平，支持无线充电。近年来，手机综合性能不断提高，64 位处理器、4GB 内存成为主流，双摄像头、快速/无线充电、LTE 调制解调器技术、蓝牙 5 等各类新兴技术日渐普及。在此背景下，AI 及 VR/AR 相关技术得以在智能手机上逐步应用。未来，随着手机综合性能和 AI、VR/AR 等新兴技术成熟度进一步提升，智能手机将具备更加丰富的功能服务。

第二节　主要内容

三款重量级智能手机集中亮相。9 月 11 日至 13 日，小米 MIX 2、苹果 iPhone 8 和三星 Note 8 等三款 2017 年下半年最重磅的智能手机将陆续发布，引起业界和广大消费者的普遍关注。继 2016 年小米 MIX 惊艳亮相，开启手机全面屏时代之后，小米 MIX 2 将继承全面屏基因，引领“全面屏 2.0 时代”；2017 年适逢 iPhone 发布十周年，iPhone 8 被冠以十年纪念版称谓，配备异形全面屏、无线充电等诸多新技术，引发普遍期待；Note 8 作为三星在 Note 7

爆炸风波后的重拾尊严之作，也获得广泛关注。此外，华为 Mate 10、vivo X20 等重量级产品也将于近期陆续面世，智能手机市场迎来新一轮热潮。

诸多“黑科技”走进现实。随着新型显示、生物识别、人工智能（AI）、虚拟现实等新兴技术的飞速发展，全面屏、无线充电、AI 芯片、3D 扫描人脸识别、AR/VR 等诸多“黑科技”逐渐走进现实，引领智能手机新的发展趋势，引起业界的广泛讨论。深入分析新兴技术背后的趋势，有助于精准把握智能手机未来发展方向，促进我国智能手机行业的进一步发展壮大。

第三节　影响或启示

积极探索新兴技术，完善技术储备。一是加大新兴技术研发力度。深刻理解智能手机发展趋势，加强在人工智能、VR/AR、新型传感器等新技术领域的研究储备。二是注重专利族群建设。高度重视知识产权保护，完善专利布局，构筑差异化技术优势，增加市场博弈筹码。三是加强生态系统建设。积极加强横向、纵向技术合作，注重智能手机生态系统建设。

把握消费升级机遇，迈向高端手机市场。一是精准把握消费需求变化。充分利用大数据、云计算等新兴技术手段，准确把握消费需求，加快产品迭代速度，优化产品线布局。二是注重品牌建设。恪守企业核心价值观，妥善处理突发事件，维护品牌形象，提升品牌附加值。三是完善营销、售后服务全链条建设。一切以用户体验为中心，提升产品品质，改善全链条服务质量。

开辟新蓝海，加快拓展海外市场。一是减少准入壁垒。加强专利布局，严格遵守当地法律，加强与本土企业合作，减少各类市场准入壁垒。二是加强本土化策略。深入了解当地市场状况和民俗文化，精准把握消费需求和用户习惯，拓展营销推广渠道。三是完善全球化业务布局。加大与跨国公司、各国本土企业的合作力度，积极推进全球化分工合作，充分利用资本运作、兼并收购等手段。

第四十二章　虚拟现实产业发展需冲破四重困境

在社会各界的高度期待下，虚拟现实产业爆发并未真正来临，而是浮现出金融资本迅速退潮、产品低端同质竞争严重、地方发展模式趋同和应用需求亮点难寻四重困境。基于此，赛迪智库电子信息产业研究所提出四点建议：加强原始技术创新和设计创新，加快制定行业标准规范；加大内容产品的有效供给，以点带面扩大应用范围；加强产业发展顶层设计，推进区域协同联动发展；拓宽产业投融资渠道，激发社会资本的能动性。

第一节　背　　景

自 2016 年虚拟现实技术爆发以来，2017 年虚拟现实技术成熟度不断增强，虚拟现实产品进一步丰富，代表性的产品问世。HTC 推出的 HTC Vive 头戴式设备，通过激光和光敏传感器和 OLED 屏幕，实现了对追踪显示器与控制器的运动定位系统。Oculus Rift 也是头戴式设备，主要通过陀螺仪控制增强沉浸感，并依托于自主虚拟现实平台 Oculus Rift。除了这两款代表性设备，还有谷歌 Daydream 和三星的 Gear VR 等也值得期待。

虽然虚拟现实产品最初目标是游戏等娱乐目标，但是随着和增强技术的配合，虚拟现实设备的应用领域逐渐延伸。比如 HTC Vive 可以通过虚拟现实搭建场景，实现在医疗和教学领域的应用，在更多领域施展想象力和应用开发潜力。同时，以波音等为代表的装备制造企业，已经在飞机设计和维修等环节采用虚拟现实技术。

虽然代表性产品诞生，市场对 VR 的预期火爆，但从年终的 VR 设备销量和总产值来看，却都远低于年初的预测数据。虚拟现实产业在发展热潮涌动的同时，也开始浮现出产品低端同质竞争严重、行业应用需求亮点难寻、地方发展模式趋同、金融资本迅速退潮等问题，面临不进则退的巨大考验，由此带来的产业发展隐患不容忽视，需科学谨慎地应对。

第二节 主要内容

虚拟现实产业发展正面临四重困境：

第一，市场需求被高估，产品低端同质竞争严重。从总体规模看，虚拟现实产品的市场需求被各机构普遍高估。从产品结构看，三星 Gear VR、索尼 PSVR、HTC Vive、谷歌 Daydream、Oculus Rift 五大产品占全球虚拟现实硬件产品总出货量的 98.7%，品牌集中度非常高。反观中国市场，产品多数为结构简单、功能单一且成本低廉的眼镜、头盔类硬件产品，定价在 0—200 元的智能手机滑配式 VR 占据了市场份额的 90% 以上。

第二，内容相对匮乏，行业应用尚未寻得突破。从整个产业链构建角度看，数量依然偏少，尤其是高品质视频内容和高流行度游戏极度缺乏。在行业应用方面，现有应用案例多是定制化解决方案，不具备行业内大面积普及推广的条件。

第三，缺乏科学规划，地方发展模式趋同。我国不少地方产业载体定位类似、发展内容趋同，差异化、特色化不够，与地方经济社会发展实际结合不紧，导致其缺乏可操作性。重大项目的匆忙上马也使得产业发展目标及定位过高，实现难度较大。

第四，热钱快速退潮，产业投资热度迅速降温。全球 VR/AR 领域的资本投资经历了由快速暴涨到迅速退潮的“短平快”周期。投资热情的消退给产业发展带来了不利影响，暴风魔镜、用了 VR 等早期获得融资支持的 VR 企业开始遭遇经营难题。

第三节 影响或启示

首先，产业处于发展初期，供给和需求呈现双重不足。

在虚拟现实产业发展初期，国内不少企业和创业团队抓住虚拟现实关注度不断提升的契机，通过“炒概念”获取了投资，但对虚拟现实市场的定位、主要用途、产业链各环节产品价值的分布缺乏系统梳理和认识，导致只能由传统分工默契、利润相对偏低的低端硬件制造环节切入，对附加值高、应用面广的高端硬件产品，以及优质内容产品生产、开发的重视与投入不够，难以快速增加用户黏性和培育市场需求。

即使在硬件市场，由于技术储备和产业生态体系上的差距，国产VR设备也难以在短时间内达到与国外知名产品同台竞争的水平，高端硬件设备供给同样存在严重不足。在这种情况下，一些国内企业重新走上山寨模仿、概念炒作、以低价放量和同质化竞争为主的老路，导致可持续发展的实力与竞争力缺乏，再次面临了高端产业低端化和价值链低端锁定的风险。

其次，地方认识准备不足，载体功能定位缺乏差异化。

虚拟现实技术在制造、教育、医疗、商贸服务等行业应用的融合创新和带动作用，使其成为经济新旧动能转换的重要助推器之一，被多个地方政府视为稳增长、调结构、促转型的有力抓手。然而，不少地方政府虽然努力抢占产业发展先机，投资热情高涨，但对虚拟现实这一新兴产业领域的发展条件和演化规律却认识不足，对虚拟现实产业链上下游的协同配套和园区、资本的运作模式规划不清晰，产业载体建设统筹不足，功能定位严重趋同化。多个地方提出要进行虚拟现实全产业链布局，缺乏明确的发展特色和重点方向，忽视了虚拟现实产业在与传统产业的融合应用、区域经济关联带动方面的巨大作用。

再次，产业资本更趋理性，从广泛撒网转向精挑细选。

以逐利为目的的资本在完成AR潜力股布局后，对VR项目的投资逐渐趋于谨慎。2016年下半年VR投资减少的主要原因是现有VR产品不能满足用户需求，VR技术尚未完全解决基本的用户体验问题，创新企业和创业团队在原始创新、技术产品开发方面鲜有亮点，产品市场前景和企业成长不可持续。然而，谨慎本身并不代表停止投资，对于那些研发能力强，且掌握核心技术专利、成长潜力好、收益率高的企业，资本永远不会停止其追逐的步伐。好的项目与资本天然互依共生，资本其实并不存在“凛冬”一说，只是更加趋于理性。目前来看，VR 的投资从广撒网向热点汇集，主要投资在高品质的VR 电影制作、光场显示技术、增强现实相关技术和高附加值、高收益率的行业应用，比如高端装备制造、风险职业培训等方面。

第四十三章　我国光伏制造企业“走出去”

光伏是我国为数不多的、能够同步参与国际竞争并处于领先水平的行业之一。我国光伏产品产能和产量已连续多年位居全球首位，并占据较大市场份额。同时，光伏产业也是我国国际化程度较高的行业之一，不仅有近40%的光伏组件要出口至国外市场，而且在实施“一带一路”战略的背景下，光伏制造企业领先于其他行业，率先“走出去”，实现海外产能扩张。

第一节　背　　景

贸易和技术壁垒倒逼光伏企业“走出去”。以欧美为主的国家和地区对中国出口的光伏产品实施“双反”关税，倒逼光伏企业不得不去海外建立制造基地，以规避贸易壁垒。此外，我国火电比例高，根据发达国家制定的碳足迹认证规则，在中国制造的光伏产品不满足当地碳足迹认证要求，也是推动我国光伏企业在海外设厂的主要因素之一。

本地保护政策要求光伏企业“走出去”。我国光伏企业在海外市场投资建设光伏电站时，部分国家要求使用当地企业生产的光伏产品，作为获得光伏电站投资建设优惠政策条件的前提，比如巴西和加拿大。此外，当地金融业的配套支持也同样要求使用当地企业生产的光伏产品，比如，巴西开发银行的电站优惠融资就需要使用当地生产的光伏组件。

海外投资优惠政策和低人力成本吸引光伏企业“走出去”。部分东南亚国家为促进本国制造业的发展，出台了有力的优惠投资政策。比如，阿特斯在越南海防市的“越南—新加坡工业园区”制造基地所得税率前15年为正常税率20%的一半，即10%，并在此基础上，进一步享有4免9减半的优惠。同时，设备和材料进口免关税，产品出口免税。此外，当地低廉的用工成本也是吸引企业投资的关键因素。比如，阿特斯在越南的人力综合成本仅为中国的50%，在泰国的人力综合成本为中国的80%。

第二节 主要内容

“走出去”的产业规模不断扩大。我国光伏企业自2011年就尝试“走出去”，2015年开始大规模的海外产能扩张。据赛迪智库统计，截至2016年，我国光伏制造企业在海外已投产电池产能达6.5GW，组件产能6.3GW，分别为国内电池及组件产能的10.3%与7.5%；计划投资电池产能3GW，组件产能近3.5GW。

“走出去”的产业链环节不断拓展。在发展初期，我国光伏企业在海外的投资多为成本和技术门槛都较低、自动化程度较高的组件制造厂。但2015年下半年以来，随着我国海外组件厂运转逐渐步入正轨，企业投资重点开始向上游硅片、电池片等环节延伸，以形成本地配套。部分辅材辅料企业也考虑在海外建厂，比如，信义光能在马来西亚的900T/D光伏玻璃生产线已于2016年11月16日成功点火，越南也有中国光伏玻璃制造企业在考察。

“走出去”的制造水平不断提升。我国光伏企业的产业化生产技术处于全球领先地位，在“走出去”的同时，也逐渐尝试先进产能的海外布局。比如，正泰已将其德国工厂的组件生产成本由0.58Euro/Wp降到0.39Euro/Wp，降幅近33%，同时在2015年追加45万欧元的投资，全面提升厂内自动化程度，日产能由2013年底的单线520片/天提升至2016年底的700片/天。协鑫集成甚至在越南建设有PERC高效电池产线。

“走出去”仍面临一系列问题。一是企业融资困难，外资身份限制企业获得贷款支持；二是投资缺少协同性，面临集体性贸易保护风险；三是不熟悉投资环境，对投资风险认识不足；四是审批部门较分散，硅片出口退税率亟须调整；五是当地配套、基建、人才缺失，增加了企业生产成本。

第三节 影响或启示

加大对光伏企业“走出去”资金政策的支持力度。一是将光伏行业优先纳入中外产能合作重点支持项目，并提供财政奖励、税收优惠政策，提高光伏企业“走出去”的积极性。二是加大信贷对光伏企业海外投资的支持力度，必要时可以由财政提供担保，保障对外投资的资金需求。三是建立国家级“走出去”投融资综合服务平台，完善海外投资保险产品，支持光伏产能向境外转移。四是加大政策性银行对民营光伏企业的支持力度。

引导光伏企业抱团“出海”。一是充分发挥行业组织、政府机构的引导作用，积极鼓励光伏上下游企业联合“走出去”，在降低海外产能制造成本的同时增强国际市场的抗风险能力。二是积极引导光伏企业或国内大型园区开发企业在境外建设一批光伏制造产业园、经贸合作区或产能合作示范基地，引导国内光伏“走出去”的产能集聚和资源整合。

加强对光伏企业“走出去”的前期指导。一是建立大数据信息化平台，为光伏企业提供投资国政治环境、法律法规、产业政策、人文风俗等信息。二是进一步加强境外安全风险预警和监测制度，完善境外安全风险防范和应急处置工作机制，保障企业在境外投资的安全性。三是充分发挥行业协会作用，为光伏企业海外投资提供个性化咨询服务。

为光伏企业“走出去”营造良好的投资环境。一是进一步简政放权，设立海外投资“一站式”联合审批机构，规范、简化对外投资的审批主体、程序和权责。二是积极推动政府间建立产能合作机制，争取在货物通关、人员出入境、货币结算、司法、税务合作方面为我国光伏企业“走出去”创造良好的投资环境。三是将硅片的出口退税率提升至17%，降低企业出口及海外工厂的采购成本。四是充分利用中国东盟合作机制、各部门援外培训项目中有关海外人才引进和培训的支持政策，加强对当地光伏技术人才的培训。

第四十四章　大力发展海洋电子信息产业

海洋在我国经济发展和对外开放格局中的作用日益重要，在维护国家安全和发展利益中的战略地位日益突出。党的十八大提出海洋强国战略后，2013 年习近平总书记又提出“一带一路”战略构想，加快建设海洋强国已成为今后一个时期重要且紧迫的战略任务。

第一节　背　　景

发展海洋电子信息产业是实现海洋强国目标的战略基础。海洋强国战略的核心是形成海洋开发、利用、保护、管控的强大综合实力。要加快实现海洋强国战略，就必须以强大的海洋电子信息产业作为战略支撑。一方面，信息技术正在掀起新一轮创新和变革的浪潮，推动着生产方式和发展模式的深刻变化，需要发挥新一代信息技术的强大驱动作用，加速与海洋相关技术融合发展，全面提升海洋开发、利用、保护能力；另一方面，需要加快海洋信息化建设，构建全方位的海洋信息系统，打通海洋的信息大动脉，形成全天候、全覆盖的海洋信息服务能力，为全面管控海洋奠定坚实基础。

发展海洋电子信息产业是打造经济增长新引擎的战略选择。大力发展海洋电子信息产业，可以促进信息技术和海洋相关技术的融合创新，有效提高海洋资源、能源的利用效率，培育发展海洋生物医药、海洋新能源、海洋新材料、海洋信息服务等新兴产业，打造海洋经济增长新引擎。同时，还能开拓信息技术发展新方向，形成万亿级新市场，带动以适用海洋环境为特征的电子信息产品、设备和系统创新发展，壮大海洋信息技术服务业，引领电子信息产业发展新潮流，为我国电子信息产业开拓前景广阔的发展空间。

发展海洋电子信息产业是构建全球竞争新优势的战略需要。进入 21 世纪以来，海洋在国家经济发展和对外开放格局中的作用日益重要，在维护国家安全和发展利益中的战略地位日益突出。大力发展海洋电子信息产业，加快突破信息技术与海洋融合创新的核心关键环节，能够有效解决海洋信息基础设施建设难题，率先形成海洋信息组网服务能力和智慧应用能力，破解智慧海洋发展瓶颈，打造领先的海洋管控能力，全面提升我国经略海洋的能力水平，构筑全球海洋空间和战略资源竞争中的新优势。

第二节　主要内容

全球海洋电子信息产业尚处于起步阶段。美国、英国、加拿大、日本、韩国、澳大利亚等国家高度重视海洋领域特别是海洋经济的发展，部分国家已提出要研究信息技术在海洋研究、海洋相关产业发展、海洋环境保护、涉海基础设施建设等方面的作用。但总体来看，尚未有国家对发展海洋电子信息产业进行顶层设计与统筹推进，海洋电子信息产业的发展主要依靠不多的企业、科研机构在推进，较为零散。相比陆地信息技术产业以及数字经济如火如荼地发展，海洋信息技术和产业以及海洋经济发展刚刚起步，这为我国实现抢位发展提供了难得机遇。

我国海洋电子信息产业发展初具基础。党的十八大以来，我国加大对海洋电子信息领域的投入力度，智慧海洋、国家海底科学观测网等一批大型国家项目已开始落地，一批重点央企、大型企业和涉海科研院所等成立了专门从事海洋电子信息技术开发和应用的部门，山东、浙江、广东、福建、天津等省市已经着手规划和推进海洋电子信息产业的发展。我国已初步形成以海洋传感网络、船舶电子产品和系统、海洋信息技术服务为主的海洋电子信息产业体系，在雷达探测、定点平台探测、海洋遥感等方面已接近国际先进水平，海洋信息基础设施建设开始从近岸、近海区域向中远海区域推进。

我国海洋电子信息产业发展面临诸多挑战。一是与传统电子信息产业相比，海洋电子信息产业发展的需求导向特征更突出，碎片化发展格局明显，缺乏顶层规划设计、体系化布局，满足海洋需求的关键信息技术和核心电子产品缺失严重。二是海洋电子信息产业技术研发及产业化一直主要依靠国家投入，市场化程度不高，产品集中在船舶电子方面，产业链上下游结合不紧密，完整的产业体系和规模性的产业集聚尚未形成。三是海洋信息基础设施建设推进缓慢，并以近岸、近海为主，中远海信息系统建设尚未展开，信息覆盖面受局限。多个部门和地方已在建设海洋信息系统，但缺乏统一规划，无序苗头初显。

第三节　影响或启示

以系统化思维，集中突破关键技术和核心产品。站在海洋强国战略高度，围绕当前海洋电子信息产业发展的迫切需求，重点发展智能化船舶电子装备和系统、海上信息组网装备等核心装备，构建海洋信息网络系统，集中突破适应海洋恶劣环境的关键电子元器件（如传感器）、海上信息采集处理平台、水下探测技术、海上组网技术等关键技术和产品，推动建立国家海洋电子信息产业部际合作推进机制，科学规划布局产业发展，加大政策、资金支持力度，促进资源共享与互补，形成合力。

以市场化机制，通过示范引领带动产业集聚发展。推进实施智慧海洋工程，打造“互联网＋海洋”“海洋＋智能工业装备”等创新合作模式，统筹谋划一批有示范效应的研发和产业化应用项目，以示范应用带动能力提升，推动实现产品体系、制造体系、服务体系、创新体系的相互支撑和一体化发展。依托沿海地区核心区域，部署建设海洋电子信息产业示范区，推动区域内资源整合和区域间优势互补，推进核心关键技术攻关和重大示范应用，探索特色鲜明的海洋电子信息产业发展路径，实现产业集聚发展。

以全局性理念，加快打造海洋整体信息网络系统。牢固树立全国一盘棋理念，加快推进海洋信息基础设施建设，构建“全时域态势感知、全海域网络覆盖、全方位信息服务、全业务综合应用、全体系安全可控”的海洋整体信息网络系统。建立跨领域、跨行业、跨地区的海洋信息共享机制和军民联动机制，推动涉海部门间核心业务系统的互联互通，开发智能化的海洋综合管控、开发利用与公共智慧应用服务，实现国家海洋信息的有效共享。

第四十五章 自燃手机入市凸显锂电池安全监管问题

三星 Galaxy Note 7 手机因锂电池自燃频频发生事故，我国市场也未能例外。存在严重锂电池安全隐患的 Note 7 手机能够进入市场，一定程度上反映出锂电池安全监管的缺位。特别是由于有关强制性国家标准迟迟未能落实，锂电池安全隐患实际上遍及全部相关电子产品及配套充电设备。为消除隐患，我国应加紧完善锂电池标准化实施制度，迅速采取安全监管补救措施，尽可能避免类似的锂电池安全事故再次发生。

第一节 背 景

我国锂电池安全监管尚未完全到位。我国唯一现行的锂电池强制性国家标准为 2015 年 8 月实施的《便携式电子产品用锂电池和电池组安全要求》(GB31241－2014)。该标准在高温外部短路、电池挤压、电池热滥用、电池组跌落等与 Note 7 锂电池自燃紧密相关的指标要求高于欧盟的 IEC62133 和美国的 UN38. 3。若严格执行标准，极有可能发现电子产品中存在的锂电池安全隐患。然而，我国锂电池安全监管不够严格，时常存在不严格检测就颁发 3C 认证的情况。

安全监管缺位遍及锂电池及其配套产业。调查表明，锂电池相关国家标准执行缺失并不限于手机领域，而是普遍现象。该标准出台一年多之后仍未落实，导致我国销售的主流智能手机、平板电脑产品及其配套产品均面临锂电池安全隐患。例如，2016 年 9 月至 11 月间，上海市消费者权益保护委员会共接到 8 名消费者投诉，反映苹果手机在正常使用或在原装充电器正常充电时突发自燃。由于市场上的电池充电器均未通过 2016 年 1 月 1 日实施的国家强制标准《家用和类似用途电器的安全：电池充电器的特殊要求》（GB4706.18－2014），事故或与安全监管缺位有关。锂电池安全监管缺位源于人为忽视。近年来大型家电整机的标准化落实工作基本在实施日期40天左右完成，但非重点电子产品如制冰机、电池充电器和锂电池（组）的标准化落实工作延迟非常之久，其中锂电池（组）的标准化工作至今已延迟562天。

第二节　主要内容

三星 Galaxy Note 7 于2016年8月19日全球首发，10月11日就由于频发锂电池安全事故被迫停售，成为史上最短命的旗舰手机。在我国销售的国行Note 7手机于2016年9月2日首发，18日即首现自燃事故，至10月11日停售并召回，已累计发生20起电池过热燃烧事故。迫于压力，三星在全球范围召回已售出的Note 7手机，导致高达170亿美元的损失。同时，此事件在资本市场引发震荡，三星电子的股价在几个交易日内连续下跌，市值蒸发高达百亿美元。鉴于Note 7频频发生电池安全事故，中国、美国、日本、新加坡、澳大利亚等多个国家和地区的数十家航空公司迅速将Note 7列入危险品名单，禁止任何人携带和托运。2017年1月23日三星发布事件调查结果显示，国行Note 7自燃原因为电池的设计与制造存在缺陷，电池正极的焊接毛刺可能刺穿电池导致短路起火。

除Note 7外，近年来还有多种产品也曾曝出锂电池安全问题。国际方面，2015年4月联想召回全球20.7万台笔记本电脑电池；2016年3月，东芝因电池起火隐患宣布召回9.1万台笔记本电脑；2016年11月三星S7 Edge手机在加拿大首现锂电池自燃致人烧伤事故。国内方面，2016年6月、11月和12月，惠普、东芝和索尼相继向质检总局备案召回中国大陆地区6726、5244和359台笔记本电脑电池；2016年10月，南京地区一用户的华为P9手机在充电时发生爆炸；2016年11月，针对iPhone异常关机事件，苹果致歉称将为问题手机免费更换锂电池。

第三节　影响或启示

健全锂电池安全标准体系。安全性是关系锂电池产业能否持续健康发展的重要因素，应高度重视 Note 7 手机锂电池安全事故，进一步完善安全标准体系，切实提高锂电池产业安全水平，杜绝大范围锂电池安全事故。由于现行锂电池强制性国家标准（GB31241－2014）将是我国 2020 年前锂电池产品安全领域唯一一部强制性国家标准，相关部门应积极开展标准测试工作，如发现现行锂电池强制性国家标准不能有效检出 Note 7 等问题产品的安全隐患，则亟须修改完善现行标准、健全锂电池安全标准体系，同时保障我国锂电池产业在国际竞争中处于主动地位，实现锂电池产业跨越式发展。

加紧建立锂电池标准化实施办法。相关标准化部门应按照《国务院关于印发深化标准化工作改革方案的通知》（国发〔2015〕13 号）要求，牵头落实锂电池及配套产品标准化工作，组织开展监督检查和行政执法，并承担标准化政策研究、统计分析和工作协调等任务。应重视出台加快锂电池标准化相关工作的政策措施，明确落实《锂离子电池综合标准化技术体系》中的重点标准宣贯和实施工作，强化锂电池强制性标准实施与监督，发挥强制性标准的市场准入门槛作用，进一步规范市场经营秩序，实现锂电池产业健康发展。

迅速采取安全监管补救措施。针对目前未通过强制性国家标准且仍在市面销售的锂电池和配套产品，应及时制定补救措施和过渡方案。一是完善锂电池产品的 3C 年审制度，必要时可考虑暂停这些产品的 3C 证书，督促锂电池厂商积极改进产品和通过强制性国家标准。二是建立与国际接轨的事故停售标准、质量安全通告、产品紧急召回和责任赔偿制度，在大范围事故发生的第一时间暂停问题锂电池产品的销售和使用，杜绝国外厂商延迟召回产品或设立赔偿门槛等问题，切实保障消费者生命财产安全和正当权益。

第四十六章　三星关闭 LCD 产线对我国显示产业“后产能”时代的启示

近年来，我国显示产业实现跨越式发展，产业规模和竞争实力明显增强，在我国面板产能快速增加的同时，显示龙头企业三星却陆续关闭液晶面板生产线，引发了业界的高度关注，同时也折射出当前以液晶显示为主流的显示产业进入“后产能”时代。

第一节　背　景

市场供大于求推动产品价格不断下降。2012—2016 年，全球液晶面板产能年均增长率为 3%，其中我国液晶面板产能年均增长率 33%。随之而来的是，55 英寸全高清面板价格从 360 美元下降至 170 美元，降幅高达 52%。随着我国及其他地区在建的多条 10.5 代/11 代产线 2018 年前后相继投产，供大于求的局面将再次显现，面板价格将进入下降周期。预计 2020 年，全球液晶面板需求为 2.15 亿平方米，液晶面板供给可达 2.38 亿平方米，供大于求势必导致面板价格呈现下跌趋势。

对新技术领域的投资力度持续加大。随着产能扩张，传统技术盈利能力下降，企业必然会寻找新兴技术以期在未来竞争中保持先发优势。目前，以 OLED 为代表的新兴显示技术正成为面板企业关注的重点，2016 年全球新增面板产能中 70% 为 OLED。三星计划投资 210 亿美元建造全球最大的柔性 OLED 工厂，并出资 7000 万美元收购美国量子点公司 QDVision，出资 1.5 亿美元收购我国台湾地区的 Micro - LED 公司 PlayNitride。我国企业也在加快新技术领域布局，京东方先后投资超过 1500 亿元，在成都、绵阳、重庆等地建设柔性 OLED 面板生产线；华星光电和天马微电子合资成立聚华公司，不断加快对印刷显示的前沿技术研究。

产能增长有力带动产业链发展。产能快速增长为产业链上下游带来良好的发展契机，配套企业投资意愿不断增强，投融资环境逐渐优化。2016 年底，为了切入液晶显示材料领域，飞凯材料斥资 10.64 亿元收购江苏和成，参与八亿时空定增。2017 年上半年，江阴江化微等几家湿电子化学品、靶材、偏光片企业成功实现上市。此外，产业链的整合有效降低了生产成本，提升了市场反应速度，为企业在“后产能”时代保持竞争优势发挥着重要作用。鸿海集团在 2016 年收购夏普后，强化了产业链一体化运作，2017 年上半年代工产品出货同比增长 110%。国内龙头企业京东方也积极扶持欣奕华等上下游企业，加速打造供应链一体化产业体系。

利基产品市场份额不断提升。当供需比例趋于平衡时，企业倾向于通过开发高附加值的利基产品以获取更高利润。自 2012 年起，面板企业积极开发 39 英寸、43 英寸、50 英寸等新尺寸，一方面与 37 英寸、40 英寸、48 英寸等主流产品展开竞争，另一方面则抵消价格下降压力，保持盈利能力。友达在游戏显示器市场推出 144Hz 高刷新率及超高清 4K 显示器，市场反响良好；群创在教育领域推出交互智能平板显示设备，进一步扩大了大尺寸面板的应用范围。此外，医疗设备的显示器件对清晰度和亮度有着更高要求，因而具有更高的产品附加值，也是一个重要的利基市场。

第二节　主要内容

面对全球显示产业供需出现的变化，产业迎来“后产能”时代，产品价格不断下降，新兴领域投资快速增长，产业链加速向上下游扩张，利基产品市场份额不断提升，以三星为代表的面板企业加速显示产品结构调整。为了保障产品盈利，三星陆续关闭 5 代和 7 代液晶面板生产线，并且还将关闭部分 8.5 代线，引发了业界的高度关注。

第三节　影响或启示

在“后产能”时代，我国显示产业发展面临着以下问题：

一是产能过剩风险逐渐增大。2017—2020 年，我国内地累计新增液晶面板生产线产能为 8500 万平方米，相当于目前全球市场液晶面板需求的 45%，但传统产品需求日趋饱和，新产品需求增长不及预期。显示产品将遭遇价格下行周期，企业经营面临挑战，巨量投资存在回收风险。

二是关键材料和核心设备的配套能力不足。我国在核心装备、关键材料和零组件方面仍然受制于人，导致面板线建设缺乏议价能力，产线建设总成本居高不下，严重制约着我国企业降低面板产品成本、提升竞争力的进程。

三是新技术、新产品的创新能力有限。我国企业在新技术新产品领域处于追赶者位置，既要保证成熟产品供给，还要不断缩小与国际先进水平的差距，对企业经营效益和研发投入带来极大挑战。新技术研发储备不足，新工艺掌握仍有欠缺，新产品量产进程滞后等问题，难以在短期内得到解决，从而导致高端产品生产良品率提升缓慢，难以满足下游市场需求。

为此，面对“后产能”时代的各项问题与挑战，我国应当从以下几方面入手加以应对：

一是合理规划产业升级发展路线。遵循新兴技术特点和产业发展规律，统筹规划升级换代的发展路径，集中力量扶优扶强。

二是根据市场需求积极调整产品结构。加快研制和开发利基产品，高度重视新兴应用对显示技术的市场需求，深入分析人工智能、大数据、云计算、移动互联网、物联网等新一代信息技术对显示产品提出的新要求。

三是重点支持关键配套材料和装备实现技术突破。加强规划引导和政策支持，发挥面板龙头企业的作用，强强联合、协同攻关，开展对核心材料和关键设备的共性技术联合攻关，重点打造配套环节小巨人企业。

四是协同推进产业整体创新能力提升。加强横向和纵向协同创新，形成上下游共同参与的创新体系，推进核心技术和知识产权储备，探索国内企业间专利交叉使用的路径，强化前瞻技术研究，进一步满足虚拟现实、智能家居、可穿戴等产品的应用需求。

第四十七章　谨防电子信息产业资本热潮引发三大问题

电子信息产业日益成为资本关注的热点与焦点，与此相关的金融投资市场也愈发活跃。然而，在电子信息产业资本热潮背后，企业大量倒闭、应用难于落地、技术受到忽视、竞争差距拉大、价格严重失序、环境过度承载等风险隐现。应从三方面加以防范：一是控制资本热度，引导产业有序发展；二是树立品牌意识，聚焦技术创新发展；三是综合统筹布局，注重行业资源整合。

第一节　背　景

电子信息领域投资活跃度不断提升。近年来，国内投资市场持续活跃、热度提升，股权投资案例数和金额大幅上升，且主要集中于早期投资。从投资数量来看，互联网和 IT 仍为早期投资的集中领域，位列 2016 年早期投资案例数各行业前两名位；2017 年上半年，TMT 行业的投资数量再创 2014 年以来的半年度纪录新高。从投资金额来看，过亿元人民币规模的资金注入主要集中在互联网、电信及增值业务、多媒体娱乐、健康医疗和金融服务等方面。2017 年上半年，TMT 行业投资总额占总体行业比重依然过半。上述表明，投资金额的分布与投资机构的倾向保持高度一致，电子信息产业成为投融资市场的绝对热点和焦点。

电子信息产业成为投资机构追捧热点。根据 2017 年中国年度活跃创投机构排名，投资活跃度较高的企业有：IDG 资本、经纬中国、红杉资本中国、真格基金、创新工场、腾讯投资等。尽管从投资活动上看，这些集团的投资偏好有所不同，但总体来看，受到国家产业发展战略调整以及消费环境改变等因素的影响，人工智能、大数据、智能硬件等电子信息行业发展热点成为投资重点，资本吸引力较强。随着一些新兴产业的快速崛起，在可预见的未来，AR/VR、物联网及智能家居等投资热度有望持续上升并呈现爆发式增长态势。

第二节 主要内容

资本运作过度介入，警惕概念泡沫与资本泡沫。投资机构对热点概念的追捧与希望借助资本运作切入市场的跟风企业一拍即合。在各路资金的疯狂涌入下，企业的估值水平、融资规模不断攀升，高估值又吸引了更多资本，泡沫越来越大。在资本的过度介入下，行业发展良莠不齐，需求过度膨胀，泡沫破灭风险随之而来。概念泡沫过大，引发产品、应用难于落地。需求泡沫一旦破灭，大量企业将面临倒闭风险。从O2O热潮下的洗车、家政、饮食、出行，到互联网金融热浪下的P2P平台，再到分享经济下的共享单车、共享短租，资本热潮演变为倒闭浪潮的画面一幕幕上演，更多泡沫破灭的警示信号已经发出。

投资逻辑重新定义，提防产业竞争能力提升受到影响。电子信息产业发展前景广阔，但仍面临核心技术领域亟待突破的瓶颈和难题，需要资本投资具备管理的先进性和眼光的长远性。然而，为在最短时间内获得最高资本回报，引进国外核心零部件和设备、在国内组装生产的“低端性价比”打法往往造成企业求量不求质、难于静心攻克关键技术，进而阻碍产业发展迈向高端，最终在国际竞争中丧失技术先发优势和主导权，使产业陷入核心技术长期受制于人的局面。投资如果并不具备规划和管理上的先进性，就会造成投资主体过于分散，产品同质化现象严重，最终使得资本投入程度与竞争力提升水平不成正比。

狂热投资盲目加码，严防产能过剩风险。投资过热的情况下，将产生大量重复建设。这些重复建设在地区或企业的局部视角下可能会具备收益预期，但从宏观层面来看，投资过热意味着在某一领域的过度竞争，易引发产能过剩。产能过剩进而引发价格失序风险。资本热潮引发的产能过剩造成严重的产业供需失衡，导致市场竞争激烈，价格战成为竞争主要手段，进一步带来的价格失序将极大影响产业的健康发展，甚至造成经济震荡。产能过剩还可能造成对资源的过度开发或环境的过度承载。

第三节　影响或启示

控制资本热度，引导产业有序发展。加强顶层设计与统筹布局，细化电子信息产业的发展需求，综合考虑财政、资金、产业政策对重点产业发展的支持与引导，建立资金投入的跟踪落实机制，确保资金投入用于研发投入等关键环节，保证资金投入的收益最大化。基于大数据技术建立电子信息产业投融资预警机制，充分利用大数据技术估测资金支持的供需体量，严格控制供需比例，谨防投资过热带来的供给过剩。

树立品牌意识，聚焦技术创新发展。树立“质量为先、信誉至上”的企业发展理念，提高新兴技术领域初创企业的产业准入门槛，加强对企业设计研发、物流采购、生产制造、营销服务等环节的全过程精细化考量。培养企业家精神和工匠精神，树立以质取胜的价值取向，采取培训经验分享、革新成果交流、专业人员授课等形式，提高专业技术技能水平和创新创效能力，营造崇尚技能、鼓励创造的良好氛围。

综合统筹布局，注重行业资源整合。引导投资主体进一步集中，鼓励骨干企业通过投资、并购等方式整合已有产业资源，防范盲目建设和低水平重复建设，避免同质化、低端化生产，以产品标准和质量的提升，倒逼企业精益化、精准化生产。通过结构升级优化和市场公平竞争提升产业集中度，加强电子信息产业集群建设，以技术的群体性突破提升资本投入在新兴产业发展过程中的利用效率，带动传统产业的改造提升。

第四十八章　海尔互联工厂打造智能制造与工业4.0的实践样本

近年来，海尔集团牢牢把握互联网+、智能制造等发展契机，以互联工厂为抓手，主动进行智能化转型，成为智能制造典范。海尔互联工厂实现了生产端的供给侧改革，是家电领域智能制造与工业4.0的实践样本，值得制造企业借鉴。

第一节　背　　景

传统制造业面临转型升级的迫切需求。当前，全球制造业普遍面临增长动力不足、传统动能无以为继、产品供给难以满足用户个性化需求等不利现状，转型升级需求十分迫切。美国制造业创新网络与工业互联网、德国工业4.0、中国制造2025、法国未来工业、荷兰智能工业、韩国制造业创新3.0等战略的出台和部署，都是以制造业转型为核心目标，以信息技术为支撑手段，加快本国制造业的提质增效，激发传统产业新动能。

智能制造成为企业焕发活力的重要手段。智能制造是《中国制造2025》的主攻方向，是信息技术与制造技术的深度融合，是打造高度互联、知识驱动工业生态体系的重要抓手。党中央、国务院大力推进智能制造工程，统筹部署智能制造试点示范，开展智能制造综合标准化与新模式应用等系列工作，引领企业实现智能化转型。国家信息中心预测，2020年我国智能制造的产值有望超过3万亿人民币，年均复合增长率约20%，发展潜力巨大。

互联工厂开启海尔智能制造转型道路。海尔集团主动把握新时期转型需求，结合用户需求日益碎片化、特殊化发展趋势，融入互联网思维，建立互联工厂，开启自我转型。在新的智能制造模式下，海尔集团将用户需求列为生产驱动因素之一，前联研发，后联用户，解决了市场供需信息不对称等问题。借助互联工厂，海尔集团使生产系统与供应链系统、电子交易系统无缝对接，开启了由大规模制造向大规模定制转型的道路，达到“产销合一”。

第二节　主要内容

近年来，海尔集团审时度势，积极拥抱云计算、大数据、物联网等新兴技术，从经营理念到实际行动双侧发力，打造创客文化，建设智能工厂，成立工业智能研究院，发布互联网架构软件服务平台，取得瞩目成就。在一系列整改措施推动下，海尔集团业务持续增长，2016 年营业收入约 2016 亿元，同比增长 6.8%，利润额 203 亿元，同比增长 12.8%。“海尔互联工厂模式创新案例”也被选入 2016 年《中国“互联网 +”行动百佳实践案例》，集团成为全国首批双创示范基地之一。

海尔互联工厂本质是一个智能交互制造平台，通过打通整个产业生态价值链，实现用户、产品、机器、生产线之间的实时互联，并及时根据用户需求对产品进行快速迭代。海尔互联工厂的智能化并非简单的“机器换人”，而是形成了一个以用户需求为中心的研发、设计、制造、销售、服务全产业生态系统。在互联工厂中，产业链各环节都与用户零距离互联，用户既是产品的“生产者”，又是产品的“消费者”。

海尔互联工厂的实现，离不开“1 +7 平台”体系的支撑，其中，“1”是指“U + 智慧生活平台”，“7”是指“用户交互定制平台、开放创新平台、模块商资源平台、智能制造平台、零距离即时营销平台、智慧物流平台和智联服务平台”。海尔集团统筹旗下所有平台资源，全力支持互联工厂建设。

海尔互联工厂取得成功的关键元素有四方面：一是从用户角度出发，用户全流程参与产品周期，实现大规模个性化定制；二是与用户实时互联，将用户需求融入到产品的研发设计、生产制造和营销服务过程中；三是依托海尔 400 亿 + 智能大数据获取用户潜在需求和兴趣点；四是将自动化、智能化生产与用户个性化结合，解决个性化与高成本之间的矛盾。

海尔互联工厂通过对传统生产模式的颠覆与优化，以满足用户全流程最佳体验为中心，打造了一个按需设计、按需制造、按需配送、即供即需的互联工厂体系，使得整个产品制造过程呈现高度的柔性和协同性，大幅满足用户的个性化定制需求。互联工厂既有效配置了生产资源、实现劳动生产率的大幅提高，又加快了产品创新步伐、满足个性化需求、减少能耗成本、大幅提升产品质量和附加值、显著增强企业竞争力。海尔互联工厂是《中国制造2025》和工业4.0的实践样本，对于全球制造企业智能化转型升级有着很强的引领带动作用和重要示范意义。

第三节　影响或启示

海尔互联工厂成功模式将成为全球企业效仿典范。传统生产制造模式由于效率低下、成本高昂、利润率低、产用脱节等问题广受诟病，传统制造业的智能化转型已成为必然趋势。海尔互联工厂作为国家智能制造试点示范和智能工厂代表，其先进性、可复制性得到了国家和行业的广泛认可。预计在未来数年内，全球将有一批制造企业直接复制海尔互联工厂的成功经验，建设智能工厂，推进智能制造，减少试错成本，实现快速转型。在此，建议国内企业把握机遇，学习借鉴海尔互联工厂的先进模式，积极引入工业云、工业大数据、工业互联网等新兴技术，构建创新创业氛围，搭建孵化服务平台，加快传统生产模式的颠覆与升级。

智能工厂是推进智能制造、实现制造强国的关键。“智能工厂”概念由来已久，欧美等国家均将智能工厂作为制造业智能化转型的重要手段，以此重塑企业全球竞争新优势。智能工厂是智能化转型的重要途径，是推进智能制造的关键支撑。我国亟须加快布局，支持企业打造规模化智能车间、智能生产线、智能工厂等智能化生产环境，从产品全生命周期入手，将用户需求深度融入到研发、设计、生产、营销、服务全产业链环节中，实现服务型制造和协同制造转型，有力支撑制造强国建设。

第四十九章　三维立体显示技术问世后的行业趋势

三维显示技术具有广阔应用前景，是“十三五”国家战略性新兴产业的重要组成部分之一。裸眼三维显示是指不需要眼镜等辅助设备，人眼可以直接观看到具有纵深感的三维立体场景的技术。裸眼三维显示技术符合人眼的观看习惯、再现物体具有真实感，是最有发展潜力的三维显示技术。三维显示技术在文化领域、医疗卫生领域、制造工业和国防领域具有巨大应用前景。

第一节　背　　景

双目视差型显示技术是目前最成熟的三维显示技术。从显示原理看，其可实现二维图像的显示技术，但是效果则根据显示技术的刷新率、色彩饱和度以及分辨率有所差别。双目视差技术只使用了人眼感知三维深度暗示中的双目视差信息，而不是全部的深度暗示，长时间观看会导致眩晕和眼睛疲劳不适。由于裸眼 3D 电视也存在长期观看不舒适、可视角度小、价格高等问题，很多上市的裸眼 3D 电视机已经下架。现有的代表性产品有裸眼 3D 电视、裸眼 3D 电脑、裸眼 3D 手机、LED 裸眼 3D 显示器等。

体三维显示技术多用于产品展示。体三维显示技术是利用人眼的视觉暂留原理的真实空间成像的技术。体三维显示技术主要分为两种，一种是基于发光介质，另一种基于运动扫描装置。体三维显示技术的整个场景都是透明的，无法显示不透明的物体。大型场馆的三维显示，如汽车产品、文物产品等，多采用的是体三维显示技术。

光场显示、全息显示最具发展潜力。光场显示和全息三维显示技术符合人眼的观看习惯、再现物体具有真实感，是国际上公认的最具有前瞻性的下一代显示技术。光场三维显示产品大部分还处于实验室阶段。国内如清华大学、北京理工大学、东南大学、四川大学、北京邮电大学等在全息计算算法、显示器件、光场显示等方面开展了一些研究工作，但尚未形成代表性的产业化产品，技术攻关和应用推广仍任重而道远。

第二节 主要内容

三维显示技术与产业是新兴显示产业重要组成部分及重点发展方向，以双目视差、体三维、光场、全息为代表的三维显示技术不断成熟，应用领域加速增长，将对显示产业发展趋势带来三方面重大影响。

市场需求不断拓宽，产业规模将进一步增长。一是在虚拟现实领域，三维显示能够大幅度提升人机交互的效果和质量，推动虚拟现实的普及。二是在家庭影院方面，三维立体显示是家庭影院一直希望能够实现的重要技术之一，随着三维显示技术与产业的不断成熟，该技术有望再次进入家庭，进而掀起一波换机潮，从而带动产业和市场持续增长。三是在科研、国防、教育、医疗等多个专业应用领域，三维显示将为这些领域的人机交互和图像处理带来意想不到的便利，进而带动该领域图像处理的升级换代，并形成新的利基市场。

行业界限深度融合，企业面临重新洗牌。三维立体显示的特点是技术种类繁多，涉及学科广泛，该类技术的成熟和产业化将会带动多个行业的企业进军该领域，改变目前显示技术种类单一、行业专业性强、企业聚集度高的现状。一是原有的平板显示企业将会加大在三维立体显示的投入，寻找平板显示与三维立体显示技术的结合方向，这类企业在竞争中占据了完备的供应链和渠道的优势。二是全息、激光、量子点等新兴显示企业在完成产业化后，凭借对技术的理解优势开发新产品和新应用，抢占价值链高端，企业得到迅速发展，从而成长出新的“巨无霸”或者“小巨人”企业，对原有产业体系带来巨大冲击。三是传统显示技术企业在新兴技术的推动下，开发出应用范围更加广泛的显示技术，Micro－LED 技术就是其中的典型代表，Micro－LED 技术为 LED 进入室内显示和消费品市场带来了机会，进而为企业发展带来新的路径和方向。

创新节奏明显加快，研发能力成为竞争制高点。一是从显示技术的升级情况来看，虽然目前液晶技术仍将在今后一段时间内保持主流地位，但是随着电子产品逐渐向智能化、柔性化、便携化、立体化方向发展，将会倒逼显示技术的换代升级。二是从竞争优势的话语权来看，显示产业的竞争关键正在从产能优势向创新优势转变。在新一轮的产业竞争中，创新能力、知识产权和人才正在成为竞争的热点。三是从应用场景来看，显示技术将针对产品、场景、环境做出不同设计，显示技术的发展将从大规模替代向小范围、长时间渗透转变，这也对产品的路线和工艺创新提出新的要求。

第三节 影响或启示

强化顶层设计，布局下一代三维显示技术。统筹规划裸眼三维显示产业战略顶层设计，产业主管部门发挥产业引导指导作用，培养优势企业和产业联盟，进行前瞻技术研发和专利布局，完善产学研用协同创新机制，加快三维显示产品的技术攻关和产业化，推进实验室产品的产业化。

统筹创新资源，攻克前沿核心技术。组织高校、研究院所、重点企业等共同建立三维显示国家实验室，协同多方面力量解决关键共性技术问题，鼓励开发具有更好使用体验的创新型产品。攻克光场采集算法、光场重建算法、全息显示器件等一批三维显示前沿核心技术，提升三维显示技术创新能力。

注重协同发展，加快打造产业链体系。依托优势骨干企业，完善新兴显示的核心材料和关键装备产业链，扶持下游内容和服务产业链的聚集和发展，以“硬件＋软件＋内容＋服务”为架构形成具有国际竞争力的新兴显示产业生态。

展 望 篇

第五十章　主要研究机构预测性观点综述

在工业4.0、工业互联网等产业发展理念的持续引领下，全球电子信息技术于广泛交叉和深度融合中不断创新，为产业发展提供了新动能。Gartner、IDC、德勤等著名咨询机构普遍认为，人工智能、物联网、虚拟现实等领域将成为产业发展关注的重点，在电子信息终端产品智能化和互联网无处不在的趋势带动下，人们的数字化生活将日新月异。这些都将对我国把握电子信息产业发展的最新思路和战略性方向提供重要的借鉴意义。

第一节　Gartner：2018年十大战略科技发展趋势①

一、人工智能基础

在2020年之前，技术提供商的重要战场之一是创建能够自我学习、调整并有望自主行动的系统。持续到2025年，数字化计划获得成功的重要因素包括以下几方面：一是利用AI帮助决策，二是重塑商业模式和生态体系，三是重新建立客户体验的能力。

二、智能应用与分析

在未来的几年里，AI的应用将不同程度地遍乎所有应用和服务。智能应用将成为系统与人类之间的一个全新智能“桥梁”，有望使工作的内涵和工作场所的结构都发生变化。增强分析有望成为具有战略价值的板块，通过机器

① 转自新智元《Gartner公布2018年十大战略科技发展趋势，AI将成为主战场》，2017年10月。

学习自动完成数据准备与分析。

三、智能物件

智能物件是使用 AI 实现高阶行为，并与周边环境和人类更加自然地进行互动的实物。目前，AI 正在大力推动全新智能物件。用于受控环境下的自动驾驶汽车成为智能物件快速发展的重要领域。

四、数字孪生

数字孪生是指以数字化方式重现真实的系统或实体。今后 3—5 年，数字孪生在物联网发展背景下将拥有更加广阔的发展前景，并有望大幅改进企业决策。这些数字孪生和其对应实物相关联，并用于知悉物件或系统的状态、及时应变，最终实现价值增值。

五、从云到边缘

边缘计算描述了一种计算拓扑，在此结构之中，数据处理与内容交付都在和此类信息临近的源头完成。各类企业，尤其对于与物联网相关的企业，可着眼于将边缘设计模式用于基础设施架构之中。

六、会话式平台

在人与数字化交互领域，会话式平台有望推动未来重大模式发生转变。未来几年内，会话界面将作为用户之间互动的首要设计目标，并利用专用硬件、核心操作系统特性、平台和应用共同来实现。

七、沉浸式体验

虚拟现实、增强现实和混合现实，当前正在使人们洞察和与数字空间产生互动的形式发生变化。人们对该领域的浓厚兴趣催生了许多新颖、但商业价值较低的虚拟现实应用。为了推动实现真正有形的商业效益，必须优化设计、培训和可视化流程。

八、区块链

区块链正由数字货币基础架构转向数字化平台，此技术可以成为现有公司和初创企业开展颠覆性数字化业务的基础。除应用于广为宣传的金融领域，区块链在其他一些领域也有潜在的市场发展空间，但相关技术在未来2—3年内预计难于发展成熟。

九、事件驱动

业务事件可以是数字表达的任何事物，反映出明显的新状态或状态变化。凭借人工智能、云计算、物联网、区块链、内存数据管理和事件代理，可以更加快速地挖掘业务事件并进行更为细致的研究。

十、持续自适应风险和信任

为保证数字化业务计划在面临高级特定攻击的时候依然能够有效发挥作用，安全与风险管理领导者必须采用CARTA方法，即持续自适应风险和信任评估方法，以此实现基于风险和信任和带有适应性反应的实时决策。

第二节　福布斯：2018年将改变世界的九股科技大趋势[①]

一、日常生活的日益数据化

世界的日益数据化使得我们迎来了前所未有的数据爆炸。平均每一分钟，Facebook会收到90万个登录请求，超过45万条推文发布，逾1.56亿封电邮和1500万条消息发布。世界上创造的数据量大约每两年增加一倍。

① 凤凰科技，福布斯：2018年将改变世界的九股科技大趋势，2017年12月。

二、物联网和日常设备更加“智能”

物联网是数据呈指数级增长的一个主要推动因素，这是因为所有智能设备都在不断收集数据，与其它设备连接，分享数据，这一切完全不需要人类的干预。不过，物联网领域还刚刚起步。市场研究公司 IHS 预计，到 2020 年时，联网设备将达到 750 亿部。

三、计算能力的指数级增长将推动重大技术进步的产生

如果没有计算能力的巨大飞跃，无论是数据的超快增长还是数十亿部物联网设备的诞生，都不可能实现。从 1975 年至 2015 年，计算性能以每两年增加一倍的速度在增长。现在，计算性能的增速放缓到了每两年半增加一倍。

四、人工智能的快速兴起

过去几年，数据的爆炸式增长使 AI 能够快速进步。现在的计算机几乎能够以与人类一样的方式学习，这种 AI 能力的飞跃在数据的海量增长和计算能力飞速提升的支撑下得以实现。AI 系统拥有的数据越多，它学习的就越快，就会变得更准确。

五、不可阻挡的自动化浪潮

机器越智能，它为我们做的事情就越多，更多过程、决定、功能、系统就可以实现自动化，由算法或机器人实施。最终，不同行业和一系列工作将会被自动化取代。目前，首批被自动化取代的工作可以用四个 D 进行分类：枯燥（dull）、肮脏（dirty）、危险（dangerous）、昂贵（dear）。此外，法律、会计等专业领域的工作也将会被机器、机器人、算法取代。

六、3D 打印为制造商创造了绝佳机遇

3D 打印的发明正在以多种积极的方式颠覆制造业和其它行业。借助 3D 打印，人们把材料平铺好，然后一层一层的添加材料即可制造出产品。

七、技术互动方式多元化

智能机和平板电脑的出现使我们只需触摸屏幕即可完成一系列任务。2016 年，移动网络的使用率超越了传统计算机的网络使用率。谷歌也已证明，移动设备上的搜索量目前已经超过了桌面端搜索量。虚拟现实和增强现实代表了互动界面创新的下一个重大飞跃，将改变企业与客户的互动。

八、一个可能会改变世界的发明——区块链

区块链在数据的存储、验证以及保护问题方面，是一项十分实用的解决方案，可以被想象成一个去中心化、超安全的数据库。从技术层面，它是一项分布式分类账本技术。与当前数据安全技术相比，区块链代表着一项巨大飞跃。与集中式数据库不同，区块链不会出现任何单点故障。

九、企业的平台化发展

平台通过促进人们在服务、产品或信息之间的联系与交流，为参与者创造价值，实际是一个网络、是人们之间的一个促进者，让联系更简单、更安全。Airbnb、Uber 以及亚马逊正变得越来越平台化，这也是 Facebook 和 Twitter 的基础功能。平台为科技公司以及各种企业、行业、领域提供增长机遇。

第三节　GP Bullhound：2018 年十大科技趋势报告①

一、政治将提升数字广告的成本

大型科技公司在数字广告商中占据垄断地位。数字平台在政治用途发展方面的待开拓性、即时性、强扩散性，使其成为 2018 年发展的一大趋势。对内容商而言，如何保持独立性和中立性成为难点；对科技公司，政治审核、

① 中国电子商务研究中心，GP Bullhound：2018 年十大科技趋势报告，2018 年 1 月

网络安全等则将带来新的财务负担。

二、网络安全攻入消费市场

如果2017年是网络安全进入公众意识的一年，2018年将是消费者开始要求保护的一年。联网设备的激增使得网络安全成为一个巨大的命题。预计2018年，消费市场将广泛采取网络安全设施。谷歌、赛门铁克（Symantec）、Yubico等公司正在关注基于家庭网络、移动设备访问权限的网络安全应用，此类第三方解决方案将被消费者用于设备和个人信息保护。

三、中国移动内容商大势

在中国，移动产品占据着王者地位。手机已经成为中国消费者在电商、社交、移动支付、出行、移动媒体等平台消费的重要入口。同时，流媒体视频和付费音乐的兴起也使消费者从电视端转向移动端。预计2018年，中国消费者在移动端花费的时间将堪比电视，未来移动端将成为主要的内容消费入口。

四、即时翻译有望起飞

机器学习使得语言翻译成为一件容易且可靠的事情，并得到了许多有影响力的科技公司和设备商的支持。例如，德国耳机商的Bragi5月发布的Dash Pro、谷歌10月发布的智能耳机产品Pixel Buds都配置了基于AI的即时翻译功能。预计2018年将有超过10亿的人使用电脑、手机或头显等移动端的翻译工具。

五、电子邮件的落伍

基于Slack、Messenger等支持的通信软件，以及谷歌G套件、微软Office365、脸书、Asana、Trello等团队工作软件的快速增长，2016—2017年，美国平均电子邮件每月的发送率从9.8降至8.1。越来越多的科技企业意识到了电子邮件在沟通、营销上的低效和不足，预计2018年将是电子邮件使用停止增长的一年。

六、分布式组织降低烧钱速度

资金、人才和专业服务塑造了谷歌、深圳、柏林这样的全球先进科技中心，而缺乏资源的创业公司将倾向于分配技术团队，寻找成本较低的城市，利用基于 Slack、Zoom、Asana 的云协作、视频会议等方式组建分布式组织，充分利用全球科技人才潜力，推动城市间人才差距的减小。

七、软件套件被云取代

企业软件集中在 IBM、微软、甲骨文和 SAP 等大型企业。随着按需的云服务市场碎片化成长，集成云平台极大地允许公司整合多样化的应用程序。预计 2021 年云软件收入将增至 2 千亿美元。就 2018 年而言，子领域的云服务商竞争激化，或将采取价格竞争。

八、工业 4.0 引发行业“地震”

机器互联将彻底改变目前的工业部门。预计 2022 年，工业 4.0 的生产力将比现在增加 7 倍。对于制造商而言，工业 4.0 对数字化提出了要求，即将传统工厂转化为智能的工业物联网，采用大数据分析、人工智能、机器人技术等，提高生产力、运营效益和产品/服务质量，针对特定流程和目标节约人力、物料成本。

九、ICO 的兴与衰

ICO（首次代币发行众筹）的本质就是区块链版的 IPO。目前，ICO 几乎是监管灰色区域，中国与韩国彻底禁止了 ICO 交易。鉴于宽松的监管，私人资本正在高速流入区块链企业，2018 年将有更多关于 ICO 的权威指南/规定影响 ICO 的兴与衰。

十、进击的增强现实

智能手机计算能力的大幅增长、传感器和现实技术的发展，以及端侧 AI

芯片的采用，将有望打破物理世界与数字世界的界限，预计 2018 年消费者将迅速采用增强现实技术。

第四节　GitHub：2018 年六大科技趋势预测[①]

一是进入云计算 2.0 时代，数据将统治一切。

二是工作流市场战争将升级，相关兼并与收购案例也将增加。

三是开源技术在软件堆栈中的地位将进一步提升。

四是新的基础设施工具软件将帮助开发者快速、轻松地将想法付诸行动。

五是安全将永久性地成为开发的焦点。

六是互联网的自由和开放将遭遇“压力测试”。

第五节　德勤：2018 年全球 9 大科技趋势[②]

一是全球将有 10 多亿智能手机用户至少经历一次创作增强现实（AR）内容的过程。

二是广告拦截大势所趋。

三是直播仍然是王道。

四是电子竞技（esports）营收将首次突破 10 亿美元大关。

五是消费者为数字交易打开钱包。

六是全球移动市场趋于饱和。

七是 2023 年智能手机用户每日和手机交互的次数较 2018 年将增长两成。

八是千禧一代观看电视的时间长度继续下滑。

九是企业测试和部署机器学习技术的努力将增加一倍。

---

① 搜狐网，开发者必读：GitHub：2018 年六大科技趋势预测，http：//www. sohu. com/a/210489354_ 494926，2017 年 12 月

② Servicehot，德勤：2018 年全球 9 大科技趋势，https：//www. douban. com/note/648864241/，2017 年 12 月

第六节 IDC：2018 年中国 ICT 市场十大预测[①]

一是数字经济将占半壁江山。

二是一带一路加速中国创新并规模化影响世界。

三是融合与跨界驱动业务与 CxO（企业高管）转型。

四是企业数字化平台开放重构。

五是云计算 2.0 的分布式与专属化。

六是区块链与数字信任进入规模化应用。

七是新一代安全解决方案重构安全市场。

八是企业与消费人工智能比翼齐飞。

九是人类数字接口进入新阶段。

十是量子计算开始进入商用。

① 通信世界网，IDC 发布 2018 年 ICT 市场十大预测，http：//www. cnbp. net/news/detail/16067，2017 年 11 月

第五十一章　2018年中国电子信息制造业发展形势展望

第一节　整体运行发展展望

展望2018年，我国电子信息制造业与宏观经济走势呈一致性趋势，内部动能持续提振产业景气度，集成电路、新型显示等分领域即将强势发力，通信设备智慧化变革打开增量空间，新兴领域亦将蓄力孕育产业势能递增阶梯。新时代下我国电子信息制造业正站在高质量发展引领、新领域动能将释、由大变强的历史拐点。

总体来看，电子信息制造业供需两端整体韧性进一步增强，电子信息产业格局稳中微调。受益于供给侧改革与产能充分去化，国内制造业供需两端协调性未来进一步趋于平衡，2017年9月，PMI升至2015年5月来最高值，新订单指数首超生产指数。四季度尽管环保限产影响持续，但制造业生产端依然较为稳健；需求端波动中仍有支撑，出口、社零增速稳健亦将持续为2018年经济增长提供韧性。2018年，随着全球半导体、LED芯片、封装产能加速东移，全球电子信息产业格局将稳中微调，中国、印度等新兴经济体地位和作用将进一步稳固。

内部动能持续提振产业景气度，外部不确定性因素仍需警惕。年末景气度提振，三季度存货同比增长15.5%，略高于营收增速，产业整体景气度还将逐季攀升。基于智能汽车、汽车电子、新型显示、高端服务器、智能手机发展对产业发展提振作用，2018年整体将延续10%到15%增长趋势。外需市场持续改善及电子产品价格回升仍将继续支撑出口市场回暖，但外部风险因素依然较多，产业面临错综复杂国际环境、发达经济体制造业回流和新兴经济体双重挤压，与此同时2017年的贸易进出口高基数可能对2018年进出口增速产生一定影响。

技术突破+应用落地利好产业掘金。在外需市场和产业投资环境改善趋势下，预计2018年投资增速仍将延续增长趋势，维持20%以上增长区间。5G通信、量子通信、人工智能、集成电路、光伏、新型显示领域将领衔重点投资主战场。5G通信领域，商用时间提前预计有望拉动国内5G商用投资力度超预期，随着华为、中兴、爱立信、三星等均已布局高频通信领域且完成第一阶段测试，未来SAW滤波器、双工器、低通滤波器、功放等5G射频前段关键器件有望迎来成长新契机。量子通信方面，“马约拉纳费米子”发现等技术与产业化进展叠加通信加密方式需求，将利好上游信号处理芯片、雪崩光电二极管（APD）等元器件和核心设备。人工智能领域，华为发布首款全球首款内置神经元网络单元（NPU）的人工智能处理器“麒麟970”将有效带动集成电路设计产业突破，也为我国人工智能产业实现弯道超车提供良好契机，大数据、生物识别、物联网、安防等领域终端AI芯片有望迎来加速发展期。

政策+资金+技术+供需+产能五力齐发推动产业强势崛起。根据IC Sights预测，2018年中国IC市场自给率为16%，供需缺口为1135亿美元，成长潜力巨大。伴随国家大基金二期投资进入酝酿期，龙头企业14nm Finfet制程进度加速与Foundry国际化差距缩小，12英寸晶圆产线投产，存储器国产化替代加速，在供需关系持续催化下，集成电路将迎来十年黄金成长期。新型显示领域，高世代线新增产能爬坡释放，预计2018年将有效增加面板供应。受益于面板行业高景气度，硬性需求的带动与国内项目的牵引作用，叠加政策资金双重支撑，预计明年新型显示领域仍将处于20%以上高位增长区间。

人工智能接续摩尔定律，增量空间触发产业增长新动能。摩尔定律放缓，线程提升所需投入非线性提升，AP等核心CPU性能际代变化变小，而AI对计算速度要求正以指数级加速，有接替摩尔定律趋势。华为Mate10搭载的麒麟970首度集成NPU硬件处理单元，以AI运算大幅提升图像识别、语音交互、智能拍照等方面性能，助力通信设备领域跨越边际创新瓶颈。双摄带动摄像头需求进入高速成长期，图像从二维到三维转变将是未来发展方向。玻璃壳与 PMA、A4WP 无线充电标准合并推动无线充电提速。此外，OLED + 全面屏、玻璃后盖、3D 体感、A11 仿生处理器、Face ID 等驱动因素将进一步助推产业链智慧化变革。2018 年，基于技术换代升级与换机周期，行业将处于 4% 左右增长区间。

新兴领域蓄力孕育产业变革递增阶梯。人工智能领域，埃森哲预测，人工智能将使 12 个发达经济体年度经济增长率提高一倍，有潜力拉动中国经济增长率上升 1.6 个百分点。到 2035 年人工智能可以给批发零售业带来超 2 万亿美元的额外增长，即额外增长 36%。虚拟现实领域，艾瑞咨询联合 GreenlightInsights 发布的 2017 年《中国虚拟现实（VR）行业研究报告——市场数据篇》显示 2016 年中国 VR 市场规模为 34.6 亿元，目前市场规模较小，但增长速度较快，预计 2018 年中国 VR 市场将突破百亿元大关。未来五年中，VR 市场的年复合增长率将超过 80%。预计到 2021 年，中国会成为全球最大的 VR 市场，行业整体规模将达到 790.2 亿元。汽车电子领域，国内的汽车电子市场有望加速爆发。国家和政府积极推动国产汽车产品技术，将使得中国汽车电子市场进入稳定、快速发展时期，在全球汽车电子产业当中的地位将进一步提高。据市场调研机构 IC Insights 预测，至 2021 年汽车电子系统销售额年复合增长率约为 5.4%，在电子系统市场中成长性居榜首，2018 年增速将达 16%。

应用电子领域活力迸现凸显无穷潜力。在汽车电子领域，我国及全球汽车电子市场有望持续扩大，据市场调研机构 IC Insights 预测，至 2021 年汽车电子系统销售额年复合增长率约为 5.4%，在电子系统市场中成长性居榜首，2018 年增速将达 16%。随着自诊断系统、电子稳定系统（ESP）、胎压监测（TPMS）、新型 HID 等汽车电子功能模块不断创新迭代，以及新能源车行业发展等因素的持续驱动，未来汽车电子比重有望继续提升；在海洋电子领域，随着海洋经济的发展、近海雷达监测网的逐步完善和海洋数据的逐渐丰富，充分开发海洋数据的应用价值，打造海洋立体监测网与海洋数据应用综合服务平台，推动海洋信息化建设，实现海洋领域从海底到海面的空间监测能力，推动海洋电子由近海向远海、数字化向智能化转化有望成为未来发展方向；在电力电子领域，伴随前沿技术突破与产业政策支持，行业国产化替代进程有望进一步加快。由于电力电子产品技术含量高、专业性强，目前由少数跨国公司（西门子、ABB、霍尼韦尔、三菱电机等）主导全球市场；内资品牌市场份额较小，中压变频器领域与大型伺服系统领域国产品牌市场占比有待提升。但内资品牌质量和技术水平在不断发展，已经逐渐接近国际水平，并凭借价格优势逐步争取国内市场。在中国智能制造由大变强的必然趋势下，电力电子产品的国产化趋势有望加速。未来国内品牌有望在LC、变频器、伺服系统等多个细分领域站稳脚跟。

第二节　重点行业展望

一、计算机行业

随着国内经济结构的不断调整，以及云计算、大数据、5G移动通信、人工智能等引发的新一轮IT系统建设及业务投资落地，我国计算机制造业仍将保持“稳中有升”态势，但行业长期提振因素依然缺乏。

（一）多芯竞争

服务器芯片技术难度大，且基于芯片架构形成的市场垄断严重，目前市场上呈现x86、ARM、Power多元演进态势。英特尔的X86架构在现有市场份额上占据主导优势；ARM架构的低功耗特性以及在移动终端市场的霸主地位使其在企业级市场的空间很大；IBM在将X86服务器卖给联想后将大力发展自己的POWER架构，构筑开放联盟，使处理器架构竞争更激烈。我国服务器芯片走了一条自主发展与引进消化吸收再创新相结合的路线。一方面大力推进基于MIPS架构的自主芯片龙芯，一方面扩大现有X86架构的国产服务器的市场份额，同时与IBM开展基于Power架构指令的授权，力争形成自定义能力。未来，在x86领域，中国厂商的技术实力和市场影响力将进一步增强，并在国内涉及金融、电力等重要行业关键业务领域得到广泛应用。

（二）定制领跑

在超大规模数据中心使用的服务器，通常对处理器、主板、机架、扩展单元、存储单元等方面，都有着自己的要求，需要通过某些“硬件重构”，在功耗、输入/输出能力方面做到通用服务器难以达到的改善。为了满足这部分用户，未来的服务器厂商就需要在整个服务器平台上有自己的创新性，以满足不同用户的需求。更大的定制化服务功能的开启，也成了当前服务器厂商们竞争走出同质化的突破口。随着虚拟化、云计算等新一代信息技术的普及程度进一步提高，基于大型服务器的私有云方案能够提供更为理想的性能密度比，而且整体成本、可靠性方面都具有优势。越来越多的行业用户开始采用基于大型服务器的私有云解决方案，来改造原有的数据中心结构，这种趋势将长期推动四路及以上服务器的增长，在高端领域占优的厂商将长期看好。未来，服务器的融合架构和集成系统将会获得快速发展，高端定制化服务器市场将成为厂商争夺的焦点。

人工智能将成为发展主线。目前来看，我国的人工智能领域处于成长期，上升空间巨大，政策层面，2017 年中的《新一代人工智能发展规划》将人工智能提升到国家战略层面，预计中国人工智能技术支出到 2020 年将达到 325 亿元，占全球整体支出的约 12%；市场规模将达到 91 亿元人民币（数据来源：中国产业信息网）。投资层面，社会投资方面，至 2017 年底我国在全球 AI 领域投资规模前 13 名的投资机构中占比 30.77%，在需求不减的背景下，随着人工智能领域进入快速通道，国内投资力度也大幅加强；人才与融资方面，截至 2017 年中中国人工智能企业数量排名第二，员工近乎为美国总数的一半，国内人工智能产业的巨大潜力与机遇吸引全球人工智能龙头企业谷歌再次回到中国。产业链层面，上游人工智能芯片市场规模增速迅猛，预计到 2021 年将达到 52 亿美元，年复合增长率达到 53%。

二、通信设备行业

手机行业将加快转型升级步伐。我国智能手机市场经过近十年的高速增长，2017 年销量出现下滑。2018 年，从产品发展趋势看，手机产品将围绕“视频”和“人工智能”为核心进行升级演进，全面屏、折叠屏、玻璃和陶瓷等材质，生物识别、人工智能、VR/AR、无线充电等技术，游戏和视频等应用将更多地出现在手机上。从市场发展趋势看，手机市场将围绕“优化转型”为核心进行盘整发展，产品销售继续呈现量跌价升态势，销量下滑幅度将可能超过5%；市场集中度进一步提升，主流品牌对市场影响力增强销量拉动明显，非主流品牌偶发爆品概率降低；行业拉动移动出现变化，产品硬件配置升级和运营商流量释放拉动发展逐步达到天花板，品牌、内容和第三方权益将成为吸引用户购买手机的主要考虑因素。

网络通信设备市场呈现三大趋势。一是流量井喷推动通信设备行业发展。随着云计算、VR/AR、4K超高清视频、直播等应用的不断发展，以及企业网、数据中心规模持续扩大，流量消费在2018年将获得更大提升。流量的大幅度提升，将驱动通信网络扩容、升级，而通信网络的扩容、升级将带动光纤光缆需求的再度提升，以及相关光设备、光器件需求的提升。二是5G迎规模建设周期，拉动通信设备需求提升。据业内预计，2018年将成为5G发展元年，5G建设的推动为光纤、光模块、光接入网络系统等整个产业发展带来利好。据Fiber Broadband Association估计，5G的光纤用量会比4G多16倍，而具体到我国，估计5G光纤用量将会是4G的2—3倍；光模块方面，5G基站建设有望带来数千万级的25/50GHz高速模块用量；由于5G架构使回传/中传/前传容量扩大几十倍，达数十上百Gbps级，因此会带来高速光接入网和光器件需求的提升。三是物联网产业爆发需通信网络支持。目前三大运营商都在积极布局物联网，NB－IoT网络在2017年底基本完成全覆盖，随着上游芯片成本逐步下降，NB－IoT商用有望在2018年规模铺开。据工信部规划，到2020年将建成NB－IoT基站150万个，而基站的建设需要光模块支撑，可以拉动上游光模块需求。

三、消费电子行业

2018年，我国社会结构、人口年龄结构和所处经济发展阶段共促消费者信心指数屡创新高，为超前消费创造了适度空间，决定了未来我国消费电子产业增长空间广阔，新技术、新产品、新应用有望长期走在全球前列，领跑世界潮流。

2018年，随着技术的普及电视尺寸将迈进80—120英寸；家庭互联网时代已经到来，电视屏相对于移动屏在客厅场景中更有优势；5G时代已经到来，将促进超高清整个产业链的完善，4K产业规模有望释放；电视产品更新换代加快。

2018 年，智能音箱的市场潜力巨大，随着产业链的成熟、更多的品牌进入以及用户认知度的提高，2018 年中国智能音箱市场将保持高速增长，奥维云网（AVC）预测，2018 年中国智能音箱销量达 425 万，同比增长 141%；销售额为 13.6 亿元，同比增长 178%。

2018 年，随着消费需求的进一步扩大和投资资本的拉动，虚拟现实技术将加速成熟，VR 设备的标准体系加速建立。屏幕刷新率、屏幕分辨率、延迟时间，以及软件开发工具、数据接口、人体健康适用性等事实标准将逐步确立，用户体验将大幅提升。VR 设备之间、设备和应用之间的互联互通成为发展共识，虚拟现实内容开发平台生态架构基本完善。

四、新型显示行业

（一）我国在全球新型显示产业发展中的作用进一步凸显

2018 年，全球显示市场仍将保持增长态势。在电视、显示器、笔记本电脑、平板电脑、智能手机等传统市场尺寸持续增长的影响下，特别是车载、公共显示和智能家居等新兴市场需求的带动下，预计全年面板出货面积将达到 2.19 亿平方米以上。我国作为显示产业发展的中心，2018 年将有望超过韩国成为全球面板产能第一大国。全球第一条 10.5 代液晶面板生产线将进入量产，中国电子咸阳和成都两条 8.6 代线相继点亮投产，我国显示面板产能将达到 9000 万平方米。从企业层面看，京东方和华星光电将以 4660 万平方米和 2020 万平方米的产能规模分别位居全球第 3 位和第 5 位，未来几年，随着规划中的 10.5 代/11 代高世代线投产，我国几大龙头企业在全球面板产能排名中还将继续提升，实力也将进一步提高。

（二）高潮迭勃的产线建设继续为配套产业发展提供良好契机

2018 年，材料和设备等领域依然是中国新型显示产业发展的热点。国外龙头企业将会进一步加快在中国大陆地区的投资建厂步伐，预计将有靶材、掩膜板、玻璃基板等企业在大陆建厂，提升本土化配套水平。国内企业也将积极通过自主创新、战略合作、专利授权等方式引进、合资或自主研发配套材料的核心技术，提升玻璃基板、偏光片、光刻胶等关键材料的本土化生产能力。国内材料和设备的营收将继续保持快速增长，材料环节营收将超过 700 亿元人民币，增长幅度超过 50%，设备环节有望达到 80 亿元人民币，增长超过 30%，配套产业整体将进入快速增长轨道。随着京东方武汉、华星光电深圳和富士康广州的 10.5/11 代 TFT－LCD 产线以及 LGD 广州 AMOLED 产线开工建设，将进一步刺激设备和材料企业的投资，预计 2018 年全球设备投资额将达到 130 亿美元，其中中国大陆占到其中的 60% 以上。

（三）以 AMOLED 为代表的新兴显示技术热度将不断提升

2018 年，新兴技术快速进步仍将是产业发展主题。AMOLED 面板将加快占领智能手机等中小尺寸市场，预计 AMOLED 面板出货金额将达到 350 亿美元，在智能手机中的渗透率将超过 35%。我国 AMOLED 面板产能在 2018 年将有望得到大幅提升，硬屏 AMOLED 面板良率与韩国企业的差距将快速缩小，并将在国内市场方面占据一席之地，在柔性面板方面，良率的提升相对较为缓慢，核心竞争力与国际先进水平仍有差距。国家印刷及柔性显示制造业创新中心的成立完善了顶层设计，我国企业在共性技术研发和开放合作方面的环境将会持续优化。Micro－LED 在 2018 年会吸引更多关注，将出现企业级和产品级现象，有望跳出目前仅局限于研究和前瞻布局的范围。

五、集成电路行业

展望 2018 年，10 纳米先进制造工艺将规模化量产，将继续推动逻辑芯片更新换代，且存储器产能尚未有效释放，价格依旧坚挺，汽车电子对芯片的市场需求也会带动模拟芯片等市场的发展，全球半导体市场依旧会保持增长势头，预计全年市场规模将达到 4200 亿美元，增速会回落至 3.7% 左右。我国一批上市设计企业在资本市场推动下将继续开疆拓土、扩大生产规模，继续推动国产设计业的快速发展。制造方面，中芯国际和华力 28 纳米工艺继续放量，三星、海力士、英特尔在国内的存储器工厂将继续贡献发展动能，一批新建生产线的建成投产也将进一步推动制造环节产值增长。设计和制造环节的发展也会带动封测业的发展，预计 2018 年半导体产业规模将达到 5900 亿美元，继续保持 17% 以上的增速发展。但值得关注的是，部分设计企业已开始出现增长乏力态势，制造业也开始进入 FinFET 技术攻关深水区，将对我产业继续保持高速增长带来挑战。

六、太阳能光伏行业

（一）全球光伏新增市场将首现负增长，我国光伏装机将冲高回落

展望2018年，受主要光伏市场美、印、中等国家不确定因素影响，全球光伏市场需求增量可能放缓，预期全年光伏新增装机量将达到85GW左右，同比下降15%。其中，美国市场可能受201法案影响，当地光伏产品价格会抬升，影响下游电站收益和投资积极性，装机量可能会下滑。印度发起了对中国大陆、台湾地区以及马来西亚进口光伏电池组件产品的反倾销调查，目前情况尚不明朗，如果成行，也将影响2018年印度本土的光伏市场增长。日本光伏市场将继续面临补贴下调压力和电网接纳能力的挑战，但光伏产品价格的持续下降将会继续推动日本市场发展，预计市场规模仍将保持在7GW左右。我国光伏市场方面，2017年下发的普通电站指标和领跑者基地主要在2018年建成投产，总容量达到近20.4GW，2018年光伏上网电价将会进一步下调，不排除再次发生抢装的可能，尤其是户用光伏市场在光伏系统投资下降、普及推广力度进一步加大的背景下，市场将会加速扩大。此外，光伏扶贫电站指标将会在2018年下发，预计此部分容量可达到10GW量级，进一步支撑国内光伏市场发展。综上，我国2018年新增光伏装机量有望达到40GW。但市场增长也将受到补贴拖欠影响，电站开发商资金压力吃紧，难以继续支撑电站业务大规模开发。国内电站建设规模可获得程度、土地利用以及税费等也增大国内电站开发难度。

（二）扩产产能持续释放，企业面临较大供需压力

展望2018年，从供给侧来看，各环节新增及技改产能在2018年逐步释放。多晶硅原有企业技改产能投产、部分企业也在重新进入多晶硅领域，产能在逐步增大。至2018年底，国内多晶硅产能可能达到39.4万吨；硅片企业单晶硅片扩产产能释放，多晶硅片通过金刚线技改也陆续增大产能；电池片企业纷纷通过黑硅技术、PERC技术、N型电池技术等进行技改，提升电池产能，高效电池产能在增大；组件企业加速对生产线自动化、智能化改造，

生产能力不断提升，有效产能逐步扩大。但在市场方面，如上所述，国际国内新增市场规模增速将会放缓，甚至下滑。此消彼长导致2018年我国光伏市场供需可能失衡，上下游各产业链环节产品价格都将进一步下探，企业将会承受较大价格压力。

（三）技术水平不断提升，生产成本逐步降低

展望2018年，在应用领跑者、技术领跑者基地建设以及部分地区扶贫电站的带动下，高效光伏产品市场需求将会增大，倒逼我国光伏企业继续加快技术升级。预计产业化生产的高效多晶硅电池转换效率将超过20%，单晶硅电池有望达到21.8%，主流组件产品功率将分别达到285W和300W。单晶连续投料生产工艺和G7、G8大容量铸锭技术持续进步；多晶硅片金刚线切割应用范围将会进一步扩大，预计将达到30%，单晶硅片将完成金刚线切割的替代；PERC电池、N型电池规模化生产能力进一步提升；组件叠片、半片等先进封装技术的应用范围也将进一步扩大。

七、半导体照明（LED）行业

（一）技术创新引领LED芯片发展

凭借“十二五”的大力扶持，我国已成为LED产业大国，“十三五”期间，LED产业的主要趋势为由大变强。目前我国LED芯片仍面临缺少知名品牌及核心技术等问题，因此未来技术创新将引领我国LED芯片发展，技术突破及打破国外行业垄断将成为我国芯片技术主要发展方向。预计到2020年，我国LED芯片关键技术将有所突破，逐渐靠近国际水平，我国LED芯片企业也逐渐发展壮大，从而带领我国LED行业取得突破性进展。

（二）封装龙头企业将拥有强势定价权

过去两年间，与LED行业相关的兼并购案例超过70起，涉及金额数百亿元。2016年，封装企业数量只有1000家左右，到2020年将仅剩下500家。虽然封装产能投产难度低，固定资产投入相对较小，但目前企业核心比拼的是成本管控能力以及死灯率的控制，这需要长期技术及经验的积累，因而构建起显著的行业壁垒阻断新进入者加入。随着芯片集中度提升，未来只有大

封装厂才能优先获取芯片厂产能保障，因此封装龙头企业将享有更强势的定价权，也将显著受益于集中度提升带来的盈利能力改善。

（三）照明控制将多功能化及智能化

近年来，LED 灯具商品化持续多样化，且价格不断下降，未来灯具的功能将不仅限于照明，将增加智能控制、传感器、内置无线连接和颜色调整等更多功能，以满足智能化市场需求。随着物联网的推进，LED 灯具也将智能化发展，因此，联结协议、照明标准及光污染问题解决等方面也将得到进一步发展。预计 2018 年，这一进展将推动物联网智能照明进入零售、仓储、商业办公室和其他区域。

（四）LED 应用将更加普及

目前 LED 在指示灯、路灯、景观照明等领域的应用已经得到普及，随着 LED 技术的成熟和价格的降低，性价比逐渐提高，LED 应用将不仅限于此。未来 LED 逐渐在室内功能性照明得到应用，如智能家居照明等；借助于 2022 年北京冬奥会和广州亚运会，预计 2018 年在体育照明的应用将得到进一步发展；随着汽车保有量的增加，车用 LED 也将进一步得到普及，其中头灯、雾灯及车用面板市场发展迅速；随着技术的提升和社会对医疗照明的迫切需求，LED 医疗照明应用越来越广泛，如美容嫩肤、消毒杀菌、光疗仪、红外理疗仪、手术无影灯、手术显微镜等。

八、电子材料、元器件及仪器设备行业

2018 年，是贯彻党的十九大精神的开局之年，实施《信息产业发展指南》承上启下的关键一年。随着“中国制造 2025”持续推进，电子材料、元器件及专用设备行业创新能力不断提升，关键材料、元器件和设备产业化能力显著增长，正逐步由“量变”向“质变”转化。

（一）产业延续高位增长态势

展望 2018 年，全球主要国家将进一步深化信息技术在制造业、城市管理等领域应用，对基础电子行业带动作用增强，消费电子市场在经历 2017 年疲软之后有望迎来小幅反弹，无人机、可穿戴设备、智能音箱等新兴智能硬件

产品规模快速扩大，电子材料、元器件及专用设备市场需求持续增长。就我国而言，“中国制造2025”战略全面实施，将加大对电子基础领域支持力度，加速关键产品进口替代。整体来看，2018 年我国经济增速趋稳，电子信息制造业增速保持高位，我国电子材料、元器件及专用设备行业预计将延续快速增长态势，销售产值将达到5.63 万亿元，同比增长 13.7%。

（二）关键领域

2017 年，第 30 届中国电子元件百强企业研发投入强度达到 3.6%，全年研发经费总额同比增长 27.8%，增速超过主营业务收入增速。根据国家知识产权局公布的数据显示，2017 年京东方、中芯国际分别位居我国发明专利授权量的第二位和第十位。同时，国内企业积极参与国际标准制修订工作，我国积极主导制定了在射频连接器、磁性材料及元件、同轴通信电缆、太阳能光伏、新型显示等领域的国际标准，对自主技术和产品走出去起到了重要的推动作用。展望 2018 年，随着创新驱动发展战略持续深入实施，我国电子材料、元器件及专用设备行业创新活力和企业技术水平将明显提升，在动力电池、印刷与柔性显示、信息光电子等创新中心带动下，平板显示、半导体材料、锂离子电池生产设备等领域将实现进一步突破，集成电路和平板显示等领域用关键材料、专用设备以及 5G 中高频器件等关键产品将有望取得突破。

（三）加快转型升级步伐

习近平总书记在十九大报告中指出，我国经济已由高速增长阶段转向高质量发展阶段，必须坚持质量第一、效益优先，以供给侧结构性改革为主线，推动经济发展质量变革、效率变革、动力变革。这为我国电子材料、元器件及专用设备行业发展提出了明确要求。展望 2018 年，在彩电、手机、计算机等终端产品逐步向高端化发展的形势下，我国电子材料、元器件及专用设备行业将充分利用这一机遇，发挥内需市场带动作用，积极提升技术水平，优化产品性能，加快向中高端转型。

第三节 重点区域展望

一、长三角地区发展展望

区域一体化进程加快，应用市场多样化发展。随着新一轮长江经济带规划、长三角城市群规划等诸多国家战略向纵深推进，长三角区域发展正迈入一体化协调发展的新阶段。作为中国经济“发动机”之一，长三角地区将再次显示出其作为全国经济增长极的巨大带动效应。新一代信息技术是国民经济转型的重要基础性和支柱领域，长三角作为我国电子信息制造业最发达地区之一，在国民经济特别是传统制造业转型升级过程中，也形成了电子信息产品的重要应用市场，集成电路、太阳能光伏、新型显示、锂离子电池、信息通信产品、高端视听产品等重要产品在工业转型及生产生活领域的交叉应用，推动该地区电子信息产品应用市场多样化发展，并带动了长三角区域经济的协同一体化发展。

二、珠江三角洲地区发展展望

创新驱动作用增强，制造业向中高端迈进。珠三角地区是我国电子信息制造业重要的传统产业基地，深圳市电子信息制造业在工业领域占比超过50%，对工业增速贡献率超过80%。2018 年，随着珠三角地区电子信息制造业加快转型升级发展，技术创新对产业发展的驱动作用持续增强，高端制造业占比不断提升，制造业基础进一步夯实。随着超高清视频产业等新兴热点的不断涌现，以深圳、广州、东莞、惠州为核心，以新一代信息技术为支柱的新型工业化产业制造集群将得到不断巩固。仅以 4K 超高清视频产业为例，在 2019 年底前广东全省光纤入户率将达 88%，新增 4K 用户 800 万户，将推动广州、惠州争取认定为国家级新数字家庭应用示范基地建设。预计到 2020 年将带动广东省相关产业实现产值 6000 亿元以上，带动宽带建设等相关投资 1000 亿元以上。

三、环渤海地区发展展望

以世界智能大会为契机，着力构筑智能科技产业领航区。培育智能科技新兴业态，布局智能机器人、智能硬件、智能软件等新兴产业，大力支持人工智能相关技术产品在各产业领域深度应用，强化创新链与产业链深度融合、技术供给与市场需求互动演进，打造具有国际竞争力的智能科技产业集群。构建智能科技创新策源地。着力打造开源开放、共创共享的智能科技产业研发创新平台、国际合作平台、成果转化平台，加快智能科技成果转化、产业化，显著提升前沿理论和关键技术研发能力，在部分关键领域达到全球先进水平，抢占技术创新制高点。预计到2020年，整个环渤海地区将以智能科技产业作为经济发展新引擎，催生智能经济和智能社会新产业、新业态、新模式，逐步构建数据驱动、人机协同、跨界融合、共创分享的智能经济体系。

四、福厦沿海地区发展展望

重大项目引领能力不断增强，核心产业率先布局效应显现。随着福州京东方8.5代线项目量产、厦门联芯、泉州晋华等重大项目的落地，产业链上下游环节不断补齐，带动福厦沿海及周边区域的配套逐渐完善。这是我国新型显示向大屏、柔性、新材料和集成电路向存储器芯片、先进工艺制程、设计能力等提升转型的新时期中，福厦沿海将再次凭借发展基础和人才优势，在新型显示、集成电路等电子信息最重要的行业领域完成优先布局，仍将在我国乃至全球的电子信息产业基地中占据重要位置。

信息技术融合发展加速，数字福建建设有望加速。在“互联网+”、新旧动能接续转换、数字农业、工业数字经济、数字福建等方面的政策布局和完善，体现了福建省对信息技术发展及其融合应用领域的高度重视，有利于率先突破当前的跨界融合应用的场景限制，突破多头管理、管理漏洞等行业管理桎梏，在全国数字经济创新发展的新时代，有利于把握先机，切实找到农业、工业等数字化转型升级的突破口。

五、中西部地区发展展望

2018 年，中西部地区将继续按照“十三五”规划落实电子信息产业布局，并基于移动互联网、云计算、大数据、物联网等新兴行业，发展电子信息产业新业态、新模式。安徽省将以集成电路、新型显示、工业机器人、新能源汽车、高性能新材料等领域为突破重点，培育具有国际竞争力的先进制造业集群，推动互联网、大数据、人工智能和实体经济深度融合，加快新技术、新管理、新模式运用。湖北省将重点承接和发展光电子信息、新材料、新能源、高端装备制造等战略性新兴产业。湖南省将加快建设以自主可控芯片为特色的国家集成电路设计基地、国际先进水平的新一代电力电子器件特色产业基地、全国知名信息安全产业基地和全球知名的智能终端盖板及触控面板生产基地。四川省将加快打造万亿级电子信息产业集群，建设国家先进电子制造基地和世界软件名城。山西将重点发展电子设备制造、太阳能光伏、LED、信息安全、新型电子材料、软件和信息技术服务、通信等具有比较优势的产业领域。贵州将利用基础设施优势及大数据产业基础优势，加快发展数字经济，打造我国数字经济创新发展试验区。陕西省将着力壮大电子信息产业，加速推进互联网协议第六版规模部署，推动 5G 规模组网，促进互联网、大数据、人工智能和实体经济深度融合。

后 记

《2017—2018年中国电子信息产业发展蓝皮书》由赛迪智库电子信息产业研究所编撰完成，力求为中央及各级地方政府、相关企业及研究人员把握产业发展脉络、了解产业前沿趋势提供参考。

参加本课题研究、数据调研及文稿撰写的人员有：中国电子信息产业发展研究院的卢山、王鹏、安晖、温晓君、江华、耿怡、李艺铭、余雪松、徐永健、王茜、赵燕、张金颖、冯晓辉、石岩等。在研究和编写过程中，本书得到了工业和信息化部电子信息司领导，中国半导体行业协会、中国光伏行业协会、中国OLED产业联盟、虚拟现实产业联盟等行业组织专家，以及各地方工信部门领导的大力支持和指导。本书的出版还得到了中国电子信息产业发展研究院软科学处的大力支持，在此一并表示诚挚感谢。本书虽经过研究人员和专家的严谨思考和不懈努力，但由于能力和水平所限，疏漏和不足之处在所难免，敬请广大读者和专家批评指正。同时，希望本书的出版，能为读者了解中国电子信息制造业提供有益参考。